ZHONGGUO ZHUQUAN

CAIFU JIJIN TOUZI YU FENGXIAN GUANLI YANJIU

中国主权财富基金投资与风险管理研究

喻海燕 ◎ 著

中国金融出版社

责任编辑：贾　真
责任校对：张志文
责任印制：程　颖

图书在版编目（CIP）数据

中国主权财富基金投资与风险管理研究／喻海燕著．—北京：中国金融出版社，2019.10

ISBN 978 - 7 - 5220 - 0109 - 8

Ⅰ.①中…　Ⅱ.①喻…　Ⅲ.①投资基金—风险管理—研究—中国　Ⅳ.①F832.51

中国版本图书馆 CIP 数据核字（2019）第 088234 号

中国主权财富基金投资与风险管理研究

Zhongguo Zhuquan Caifu Jijin Touzi yu Fengxian Guanli Yanjiu

出版
发行　　**中国金融出版社**

社址　北京市丰台区益泽路 2 号

市场开发部　（010）63266347，63805472，63439533（传真）

网 上 书 店　http://www.chinafph.com

　　　　　　　（010）63286832，63365686（传真）

读者服务部　（010）66070833，62568380

邮编　100071

经销　新华书店

印刷　保利达印务有限公司

尺寸　169 毫米 ×239 毫米

印张　17

字数　255 千

版次　2019 年 10 月第 1 版

印次　2019 年 10 月第 1 次印刷

定价　65.00 元

ISBN 978 - 7 - 5220 - 0109 - 8

如出现印装错误本社负责调换　联系电话(010)63263947

前言
PREFACE

主权财富基金（Sovereign Wealth Funds, SWFs）通常是指一国政府主权拥有的金融资产，这些资产出于中长期宏观经济和金融目标被持有及管理，一般来源于一国官方外汇储备、私有化过程和财政盈余等，其特点是政府所有、规模巨大、积极投资。自 20 世纪 70 年代以来，全球经济失衡及原油价格上涨推动了主权财富基金的发展。但近年来主权财富基金面临的投资环境受到更多的制约和挑战：一方面，金融危机频繁爆发，给主权财富基金全球投资带来了更大的不确定性；另一方面，针对主权财富基金投资的金融保护壁垒和市场准入障碍加大，国际地缘政治环境恶化，导致国际投资环境更加复杂多变。如何加强主权财富基金投资与风险管理已成为各国政府关注的焦点。我国在 2006 年超过日本成为政府拥有外汇储备最多的国家，为提高外汇储备投资收益，我国在 2007 年 9 月专门成立了中国投资有限责任公司（China Investment Corporation，以下简称中投公司）对外汇实行积极投资。作为我国主权财富基金，中投公司在积极投资和风险管理方面做了不少有益的尝试，但在管理机制、投资经验和风险评估与管理方面还存在不足。面对复杂多变的国际投资环境，如何加强我国主权财富基金投资和风险管理，既是实业界又是学术界迫切关注并亟待解决的问题。

本书围绕我国主权财富基金投资与风险管理这一核心，沿着"存在问题—剖析问题—解决问题"的分析逻辑展开研究。首先，在归纳全球主权财富基金投资与风险管理变化特点和趋势的基础上，总结了当前我国主权财富基金投资与风险管理现状，剖析了存在的问题。其次，对当前我国主权财富基金面临的国际投资环境进行了研究，对投资过程中的风险进行了分析；从理论角度构建了单一市场风险测度模型和总体风险评估体系，对风险控制下的资产配置和动态最优投资组合进行了实证研究；从实践角度归纳总结了新加坡对"两基金"的管理模式及两个基金各自的投资策略与风险管理做法。最后，针对如何完善我国主权财富基金投资与风险管理提出了策略和举措。

本书的主要贡献在于：一是构建了我国主权财富基金投资与风险管理优化的 IMPOR 体系。在该体系中，提出了财政部参与主权财富基金（外汇储备）管理的构想；对我国中央汇金公司和中投公司的市场定位、职责区分、资产配置等进行了重新界定，并借鉴新加坡政府对"两基金"的管理模式提出了优化中央汇金公司和中投公司管理的建议；基于操作层面改进了我国主权财富基金风险管理机制。二是概括分析了我国主权财富基金投资过程中的风险类别和特点，指出：（1）作为我国特殊的金融资产，投资过程中既面临一般金融资产普遍面临的金融风险，又面临一定的非金融风险；（2）风险由国家承担，一旦风险暴露会呈梯次推进，不仅造成巨大的经济损失，还会给国家声誉带来影响；（3）风险程度受多种因素交叉影响，且易因外部冲击而加剧。三是构建了我国主权财富基金市场风险测度模型。其中，基于完整模型构建的市场风险测度一般性模型可供风险管理策略制定者与监管主体监控市场风险；简化模型可供投资部门日常测度市场风险使用。四是构建了我国主权财富基金总体风险评估体系。将三角模糊数引入模糊层次分析法（Fuzzy AHP）中对投资风险进行评估，比传统的 Fuzzy AHP 更符合实际中事物决策的流程，且更具有可操作性。五是对风险控制动态规划视角下的最优投资组合进行了研究。采用 WCVaR 作为目标函数对极端风险控制有所改善；且通过滚动更新模拟资产收益序列多期求解最优投资比例，实现最优投资组合的动态调整，考虑了金融市场的实时变化，使实证结果更具现实意义。六是结合我国战略发展需要，提出了改进和优化我国主权财富基金投资与风险管理的举措。

本书中我国主权财富基金所指主要是中投公司。中投公司是我国最主要、最有代表性的主权财富基金，但广义而言中国全国社会保障基金境外投资部门（China-National Social Security Fund）、中国华安投资有限公司（China-SAFE Investment Company）等机构也属于我国主权财富基金。如何从全局角度、战略角度对这些机构进行市场定位、职责部署，是值得思考的一个问题，也是后续研究的重点。此外，如何处理国际社会对基金提高透明度的要求及信息过度透明带来的投资成本的矛盾，这也是未来研究的方向。

目 录
CONTENTS

第一章

导　论

第一节　研究背景及意义

主权财富基金（Sovereign Wealth Funds，SWFs）通常是指一国政府主权拥有的金融资产，这些资产出于中长期宏观经济和金融目标而被持有及管理，一般来源于一国官方外汇储备、私有化过程和财政盈余等，其特点是政府所有、规模巨大、积极投资。自 20 世纪 70 年代以来，原油价格上涨，致使石油输出国积累了大量的石油美元，新兴市场经济体也出现巨额经常账户盈余，这两个因素推动了全球主权财富基金的发展。截至 2017 年 11 月，全球共有主权财富基金 79 只，资产总规模达 7.518 万亿美元[①]。主权财富基金已成为当今国际金融市场的重要参与者，受到国际组织、各国政府、学者的广泛关注。

但是，近年来频繁爆发的国际金融危机对全球主权财富基金造成了严重冲击和影响。特别是 2008 年次贷危机给全球主权财富基金投资造成了重大损失。数据显示，2007 年至 2009 年，全球主权财富基金资产至少损失了 5720 亿美元，几乎达到资产总规模的 1/5。其中，科威特投资局仅 2008 年 3～12 月就损失了 310 亿美元；新加坡淡马锡控股公司 2008 年 4～11 月资产价值缩减了 31%，仅美国银行业投资损失就达 30 亿美元；阿联

[①] 资料来源：https://www.swfinstitute.org/sovereign-wealth-fund-rankings/。

酋阿布扎比投资局在这一危机中亏损了资产财富总额的1/3。

次贷危机后，主权财富基金面临的国际投资环境不确定性加剧，投资行为也受到了越来越多的制约。一方面，主权财富基金背后色彩浓厚的政府背景，使一些国家和国际组织对其产生了戒备，针对主权财富基金投资的金融保护壁垒和市场准入障碍加大；另一方面，金融危机频繁爆发，国际地缘政治环境恶化，投资环境复杂多变，增加了主权财富基金全球投资的不确定性，给各国主权财富基金投资和风险管理带来了新的挑战。

我国在2006年超过日本成为官方拥有外汇储备最多的国家。过多的外汇储备如果管理不当，会带来巨大的机会成本和国家财富损失。在充分考虑到我国外汇储备的安全性和流动性问题的同时，为提高外汇储备投资收益，我国政府在2007年9月专门成立了中投公司，对外汇储备进行积极投资和市场化管理①。自成立以来，中投公司在积极投资方面进行过不少尝试，但由于成立时间不长，无论是在管理模式、投资经验还是风险管理方面，都还存在许多问题亟待解决。特别是2008年次贷危机爆发，中投公司账面损失巨大，凸显我国主权财富基金在投资策略、风险监控与评估方面还存在不足。作为我国的主权财富基金，在复杂多变的国际投资环境背景下，如何对这些得之不易的外汇资产进行有效投资与风险管理，以实现外汇的保值增值，既是实业界面临的重要问题，又是学术界迫切关注并亟待解决的主要课题之一。

我国"十三五"规划明确提出要"完善国有金融资本管理制度。加强外汇储备经营管理，优化外汇储备运用"；党的第十九次全国代表大会报告也指出"要以'一带一路'建设为重点，坚持引进来和走出去并重，遵循共商共建共享原则，加强创新能力开放合作"；"健全金融监管体系，守住不发生系统性金融风险的底线"。在错综复杂、竞争激烈的国际背景下，如何提高我国主权财富基金投资与风险管理有效性，特别地，如何将宝贵的外汇资产投资与"一带一路""发展战略性新兴产业，推动能源生

---

① 财政部通过发行特别国债形式，从国家外汇管理局购买的2000亿美元外汇储备作为中投公司成立之初的运作资金。

产和利用方式变革"等相结合，充分发挥主权财富的使用价值，是值得我们研究和探讨的。对这些问题进行深入研究和分析，不仅可以丰富我国主权财富基金投资与风险管理理论，而且对提高我国主权财富基金投资和风险管理的有效性，健全国家主权财富基金及外汇储备的管理体系，都具有极其重要的理论与现实意义。

第二节 国内外研究现状——文献综述

对主权财富基金的研究早期主要集中在主权财富基金的定义和特点、主权财富基金产生原因及类别；伴随全球主权财富基金规模扩大和数量的增加，主权财富基金投资对全球经济带来的影响日益成为学术界关注的重点；次贷危机后，围绕主权财富基金投资及风险管理的研究才逐渐增加。相关研究主要涉及三个方面：主权财富基金投资目标、主权财富基金资产配置、主权财富基金风险管理。

一、主权财富基金投资目标

主权财富基金一词最早由美国经济学家 Andrew Rozanov（2005）在其发表在《中央银行期刊》中的文章中首次提出，他指出，"越来越多具有深厚政府背景且资金实力雄厚的不同类型投资者开始出现在人们的视野，他们既不是传统的公共养老基金，也不是用于维持国家货币的储备资产"；"一国把在长期有利的宏观环境、贸易和财政状况下，以及因有效控制而获得的财政盈余或外汇储备盈余，用于确保自身预算和经济免受收入波动的影响、帮助消除过剩的流动性、为后代建立储蓄、支持国内经济和社会发展等方面而设立的投资机构，均可被称为主权财富基金"[1]。这一定义对主权财富基金的资金来源、成立目的都进行了明确阐述。Simon Johnson（2007）认为，由于一些国家经常账户长期盈余，政府希望通过

---

[1] ROZANOV A. Who holds wealth of Nations [J]. Central Banking, 2005 (5): 196－227.

所设立的主权财富基金在海外进行投资,实现国家财富的多样化并获取较高的投资回报率。国际货币基金组织(2008)认为,主权财富基金是一国政府出于中长期宏观经济和金融目标而持有、管理及运作,并运用一系列投资策略投资于外国金融资产,不同种类的主权财富基金投资目标不同。其中,稳定型基金投资和风险管理目的是避免财政收入和经济遭受商品价格(通常是石油或出口产品价格)过度波动的影响;储蓄型基金旨在将不可再生资源所得收益投资于多元化的资产组合,实现财富在代际之间的转移和分享;储备投资型基金旨在增加储备资产的投资收益;战略发展型基金旨在通过投资,提高一国的潜在产出量,促进社会经济发展水平;年金储备型基金是为应对老龄化社会以及自然资源收入下降对养老金体系的挑战,同时预防国家社会经济危机,促进经济和社会的平稳发展①。

谢平和陈超(2009)构建了"国家经济人"投资行为模型,认为国家可以视为追求效用最大化的"理性经济人",其行为与无限生命周期的企业、居民的经济理性行为一致,投资目的可视为追求国家效用最大化。在此基础上,对各国设立主权财富基金的目的进行了分析,认为投资目标包括跨期平滑国家收入(稳定型基金);协助中央银行分流外汇储备、干预外汇市场、冲销市场过剩的流动性(冲销型基金);跨代平滑国家财富、为子孙后代积蓄财富(储蓄型基金);预防国家社会经济危机、促进经济和社会的平稳发展(预防型基金);支持国家发展战略、在全球范围内优化配置资源、培育世界一流的企业、更好地体现国家在国际经济活动中的利益(战略型基金)。

宋玉华和李锋(2009)根据主权财富基金名称、职能、设立动机和投资领域的不同,将其分为两类:一类是稳定型基金,主要是那些以跨期平滑国家收入、减少国家意外收入波动对经济和财政预算的影响、协助央行分流外汇、冲销国内市场过剩的流动性、预防国家社会经济危

---

① International Working Group of Sovereign Wealth Funds, Sovereign Wealth Funds Generally Accepted Principles and Practices (GAPP): Santiago Principles, Washington: http://www.iwgswf.org/pubs/eng/santiagoprinciples.pdf [R]. 2008 (10).

机、保障经济和社会平稳发展为目的的主权财富基金，这类基金主要涉足于低收益、低风险的投资以实现投资安全；另一类是战略型基金，这类基金投资目标旨在支持国家发展战略、在世界范围内优化配置资源、培育世界顶级企业、更好地服务国家在国际经济活动中的利益、跨代平滑国家财富、为子孙后代谋福利，因此在高收益、高风险投资领域积极作为。

应该指出的是，不同国家主权财富基金投资目标侧重不同，甚至同一国家主权财富基金的不同发展时期，投资目标也会有所变化（喻海燕和朱孟楠，2011）。以挪威主权财富基金为例，挪威政府建立政府石油基金（Government Petroleum Fund，GPF）目的就是对石油收入进行长期管理，以预防未来石油出口资源衰竭，石油收入下降对国家经济造成的影响；但是在进入 21 世纪后，伴随挪威人口老龄化加剧，2006 年政府石油基金更名为政府全球养老基金（Government Pension Fund Global，GPFG），GPFG的资金主要来源于石油和天然气领域产生的外汇盈余（包括公司税收和勘探牌照的收费等），名称的变更预示着基金将为逐步增加的公共养老金费用支出提供融资。

二、主权财富基金资产配置

资产配置是基金投资的重要环节，资产配置可以降低非系统性风险，提升风险调整后收益，对投资业绩会产生极为重要的影响（Gary P. Brinson，Randolph L. Hood and Gilbert L. Beebower，1986）。Roger Gibbotson 和 Paul D. Kaplan（2000）对资产配置的重要性进行了实证研究，他们以10 年间 94 家共同基金的月收益率数据和 5 年间 58 家养老基金的季度收益率为分析对象，实证结果显示在不同基金绩效差异中，资产配置可以解释40%，在同一基金回报随时间波动中，资产配置可以解释 90%，在同一基金的总回报中，资产配置可以解释 100%。

（一）资产配置过程

国际上比较通行的资产配置架构：战略资产配置 + 战术资产配置 + 纪

律性再平衡。战略资产配置（Strategic Asset Allocation，SAA）是为控制整体投资风险并满足投资收益率目标的最重要决策，反映投资者的长期投资目标和政策，也称为政策性资产配置（Policy Asset Allocation）或长期资产配置（Long Run Asset Allocation）。这一过程主要是确定各大类资产（如现金、股票、债券、另类资产等）的投资比例，以建立最佳长期资产组合结构。战略资产配置时间通常是 5~10 年期（也有的为 3 年期、7 年期）的长期资产配置。战略资产配置一旦确定下来，通常在投资期限内不会轻易改动。Brinson、Hood 和 Beebower（1986）的研究发现，投资组合收益的 93.6% 来源于战略资产配置[1]。Stephen Jen（2007）研究了主权财富基金战略资产配置的最优资产组合和货币组合，认为最优资产组合是债券 25%、股票 45%、其他资产 30%，相应的最优货币组合是美元43%、欧元 18%、日元 13%、其他货币 17%。Stephen Jen（2007b）按资金来源不同将主权财富基金分为三类：第一类是来自石油出口的主权财富基金，这类基金没有负债，具有较长投资视野，流动性需求较低；第二类是通过储蓄—投资账户盈余（资本账户盈余）积累官方储备的主权财富基金；第三类是通过资本流入形成大量储备而设立的主权财富基金。通过分析 1987~2007 年单一资产的回报和风险，确定了有效投资前沿，并得出第一类主权财富基金有最高的风险—收益组合，第三类主权财富基金有最低风险—收益组合的结论。

战术资产配置（Tactical Asset Allocation，TAA）是在战略配置基础上，根据国际投资环境的变化、宏观经济和市场判断，把握资产周期性波动，适时改变资产类别组合比例所进行的战术调整，形成战术区间，它是对 SAA 在短期内的优化。战术资产配置相对短期，一般采用 1 年期，这要求投资团队对经济和市场要有深入的认识和准确的判断，才能通过战术配置获取超越战略配置的超额收益。

纪律性再平衡是指一旦某类资产的比例超出了战术区间的上下限，需要通过低买高卖，使投资组合接近或回到战术区间。只要确认 SAA 和

---

[1] Gary P. Brinson, Randolph L. Hood and Gilbert L. Beebower, Determinants of Portfolio Performance, 1986.

TAA 没有重大改变，纪律性再平衡就必须要执行，这是确保整体组合在长时间内获取稳定收益的重要保障。通过积极资产配置提升组合收益，同时结合纪律性的再平衡控制风险，是优化资产配置所必须的过程。申银万国证券研究所（2007）就再平衡策略对中国市场和日本市场进行实证检验，结果显示，再平衡策略可以有效提升资产组合的夏普比率，从整体收益的角度，再平衡组合也优于不作再平衡的组合。高洁（2010）和谢平等（2010）基于在风险控制与成本最小化之间形成平衡，提出再平衡临界点选择 5%，跟踪误差为 1.5% 可以更好地实现对市场风险的控制。

Arrau 等（1992）测算了以铁矿石出口收入为资金来源的主权财富基金风险资产配置规模，得出最优风险资产投资规模为一个月的铁矿出口收入。Kristian Flyvholm（2007）认为，资金来源于石油输出的主权财富基金易受全球经济增长放缓或衰退影响，因此在其资产配置中长期债券应占突出地位；非石油资源出口的主权财富基金（如中国）可选择持有与石油/初级商品价格上涨联动的资产（包括某些行业的股票和初级商品追踪基金），实现对未来价格风险的自然对冲；从事长期投资的国家可购买股票和其他长期性资产，在固定收益资产组合中承担更多的信用风险、收益率曲线风险和流动性风险（如挪威和新加坡）；追求长期真实回报的国家，应更多购买通货膨胀指数化证券（TIPS），以对冲通货膨胀风险。Gintschel 和 Scherer 等（2008）也研究了以石油输出收入为资产来源的主权财富基金均值方差模型下最优资产配置，得出为对冲原油价格波动对国家经济不确定性的影响，主权财富基金应配置一些与石油价格低相关或负相关的资产。Bertoni 和 Lugo（2013）建议资金来源于大宗商品的主权财富基金应将资金主要配置于与石油相关性较低的金融资产以对冲风险。杜金鹏和蔡明超（2013）以全球 17 个国家和地区的主权财富基金为样本，就资金来源的稳定性对主权财富基金风险资产配置的影响进行了实证研究，结论是：当一国大宗商品出口收入、非资源类贸易出口收入或财政收入与金融市场相关度越高时，应降低风险资产配置；当一国资源进口、非资源类贸易进口支出或财政预算支出（如养老金支出）与金融市场相关度越高时，应增加其风险资产配置；一国大宗商品或者非资源类贸易出口目的地国家越集中，或财政收入的来源过度依赖少数渠道时，主权财富基金应降低其风险资产配置以对冲政府收入过于集中可能带来的风险（如石油出口国遭到其部分石油进口大国的抵制后给其石油出口收入带来的不确定风险）。

专门针对我国主权财富基金资产配置进行研究的很少。任永力（2007）研究了长期最优配置时我国主权财富基金的理论最优资产配置和货币组合，认为最优资产配置应是债券25%、股票45%、其他资产30%，相应的最优货币组合是美元43%、欧元18%、日元13%、其他货币17%。喻海燕和田英（2013）选用10个世界主要国家或地区的证券市场指数，研究了时间跨度在1996年1月1日至2012年1月10日这些指数之间的相关性。在此基础上，结合战略投资目标构建了中国主权财富基金投资模拟资产池，构建了最优投资组合。结果表明，在充分考虑资产分散化和收益性的条件下，我国主权财富基金最优投资组合占比由大到小应分别为：日经225指数、标准普尔500指数、原油、美国国债和黄金[①]。

（二）影响资产配置和投资收益的因素

从资产配置的过程可以看到，投资目标、国际投资环境、风险偏好、信息透明度等因素都会对投资收益产生一定的影响。

主权财富基金长期投资目标对资产配置会产生重要影响。Stephen Jen（2007）发现主权财富基金具有战略性投资特点，高科技公司、外国银行及资源丰富国家的资源公司等战略性行业成为其首选。Lyons（2007）认为，组合投资（Portfolio Investment）的投资目的不是控制目标企业，而是获取红利和股票溢价收入，因而投资股权比例通常在5%~10%；而战略投资型（Strategic Investment）主权财富基金带有明显的政治和国家战略目的，投资目标多是他国关键性产业，如国防、通信、金融机构、能源，如对具有战略性资源企业的并购和收购等。李稻葵（2007）提出主权财

---

① 这也是本书的先期研究基础之一，但届时该实证研究没有考虑到动态风险的对冲问题，本书后续研究对实证方法有所改进和完善。

富基金应该关注关系国家未来发展的战略领域，如高科技行业、金融机构及资源类行业，应利用超额外汇储备配置与宏观经济周期运行相反的风险配置，重点选择与宏观经济波动周期负相关的资产，实现对宏观经济的套期保值，提高社会的整体效用福利水平。韩立岩（2012）在国民效用最大化目标下研究了我国主权财富基金的最优投资模式，认为应将我国主权财富基金分离成组合收益型和战略型两大类基金，在投资股票、债券等传统的金融产品的基础上应当侧重投资有利于国家经济可持续发展的行业以实现国家效用最大化。

周超（2011）以挪威主权财富基金为例，构建多元回归模型，实证研究了影响主权财富基金投资收益的因素，得出股票投资收益率、债券投资收益率、股票投资占比和主权财富基金投资收益率成正向关系，市场风险与主权财富基金收益率成反向关系的结论。郭明（2013）以全球20家主要主权财富基金的年度数据为研究对象，对影响投资收益的因素进行面板数据回归，得出以结论：第一，投资发达市场的比例越大，SWFs基金收益率表现越不好，说明发达市场的发展和投资潜力有限；第二，SWFs投资规模越大，SWFs基金收益率表现越好，说明SWFs具有规模报酬递增的效应，这可能是由于专业化、精细化的促进作用；第三，信息披露越多的基金，收益表现越不好，说明信息披露越多，给市场投机者利用和挖掘的空间越大，好的投资策略可能在国际市场套利面前，也将获利甚微；第四，在控制宏观经济变量后，全球综合债券指数和MSCI的全球股票价格指数对SWFs基金收益率有着显著的正向作用，说明市场环境是影响投资收益的主要因素，并且债券市场和股市市场的表现与SWFs基金收益率息息相关，这是由于SWFs的资产投资去向相当大的部分是投资于股票与债券市场的；第五，随着基金收益率逐渐提高的发展过程，以基金市场价值增长率为代表基金规模对基金收益增长率的促进作用先变大后变小。

张海亮（2014）以全球主要的32家主权财富基金为研究对象，研究结论表明，主权财富基金的资产配置仍然是以收益最大化为目标，结合流动性与安全性考虑。杨明明（2015）采用多元回归方法也对影响主权财富基金投资收益的因素进行了分析得出：资产配置中的股票资产收益率、债券资产收益率与基金整体收益率均呈现正相关性；规模越大，基金收益率越高；稳定型主权财富基金中股票投资收益率对基金整体收益率的贡献程度最大；而在储蓄型主权财富基金当中，则是债券投资收益率对基金整体收益率的贡献程度最大的结论。吕玉婵（2017）以 13 个主权财富基金委研究对象，运用面板数据展开实证研究，分析了影响主权财富基金投资收益的因素，得出主权财富基金投资受全球宏观形势影响、投资收益与权益投资占比呈正相关，与资产规模负相关、新兴市场投资对主权财富基金的影响是正向的、基金存续时间越长，投资收益越高的结论。

国际投资环境对资产配置和投资收益会产生显著影响（Elyakova、Isabella Damdinova，2015）。广义而言，主权财富基金的投资环境不仅包含宏观经济环境，还包括东道国的市场环境、体制环境、被投资企业经营环境以及对主权财富基金投资持有的态度（朱孟楠和喻海燕，2009）。韩骏（2009）指出，次贷危机对国际投资环境产生了不良影响，次贷危机后，主权财富基金应减少对美国的投资，向欧洲、亚洲投资市场做战略转移；在资产结构方面，强调货币和资产种类的多元化；在资产选择方面应更加关注于国际实物投资，且把重点放在收购外国企业，购买战略资源以及黄金、白银贵金属上。Chhao Chharia 和 Laeven（2009，2010）研究了 1996～2008 年全球主权财富基金近 30000 起投资信息后发现，市场透明度低并且政治体制相对不民主的国家会更吸引主权财富基金投资，主权基金在制定和实施投资策略时偏向于选择具有相似文化的国家或实体。从企业投资层面来看，主权财富基金偏好投资规模大且历史收益较好的企业，石油部门在主权财富基金投资组合中比例较大。Avendano 和 Santiso（2011）研究了政治体制对主权财富基金投资的影响，他们收集了新兴市场经济体和 OECD 国家的 17 只主权财富基金的数据，实证发现主权财富基金的投资并非出于政治目的，政治体制对主权财富基金的投资没有太大影响；但 Knill 等（2012）研究了双边政治关系（东道国和主权财富基金投资国）和主权财富基金投资之间的关联，结果表明双边政治关系是影响主权财富基金是否投资东道国的重要因素，SWFs 倾向于投资那些政治关系较疏远的国家，关系越亲密的国家直接投资的数额反而越小。Boubakri 等

（2011）研究发现，主权财富基金倾向于投资杠杆率较高、低流动性、股权集中度较高、有较大利润增长空间的大型企业；而 Kotter 和 Lel（2011）的研究则认为，主权财富基金一般会投资于经营业绩较差、陷入融资困境和现金约束的大型企业。喻海燕和朱孟楠（2011）研究表明，根据国际投资环境的变化对资产组合进行动态调整，可以提升主权财富基金的投资业绩。张海亮（2013b）指出，全球宏观经济环境、主权财富基金的风险偏好对我国主权财富基金资产配置有影响。Megginson、You 和 Han（2013）通过数据检验发现，东道国投资者保护程度越高、资本市场越发达，对主权财富基金就越有吸引力。Johan、Knill 和 Mauck（2013）实证研究发现，相比投资于公开发行的股票，主权财富基金不太愿意进行私募股权投资，但是在一些对投资者保护程度比较低且与主权财富基金所在国的双边政治联系比较弱的国家，主权财富基金更倾向于进行私募股权投资。文化的差异对于主权财富基金在目标国家进行私募股权投资的倾向也有正面影响。

风险偏好也是影响主权财富基金资产配置和投资收益的因素。Stephen L. Jen（2010）通过对不同类型 SWFs 风险收益水平的比较研究发现，SWFs 的风险偏好与资金来源相关，以石油美元组建的 SWFs 风险容忍度最高，资金来源于贸易盈余的 SWFs 风险容忍水平次之，由资本流入形成的 SWFs 则通常较保守。王遥（2010）在对全球 32 只基金的数据统计分析后发现，金融行业和房地产领域是大部分主权财富基金的集中投资领域，国际金融危机爆发之后部分主权财富基金把关注焦点投向海外的战略投资。

主权财富基金自身投资规模、信息透明度对投资收益和资产配置也会产生一定的影响（Truman，2008；Peter Kunzel，2011）。Chhaochharia 和 Laeven（2010）采用 Truman 提出的透明度指数法，研究了信息透明度对主权财富基金资产配置的影响，发现透明度高、治理较好的主权财富基金倾向于投资高风险的小企业，而透明度低、治理较差的主权财富基金则倾向于投资低风险的大企业，透明度高、治理较好的主权财富基金的投资更有效率。苗迎春（2010）建议尽快制定针对投资于中国的主权财富基金的透明度标准，以保障国家经济金融安全。

　　针对中国主权财富基金投资与风险管理策略研究方面的研究不多，有的学者基于外汇储备管理角度，对外汇（主权财富基金）投资资产配置提出了一些建议。例如，孔立平（2009）针对次贷危机后以美国国债为主的外汇储备资产面临巨大风险，指出我国要建立多层次的外汇储备资产组合，鼓励我国优质企业到国外进行直接投资或者收购；张海亮、吴冲峰和邹平（2009）基于国家产业需求角度，提出通过追踪适应中国产业需求发展的商品期货价格指数，不仅可以增加战略储备，为产业发展提供支持，而且可以分散风险，获得很好的投资收益。他们构建了基于产业需求的包含六种有色金属的实物资产价格指数，提出了依据指数进行资产配置的投资策略。但是，近年来国家战略需求发生了一些变化，比如，当前制造业面临技术升级和创新、战略性新兴产业（物联网、云计算、大数据、人工智能等新一代信息技术、节能环保、生物、高端装备制造、新能源、新材料和新能源汽车、数字创意以及相关服务业）必须尽快发展。特别是2013年由国家主席习近平提出的"一带一路"倡议等。这些都对战略投资提出新的要求。

　　喻海燕和田英（2012）基于全球资产配置视角，以现代投资组合理论为基础，选用10个世界主要国家或地区的证券市场指数，研究了时间跨度在1996年1月1日至2012年1月10日这些指数之间的相关性。在此基础上，结合我国战略发展目标，构建了中国主权财富基金投资模拟资产池，构建了最优投资组合。结果表明，在充分考虑资产的分散化和收益性的条件下，我国主权财富基金最优投资组合占比由大到小应分别为：日经225指数、标准普尔500指数、原油、美国国债和黄金。喻海燕和马晟（2014）基于均值—方差—CVaR模型，放宽约束条件，考虑凸风险测度及收益率序列肥尾特征，把极端情况如金融危机爆发时的平均损失考虑在内。在此基础上，在全球范围内模拟构建资产池对中国主权财富基金投资的最优组合进行研究。研究结果表明，中国主权财富基金投资的最优组合和美国市场关系比较密切；其中固定收益类资产占比最高，现金类资产次之，黄金和美国原油占比相对较低；实际操作中日债的最优投资占比应低于20%，未来中短期内应该逐步减持日债头寸。

　　张海亮（2014）较为系统地分析了中国主权财富基金投资现状、面临的机遇和挑战，并从信息不对称、投资外部性、政治偏好、投资区域和行业分布等战略要素角度分析了影响我国主权财富基金投资收益的因素，提出了"共容性投资战略"的思想，对战略内容、战略特点和战略任务进行了设计，对如何实施该战略提出了具体的建议和对策。

喻海燕和郝呈祥（2017）将外汇管理局的外汇储备所面临的美元汇率风险纳入目标函数，研究了中投公司的最优资产配置，并对模型中的约束条件进行了改进，建议中投公司增加对境外大宗商品和部分国家房地产的投资。

魏晓琴（2014）对我国主权财富基金的投资绩效评价进行了研究，将资产规模、成立时间、透明度指数、持有的美国国债数量、境外投资占比、员工人数6个指标作为主权财富基金发展情况、来源和投资策略三个方面的投入因素，输出指标为收益率，运用DEA模型对比我国和全球其他几大财富基金的投资绩效情况，得出中投公司的投资具有较强的安全性和流动性，但在收益性方面则稍显不足的结论。

三、主权财富基金风险管理

（一）风险识别

何小峰、毕成和窦尔翔（2009）认为，可以按照金融风险的具体特征，将主权财富基金投资风险划分为国家风险、市场风险、法律风险、政策风险和操作风险。魏昀璐（2009）指出，主权财富基金风险有政治风险、市场风险、交易对手风险和内部风险。谭洁（2010）认为，中国主权财富基金面临的风险主要有市场风险、信用风险、流动性风险、操作风险、法律风险、政治风险和其他风险。从信息输入、信息加工和信息输出说明风险识别的过程。信息输入包括历史信息（历史上与本项目相似的投资项目）、财务信息（财务状况、资金保障安全度、资金流的大小等）、组织信息（人员的组织结构、人员分工结构、人员的知识能力、职业道德等）、外界信息（国家政策法规、宏观环境、投资国的政策法规等）、信息输出市值。有关主权财富基金的各种信息经过提炼加工、分析判断后，以一定形式输出和表达出来的风险来源、风险类别及相应风险发生的可能性、后果和影响。

柴洞甲（2011）指出，政治风险、法律风险和投资风险是主权财富基金的主要风险来源，并使用 BarraOne 风险管理软件模拟中国主权财富基金最优投资组合。

（二）风险测度

专门对主权财富基金风险测度进行的研究非常少，国外一些研究是在最优资产配置过程中提及风险测度。如 Cornelia Hammer、Peter Kunzel 和 Iva Petrova（2008）发现，信用等级评估、VaR 方法、久期、波动率、跟踪误差、货币权重、压力测试和 Monte Carlo 模拟都可广泛应用到主权财富基金风险测度上，其中信用等级评估属于主观评分测度方法，VaR、久期、波动性是风险测度指标，跟踪误差、币种权重、压力测试和 Monte Carlo 模拟是风险指标的计算和控制方法。Andreas Gintschel 和 Bernd Scherer（2008）建立了静态均值—方差模型，对石油输出国的主权财富基金投资风险进行分析，模型采用方差作为衡量风险指标，将投资风险分为金融资产风险、背景资产风险及金融资产和背景资产的协方差风险三部分，并指出模型较适合于分析背景资产来源较为明确的主权财富基金（如资金来源为石油、矿产等的资源型主权财富基金），对资产来源不明确的非资源型主权财富基金可能不是很适用。Roland Beck、Michael Fidora（2008）运用资本资产定价模型（CAPM）对挪威全球养老基金（Government Pension Fund – Global, GPFG）进行分析，把主权财富基金看成按照 CAPM 规则进行操作的投资者，在 CAPM 框架下、在方差协方差基础上通过贝塔系数衡量系统风险。但 CAPM 是在考虑了系统风险情况下，计算金融资产合理收益的资产定价模型，而不是专门用于风险测度的模型。

国内学者中，魏昀璐（2009）以层次分析法和模糊数学理论为基础建立了综合风险评估模型用于测度主权财富基金的投资风险，包括来自外部环境和内部自身的各类风险。谭洁（2010）构建了分析边缘分布，并基于网络层次分析法（ANP），建立模糊综合风险评估模型对我国主权财富基金总体风险进行评估。赵晓玲（2011）也运用多层次模糊综合评价模型对主权财富基金总风险进行识别和评估。刘英（2012）通过总结国外几个主要的主权财富基金经验，分析中国主权财富基金的现状，并采用模糊综合评估模型对黑石投资的案例进行实证研究。但是，层次分析法、模糊层级评价法、模糊综合评估方法和三角模糊层次分析法都需要建立在专家评分法的基础上，在数据的客观性和模型处理过程等方面存在一定局限性。朱孟楠和胡潇云（2011）在风险分类的前提下对于不同风险类别综合采用评委评分法与指标测度法建立了"主权财富基金投资风险三因素评估体系"（CSC 风险评估，CSC Assessment System），发现根据风险种类的不同对于国家风险、主权信用风险采用评级评分法、对于商业风险采用VaR 方法能够更加全面合理地衡量风险。王伊君（2012）借鉴McGowan和Moeller（2009）提出的对外投资风险矩阵（Foreign Investment Risk Matrix，FIRM），通过对选定变量进行评分，对政治风险和经济风险两大类风险分别进行度量。他们在经济风险的度量中运用的是 GARCH 模型的 VaR 方法。相对而言，朱孟楠、胡潇云（2011）和王伊君（2012）采用历史数据计算 VaR 来衡量风险水平则更具有客观性。

（三）风险防范与控制

Donghyun Park（2007）认为，主权财富基金改进风险管理能力能使政府提高风险容忍水平、追求更高的回报。Aizenman 和 Glick（2008）提出可通过买入"全球基金"，即由各国可交易资产所组成的基金，如典型指数工具——S&P 500 指数、道琼斯指数等来分散 SWFs 投资风险；Truman（2008）从资产组合调整、股权投资限制、非控股型投资条件、杠杆政策运用等方面，对比分析了养老金型和非养老金型 SWFs 风险管理的不同特征；Molloy 和 Ned（2011）提出可利用一些金融衍生工具如互换和套期保值等进行 SWFs 风险管理。国内学者针对风险管理也提出了一些有益的见解。何帆和陈平（2006）分析了挪威政府石油基金、新加坡政府投资公司及淡马锡公司的风险管理举措；谢平和陈超（2009）提出主权财富基金应采用多元化、分散化的投资策略，在容忍短期较大波动的同时完善自身风险管理体系。

四、文献评述

综上所述，从理论研究视角来看，次贷危机后，主权财富基金的研究重点转移到对投资策略和风险管理的细化与深入研究上。目前来看，国内外对主权财富基金的投资目的、影响投资收益的因素的研究相对较多，研究结论也较为一致。但在以下三个问题的研究方面还存在不足或有分歧：

第一，针对主权财富基金自身管理体系的研究不够。当一国实质上存在不止一个主权财富基金投资主体的时候①，不同投资主体在投资目标、市场定位和职责安排上如何统筹安排和规划，组织构架是否合理，监管机制是否科学，管理模式、业绩评估是否有效，这些问题均有待深入探讨。

第二，目前对主权财富基金投资过程中资产配置的定性研究较多，实证研究不多，对最优资产配置的研究结论也有差异。已有的实证研究主要基于单期、静态视角，而动态视角下考虑金融市场的实时变化进行投资组合的动态调整的相关研究基本没有。

第三，针对主权财富基金风险管理的研究很少，特别是在风险测度方面。已有的风险测度研究大多针对整体风险进行评估，对单一风险（如市场风险）进行测度的研究屈指可数。然而，在整体风险管理框架下，不同投资类别资产导致的风险存在一定的差异，风险管理的进一步深化也要求更加精细化、更加具有针对性的风险测度和管理，特别是考虑极端风险情况下的市场风险的测度，风险测度方法也需要考虑可操作性问题。

---

① 比如，新加坡有淡马锡公司和新加坡政府投资公司两个主权财富基金。我国中央汇金和中投公司在投资目标、投资区域、投资方式等方面完全不同，实质上也是两个主权财富基金。如果考虑中国华安投资有限公司等，则属于我国的主权财富基金更多。

第三节 研究思路和主要内容

一、研究思路

主权财富基金投资与风险管理的过程就是运用金融学、投资学、管理学理论，对投资资产的收益和风险进行预测、识别与度量，并结合投资目标在风险—收益权衡基础上实施有效资产配置的过程。投资主体首先要对各类资产的未来收益情况进行预测，对收益的不确定性（投资风险）进行正确识别与度量；其次结合投资目标对风险—收益进行权衡取舍，实施战略资产配置；再根据资产收益率的变化，动态调整资产组合，进行资产配置的战术调整。在这个过程中，国际经济环境、市场环境、地缘政治环境均会对投资收益和风险产生影响，一国主权财富基金自身管理机制是否合理、风险管理体系是否健全，也会影响投资与风险管理的有效性。基于此，本书重点探讨三个方面的问题：一是我国主权财富基金在投资与风险管理方面存在哪些不足或问题？二是从理论角度如何加强我国主权财富基金风险测度和评估，如何结合投资目标和风险进行战略和战术资产配置？三是从实践角度，从哪些方面完善和加强我国主权财富基金投资与风险管理。

本书研究思路：首先，在归纳全球主权财富基金投资与风险管理变化特点和趋势基础上，总结了当前我国主权财富基金投资与风险管理现状，剖析了存在的问题。其次，对我国主权财富基金面临的国际投资环境进行了分析，概括了投资风险类别及体现。再次，从理论角度构建了单一市场风险测度模型、投资风险评估体系，并对风险控制下的资产配置和动态最优投资组合进行了研究；从实践角度总结了新加坡政府对淡马锡公司和新加坡政府投资公司的做法，以及两个基金在市场定位、投资与风险管理方面的特点，以供我国借鉴。最后，针对如何完善我国主权财富基金投资与风险管理提出了策略和建议。技术路线如图 1-1 所示。

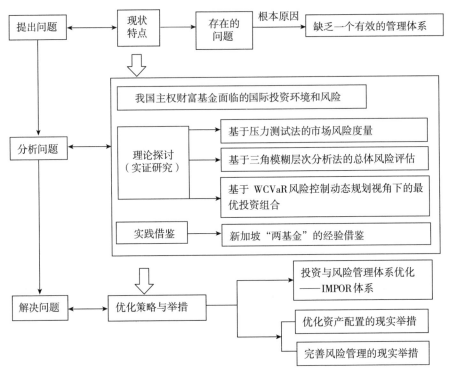

图 1-1　研究的技术路线

二、研究内容

第一章，导论。本章介绍了研究背景和研究意义，对理论研究现状进行了评述，介绍了研究思路、研究内容和方法、研究特色和创新之处。

第二章，主权财富基金发展概述。本章阐述了主权财富基金的含义、全球主权财富基金发展历程和现状，归纳了主权财富基金投资与风险管理变化特点和趋势。

第三章，我国主权财富基金投资与风险管理现状及存在的问题。本章对我国主权财富基金投资与风险管理现状与特点进行了归纳，剖析了当前我国主权财富基金在投资与风险管理方面存在的问题，分析了导致这些问题的根本原因。

第四章，我国主权财富基金面临的国际投资环境及投资风险。本章分析了我国主权财富基金面临的宏观经济环境、微观市场环境，指出国际投资环境的一个重要变化，即一些国家和国际组织对主权财富基金投资设置的金融保护壁垒、市场准入障碍和限制性要求增多。在此基础上分析阐述了具体的风险类别和体现。

第五章，我国主权财富基金投资与风险管理：基于压力测试法的市场风险度量。本章使用压力测试法的思想设计了两个相辅相成的模型。其中完整模型基于历史数据并使用 t 分布的蒙特卡洛模拟预期未来市场价格走势，并引入了"经济资本"概念对市场风险进行测度，为监管者测度和预防包括极端风险在内的市场风险提供了政策上的建议。对完整模型进行拓展，放开资产类别和投资主体风险偏好的限制就构造了单一市场风险测度的一般性模型，该模型可度量股权投资风险、利率风险、汇率风险。简化模型为投资部门对投资项目日常风险测度提供了一个具有可操作性的方法。

第六章，我国主权财富基金投资与风险管理：基于三角模糊层次分析法的总体风险评估。本章将三角模糊数引入模糊层次分析法（Fuzzy AHP）中，构建了我国主权财富基金总体风险评估体系，并以中投公司为例，对拟投资项目进行风险评估和选择。

第七章，我国主权财富基金投资与风险管理：基于 WCVaR 风险控制动态规划视角下的最优投资组合。本章运用 WCVaR 风险测度方法，基于最优投资组合规划问题的目标函数和约束条件，对我国主权财富基金最优投资组合动态优化进行了研究，得出不同目标收益率下的最优投资组合。

第八章，我国主权财富基金投资与风险管理：新加坡的经验借鉴。本章阐述归纳了新加坡政府对两个主权财富基金在制度安排、投资目标和市场区分方面的做法。新加坡和我国成立主权财富基金的背景相同，新加坡的两个主权财富基金——淡马锡公司和新加坡政府投资公司，它们的职责和我国中央汇金和中投公司类似，它们在管理模式以及在投资与风险管理成功的经验和做法值得我国借鉴。

第九章，完善我国主权财富基金投资与风险管理的策略与举措。本章在前文理论分析和实践借鉴基础上，首先从投资机构（Institution）、管理模式（Mode）、市场定位（Orientation）、绩效评价（Performance）、风险

管理（Risk）等角度提出了优化我国主权财富基金管理体系——IMPOR
体系的构想，其次对优化和完善我国主权财富基金投资和风险管理的现实
举措提出了具体的建议。

第四节　研究特色与创新

一、学术价值和特色

从理论研究视角来看，主权财富基金真正引起国内外学者关注并展开
系统研究还是在次贷危机以后，研究重点主要围绕主权财富基金产生原
因、类别、主权财富基金带来的影响等方面。近年来，在投资策略、资产
配置方面有研究，但研究方法多为定性分析，实证研究少，针对主权财富
基金风险管理的相关研究更少，对风险测度和评估展开研究的屈指可数。
本书在前期学者研究基础上，结合当前理论研究的不足，综合运用了金融
学、投资学、管理学理论和方法，构建了主权财富基金市场风险测度模型
（基于完整模型拓展的一般性模型和简化模型）；运用三角模糊层次分析
法构建了总体风险评估体系；并基于风险控制动态规划视角，研究了不同
目标收益率下的最优投资组合，这些都是对现有理论研究的拓展。

当然，本研究属于应用经济研究范畴，研究目的在于更好地解决主权
财富基金投资与风险管理方面的实际问题。我国主权财富基金自成立以
来，在投资和风险管理方面作出了很多有益的探索，也取得了一定的收
益，但由于成立时间较短，投资与风险管理经验不足，在资产配置、风险
测度与评估、投资与风险动态管理方面还有待加强，中投公司在管理体系
上还存在一些问题。本研究期望通过理论研究和实践借鉴，为这些问题和
不足提供解决和完善的方法，给实际部门提供具有可操作性的参考，这是
本研究的立足点和特色。

二、研究创新之处

第一，基于压力测试法构建了市场风险测度模型。一是对完整模型进行了拓展，放开资产类型的限制和投资主体风险偏好的限制，构建了市场风险测度的一般性模型，可度量股权投资风险、利率风险、汇率风险；二是引入了经济资本的概念，作为反映市场风险的一个替代指标，为风险策略制定者及投资风险监管部门测度和预警包括极端风险在内的市场风险提供政策建议和参考；三是为投资管理部门日常市场风险的监测提供了简化模型和方法。

第二，国内评估主权财富基金总体风险均采用的是多层次模糊层次分析法（魏昀璐，2009；谭洁，2010；赵晓玲，2011）。本书在上述研究方法基础上，将三角模糊数引入多层次模糊分析法中，构建了基于三角模糊层次分析法的风险评估体系，在实证方法上有所改进。三角模糊数是将不确定的事物采用可能发生的最大值、最小值以及最可能值组成数序进行描述，比传统的 Fuzzy AHP 更符合实际中事物决策的流程，而且在实际操作过程中更具有可操作性。

第三，运用 WCVaR 方法得到了风险控制动态视角下的最优投资组合。采用了 WCVaR 作为目标函数，在对极端风险控制方面有所改善，且考虑金融市场的实时变化，通过滚动更新模拟资产收益序列，多期求解最优投资比例来实现最优投资组合的动态调整，使实证结果更具现实意义。

第四，构建了我国主权财富基金管理优化的 IMPOR 体系，提出：（1）可将主权财富基金投资与风险管理纳入我国外汇储备有效管理范畴，构建了我国外汇储备全面管理的授权体系，提出了将财政部纳入外汇储备管理主体的设想；（2）对中投公司和中央汇金的市场定位、投资目标和职能进行了界定，借鉴新加坡政府对属下"两基金"（淡马锡和 GIC）的做法，提出了改进当前中投公司和中央汇金之间组织构架的设想，提出应尽早将中央汇金从中投公司中独立出来，使其成为财务独立核算的机构；（3）在现有风险管理框架基础上，构建了侧重操作层面的风险管理体系。

第二章

主权财富基金发展概述

　　主权财富基金的出现最早可以追溯到 19 世纪中期，但其真正发展是在 20 世纪 70 年代。由于石油价格上涨，一些石油输出国拥有的石油美元迅速增长，促进了全球主权基金规模和数量的增加。2000 年以后，亚洲新兴市场国家或经济体外汇储备规模急剧增长，进一步推动主权财富基金规模和数量在全世界范围内迅速扩张。截至 2017 年 11 月，全球共有主权财富基金 79 只，资产总规模达到了 7.518 万亿美元，是全球对冲基金规模的 2.5 倍。[①] 国际货币基金组织预测，到 2020 年全球主权财富基金规模可能达到 10 万亿美元。主权财富基金已经成为国际资本市场上一股举足轻重的力量，日益受到国际组织、各国政府、学界和公众的广泛关注。

第一节　主权财富基金的含义

一、主权财富基金定义

　　依据国际货币基金组织（IMF）（2008）的定义，主权财富基金是由政府所有或控制的、具有特殊意图的公共投资基金。这类基金往往出于中长期宏观经济和金融目标而持有、运作及管理，并运用一系列投资策略投

---

　　① 资料来源：Sovereign Wealth Fund Institute（SWFI），http://www.swfinstitute.org/sovereign-wealth-fund-rankings/。

资于外国金融资产。它们一般来自官方储备、私有化过程（Proceeds of Privatizations）、财政盈余及商品出口的收入等。[①]

　　主权财富基金的主权所有特点决定了其带有色彩浓厚的政府背景和政治色彩，这使主权财富基金和一般投资基金有本质的区别：其一，主权财富基金的组建和管理主体是一国政府，其组织和人事任命或多或少带有政府背景。在一些小国，一般直接由国王、总统负责管理，有的国家则由中央银行或财政部作为主管部门。其二，主权财富基金的投资策略、资产配置或多或少会体现一国国家政策意愿，无法和一般投资基金一样完全依照市场化进行投资。尽管当前主权财富基金在资产配置方面越来越多元化，但一国战略发展意图往往会在主权财富基金的资产配置中有所体现。[②] 很多国家偏好在高新技术、能源、重要资源、金融服务等战略性行业或产业上进行投资。[③] 相比而言，投资于公共养老金等一般性投资基金的纯粹的财务投资者，其投资过程不考虑政策意图，投资目的仅围绕基金受益人权益最大化来进行。其三，主权财富基金承担风险的能力更高。这主要是因为主权财富基金可被看作永续基金，通常拥有庞大的动辄上千亿美元的资金规模，且不断获得政府新的注资。多数主权财富基金除了人工管理成本外基本不存在其他成本，这是传统的公共养老基金、捐赠基金、私人投资基金所不具备的。主权财富基金和其他跨国投资基金的差异可在表 2－1 中体现。

---

　　① IMF, Global Financial Stability Report, 2007. http：//www. imf. org/External/Pubs/FT/GFSR/2007/02/.

　　② 比如，新加坡淡马锡公司，其投资策略就充分体现了新加坡政府的产业发展要求。

　　③ 比如，阿联酋政府控股的迪拜投资基金购买空中客车母公司的股权；俄罗斯的一批"国家龙头企业"将并购触角伸向欧洲、美国与加拿大的钢铁、铝、汽车零部件企业，甚至能源行业；新加坡淡马锡控股和新加坡政府投资公司投资私营经济领域。

表 2 - 1　　　　　主权财富基金与其他跨国投资基金的差异

特点＼名称	主权财富基金	政府养老金	非政府投资机构		
			共同基金	对冲基金	私募基金
所有权	国有	养老金成员	持有人	有限合伙人	基金持有人
资金来源	资源出口、贸易盈余、财政盈余	参保者缴费	投资者	私募为主，银行抵押、担保贷款	以私人为主的各类投资者
投资目的	投资收益及国家战略发展	缓解养老支付压力	投资收益最大化	投资收益最大化	投资收益最大化
投资对象	公开市场、固定收益、另类资产、现金产品	股票、债券	股票、债券	金融衍生品	股权投资为主
投资期限	长	长	或长或短	短	长
投资策略	积极主动、灵活	灵活	相对灵活	灵活多变，大量运用杠杆	相对单一
透明度	大多低	高	高	低	低

资料来源：作者根据资料整理。

二、主权财富基金分类

一国政府成立主权财富基金的目的通常有以下几种：一是跨期平滑国家收入，减少国家收入意外波动对财政预算和经济的影响；二是分流外汇储备，协助中央银行干预外汇市场，冲销市场过剩流动性；三是跨代平滑国家财富，为后代子孙积蓄财富；四是预防国家社会经济危机，促进国家平稳发展；五是支持配合国家发展战略，在全球范围优化配置资源，培育世界一流企业，更好地体现国家在国际经济活动中的利益。按照成立的目的不同，IMF（2008）将主权财富基金划分为五大类：稳定型基金（Stabilization Funds）、储备投资型基金（Reserve Investment Funds）、储蓄型基金（Savings or Future Generations Funds）、年金储备型基金（Pension Reserve Funds）、战略发展型基金（Strategic Development Sovereign Wealth Funds）。①

―――――――――

① https：//www. swfinstitute. org/sovereign - wealth - fund/.

（一）稳定型基金

稳定型基金是为了跨期平滑国家财政收入，减少商品（通常是石油）价格波动对本国财政预算和经济的影响而设立的。经济发展严重依赖于自然资源（如石油或矿产）出口的国家设立的基金多属于此类基金。这些国家通过资源出口获得了大量的财富，为保障未来自然资源耗尽后依旧可以有稳定的财政收入，也为避免短期内自然资源产出或市场价格大幅波动导致财政收入大起大落，通过设立主权财富基金将现有资源性收入进行投资，获得稳定收益来满足跨期平滑国家财政收入目的。该类基金具有高度厌恶风险性特点，资产持有形式主要为外汇现金及国债，通常配置于和资源性商品价格不相关或相关性很低的资产。

以挪威为例，挪威是世界第三大石油净出口国，20世纪90年代由于石油出口增加，挪威政府石油收入和外汇储备快速增长。1990年挪威设立了政府石油基金，其目的就是将当前的富裕石油基金作为一个"缓冲器"来缓冲未来石油收入下降的变化，"实现物理储备与金融资产储备的转换"。自1995年开始，挪威政府每年将财政盈余划入该基金，过去10年间平均每个季度向基金注入的财政盈余达到600亿挪威克朗（460亿元人民币）。2015年当国际油价从100多美元/桶下滑至30～40美元/桶，导致政府财政收入入不敷出之际，挪威政府从主权财富基金中抽取了约7.81亿美元以补贴财政，稳定了国内经济。除了挪威政府石油基金，以铜出口所得成立的智利社会与经济稳定基金（Social and Economic Stabilization Fund）、以矿物出口所得成立的蒙古国财政稳定基金（Fiscal Stability Fund），以及科威特投资局管辖下的一般储备基金（General Reserve Fund）、秘鲁财政稳定基金（Fiscal Stabilization Fund）、墨西哥石油收入稳定基金（Oil Revenues Stabilization Fund of Mexico）、俄罗斯稳定基金（2008年改名为储备基金 Reserve Fund）、加拿大 Alberta 对冲基金（Alberta's Heritage Fund）等也都属于此类基金。

（二）储备投资型基金

这类基金成立的目的是分流政府官方外汇储备，冲销国内货币市场外汇占款导致的流动性过剩，同时通过专业化投资提高外汇储备投资收益。这类基金严格意义上来说归属于一国外汇储备管理的制度框架，只不过投资风格有别于传统的、相对保守的投资，更趋于主动积极追求风险调整后的投资回报。20 世纪 90 年代以来，大多数新兴市场经济体设立的主权财富基金属于此类基金。香港金融管理局投资组合（Hong Kong Monetary Authority Investment Portfolio）、中国投资有限责任公司（China Investment Corporation）、韩国投资公司（Korea Investment Corporation）、阿曼投资基金（Oman Investment Fund）、沙特阿拉伯公共投资公司（Public Investment Company）等均属于此类基金。

（三）储蓄型基金

这类基金成立的目的是实现财富在代际之间的分享和转移，为子孙后代积蓄财富。一些国家力求在代际之间更公平地分配财富，设立主权财富基金以寻求长期回报和稳定，目标是把不可再生的资产转化为多样化的资产组合，减小"荷兰病"（Dutch Disease）①的影响。该类基金更偏好股权投资。科威特投资局管辖下的未来基金（Future Generations Fund）、澳大利亚未来基金（Australian Future Fund）、阿联酋阿布扎比投资局（Abu Dhabi Investment Authority）、美国阿拉斯加州永久基金（Alaska Permanent Fund）、文莱投资局（Brunei Investment Agency）、卡塔尔投资局（Qatar Investment Authority）等均属于此类基金。

（四）年金储备型基金

这类基金成立的目的是将基金投资收益弥补政府退休金支付，以应对人口老龄化以及自然资源收入下降对国家养老体系的挑战，预防社会经济危机，促进社会和经济的平稳发展。目前世界上最大的主权财富基金挪威

---

① 20 世纪 70 年代，荷兰发现大量石油和天然气，于是荷兰政府大力发展石油、天然气出口，但是蓬勃发展的天然气业却严重打击了荷兰的农业和制造业，削弱了其他产业的国际竞争力。这种由于自然资源挖掘使劳动和资本转向资源出口部门，使国家经济发展过于依赖自然资源，同时打击制造业或其他产业发展的现象都可以称为"荷兰病"。"荷兰病"的结果是非资源型行业由于资源型行业所创造财富的增加而受害。

政府全球养老基金（Government Pension Fund – Global）就属于此类基金。智利在 2006 年以铜出口获得的外汇收入成立的年金储备基金（Pension Reserve Fund）属于此类基金，新西兰超级年金（New Zealand Superannuation Fund）、澳大利亚未来基金（Australian Future Fund）、俄罗斯国家福利基金（National Welfare Fund）、中国社保基金（National Social Security Fund）、阿曼国家储备基金（State General Reserve Fund）等也属于年金储备型基金。

（五）战略发展型基金

此类基金成立的目的是支持国家战略发展需要，通过参股、持股方式培育世界一流的企业，扶持国家重要产业发展，维护国家在国际经济活动中的利益。

新加坡淡马锡控股公司（Temasek Holdings）就是此类基金的典型代表。淡马锡控股公司制定的发展战略是：1/3 的资金投资于发达经济体的市场，1/3 的资金投资于亚洲发展中经济体，剩余 1/3 的资金投资于新加坡本土。伊拉克发展基金（Development Fund for Iraq）、尼日利亚巴耶尔萨州发展和投资基金（Bayelsa Developement and Investment Corporation）、爱尔兰战略投资基金（Ireland Strategic Investment Fund）、伊朗国家发展基金（National Development Fund of Iran）、马来西亚国库控股国民投资有限公司（Khazanah Nasional）均属于此类主权财富基金。

主权财富基金成立的目的不同，意味着在风险收益权衡的取舍和投资时间跨度的选择方面会有差异，因而在风险偏好和资产投资管理方式上有所不同。例如，储备投资型基金注重投资收益，风险性资产配置比重较大；储蓄型和年金储备型基金则注重资产的安全性和保值增值，投资组合配置会保守一些；战略发展型基金通常会和国家发展战略挂钩，投资体现一定的国家战略意图。有的国家主权财富基金可能肩负多项投资目标，如阿联酋迪拜投资公司既属于储蓄型基金又属于储备投资型基金，新加坡政府投资公司既属于储备投资型基金又属于战略发展型基金，哈萨克斯坦国家基金既属于稳定型基金又属于储蓄型基金。

第二节 主权财富基金发展历程与现状

一、主权财富基金发展历程

主权财富基金的雏形最早可以追溯到 1854 年美国得克萨斯州成立的公共基金——得克萨斯州永久学院基金（Texas Permanent School Fund）。得克萨斯州是美国本土面积最大的州，也是全美人口及土地面积第二大州。150年前，得克萨斯州政府通过出售和出租得克萨斯州土地和矿产权获得了大量资金。由于权利本身属性是公共性质的，根据宪法规定应该用于公共事业，[①] 所以得克萨斯州政府成立该基金用于本州的公立教育。1896 年美国犹他州成立犹他州学校和机构信托基金（The Utah School & Institutional Trust Funds Office，SITFO），其与得克萨斯州永久学院基金类似，资金来源于土地和矿产使用。由于该类基金仅属于当地州立基金，严格意义上讲并不算是国家主权财富基金。[②]

1952 年成立的沙特阿拉伯货币局外资控股公司（The Saudi Arabian Monetary Authority Foreign Holdings，SAMA Foreign Holdings）被认为是第一家真正意义上的主权财富基金。该基金由沙特阿拉伯王国中央银行管理，其资金主要来源于石油出口收入。1953 年科威特成立了科威特投资委员会（Kuwait Investment Board，科威特投资局的前身），其资金也来源于石油出口收入。沙特阿拉伯和科威特均属于海湾石油输出国，石油、天然气工业为国民经济的支柱，石油收入是国家最主要的经济来源。但是两国经济结构均较为单一，农产品主要依赖进口。为摆脱对油气资源的严重依赖，政府一直努力发展多元化经济，不断扩大对外投资。两国成立主权财富基金主要出于两个方面的考虑：一是跨期平滑国家收入，以应对石油耗竭后的发展困境；二是通过对外

---

① 公有属性的公共设施往往以社会主义的形式将其利润分配给所在州郡以协助支撑其财政预算，并减轻纳税人的支出压力——托马斯·汉娜，《有美国特色的社会主义》。

② 在 Sovereign Wealth Fund Institute（SWFI）注册登记的所属国为美国的主权财富基金都属于州立基金。

投资发展多元化经济，减少对石油的依赖，实现经济可持续发展。

1956 年，位于西太平洋的岛国基里巴斯利用富含磷酸盐的鸟粪出口收入创建了收入均衡储备基金（Revenue Equalization Reserve Fund），当鸟粪消耗殆尽时，基金规模达到 5.2 亿美元，为该群岛年度 GDP 的 9 倍。

这些都可谓早期出现的主权财富基金。随后主权财富基金的发展总共经历了三次高潮。

（一）20 世纪七八十年代，石油价格上涨带动石油输出国纷纷设立主权财富基金

从 1973 年到 1980 年，全球油价历经了两次跳跃式攀升。第一次发生在 1973～1974 年。由于爆发第四次中东战争，石油输出国组织（OPEC）为打击以色列，宣布石油禁运，暂停出口，导致原油价格从 1973 年的每桶不到 2 美元上涨到 1974 年的每桶接近 12 美元。第二次发生在 1979 年至 20 世纪 80 年代初。伊朗爆发伊斯兰革命，随后爆发两伊战争，原油日产量急剧减少，国际油价飙升。原油价格从 1979 年的每桶 15 美元左右涨到 1981 年 2 月的最高价 39 美元。两次石油危机导致中东地区石油出口国积累了大量的外汇储备。为实现外汇储备的保值增值，同时为了避免未来可开采资源的枯竭而陷入贫困，阿联酋、阿曼、委内瑞拉等国纷纷设立主权财富基金，这带来了主权财富基金发展的第一次高潮。

科威特投资局在 1976 年设立了未来一代基金（Future Generations Fund），顾名思义，其目的是为后代储蓄，使财富保值；阿联酋在 1976 年成立了阿布扎比投资局（Abu Dhabi Investment Authority）；同年，美国成立了阿拉斯加永久基金（Alaska Permanent Fund），加拿大成立了艾伯塔遗产储蓄信托基金（Alberta Heritage Savings Trust Fund）；1980 年，阿曼成立了国家储备基金（State General Reserve Fund）；1983 年，文莱成立了文莱投资局（Brunei Investment Agency）；1985 年，美国成立了阿拉巴马信托基金（OAlabama Trust Fund）。此后，阿塞拜疆、委内瑞拉、安哥拉等国家也相继成立了各自的主权财富基金。

（二）21 世纪新兴经济体外汇储备增长带来主权财富基金发展的第二个高潮

主权财富基金发展的第二个高潮是在 2000 年以后，这一时期主权财富基

金飞速发展的一个重要原因就是新兴市场和发展中经济体外汇储备的急剧增长。

自 20 世纪 80 年代以来,经济全球化给新兴市场经济体带来了新的增长和发展。这些新兴市场经济体大多推行"出口导向"型发展战略,积极促进劳动密集型加工产业发展。市场开放和非资源型商品的出口促使这些经济体国际收支持续顺差,短期内外汇储备规模持续增长。

1998 年亚洲金融危机爆发对这些新兴市场经济体累积外汇储备起了推波助澜的作用。在亚洲金融危机爆发初期,泰国政府前后动用了 387 亿美元进入本国外汇市场进行干预,以维持泰铢汇率的稳定,但最终由于外汇储备规模有限,当本国外汇储备殆尽后,泰国政府不得不放弃维护泰铢稳定,由此导致泰铢大幅贬值、金融危机蔓延并波及亚洲其他国家。金融危机后亚洲新兴市场经济体意识到拥有相对充足的外汇储备对维护本国货币汇率稳定的重要性,不少国家有意识地采取种种政策和措施,进一步促进本国外汇储备规模的增长。

统计数据显示,自 1998 年亚洲金融危机爆发以来,短短 10 年间亚洲主要国家(地区)外汇储备总额增长了 672.5%。到 2008 年底,中国、日本、韩国和中国香港等亚洲主要国家(地区)外汇储备规模达到世界外汇储备总规模的一半以上(见表 2 - 2)。1998~2008 年,全球外汇储备增长了 308.5%,其中工业化国家外汇储备增长了 146%,发展中经济体增长了 562.5%(见表 2 - 3、图 2 - 1)。截至 2014 年 12 月,全球外汇储备总额为 11.59 万亿美元,其中新兴市场和发展中经济体外汇储备总额为 7.71 万亿美元,占比高达 66.52%。

表 2 - 2　　　　　　　　亚洲主要国家(地区)外汇储备规模　　　　　单位:亿美元

国家(地区) \ 年份	1998	1999	2000	2001	2002	2003	2004	2005	2006	2007	2008
中国	1450	1547	1656	2122	2864	4032	6099	8189	10663	15282	19460
日本	2032	2777	3472	3877	4515	6740	8450	8469	8953	9734	10306
韩国	520	737	959	1025	1208	1550	1990	2100	2390	2568	2012
新加坡	744	763	797	749	814	960	1130	1153	1368	1520	1742
中国香港	896	962	1075	1112	1119	1180	1240	1220	1332	1408	1848

续表

年份 国家（地区）	1998	1999	2000	2001	2002	2003	2004	2005	2006	2007	2008
马来西亚	247	297	286	296	333	450	670	697	835	975	913
泰国	284	338	319	324	380	420	500	505	648	785.77	1162
印度尼西亚	224	262	283	270	308	350	360	328	420	541	516
中国台湾	903	1067	1062	1223	1617	2070	2420	2536	2703	2629.0	2917
总量	7300	8750	9909	10998	13158	17752	22859	25197	29282	33961	40876
全球占比（%）	44.5	49.16	51.07	53.65	54.59	58.59	60.96	60.42	58.21	56.3	61.00

资料来源：根据亚洲开发银行数据库、中经网数据库等数据整理所得。

表 2 - 3　　　　　　　　　全球外汇储备规模　　　　　　　　单位：万亿美元

年份	1997	1998	1999	2000	2001	2002	2003	2004	2005	2006
全球	1.62	1.64	1.78	1.94	2.05	2.41	3.02	3.75	4.32	5.25
发达经济体	1.00	1.00	1.11	1.20	1.25	1.44	1.76	2.07	2.08	2.25
新兴市场和发展中经济体	0.62	0.64	0.67	0.74	0.80	0.96	1.26	1.68	2.24	3.00
年份	2007	2008	2009	2010	2011	2012	2013	2014	2015	2016
全球	6.70	7.35	8.16	9.26	10.20	10.52	12.127	11.591	10.924	10.716
发达经济体	2.43	2.49	2.78	3.09	3.45	3.72	3.84	3.87	——	——
新兴市场和发展中经济体	4.27	4.85	5.39	6.17	6.76	7.23	7.84	7.71	——	——

资料来源：根据 IMF 官方外汇储备币种构成数据库（COFER）年度统计数据归纳整理。

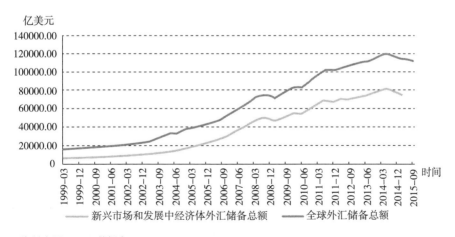

资料来源：Wind 数据库。

图 2 - 1　外汇储备规模变化

外汇储备规模急剧增长给新兴市场经济体政府带来了新的挑战，如何有效管理这些外汇储备是政府面临的迫切问题。对于这一特殊的金融资产，如果管理不当或者管理效率低下，可能给一国带来巨额的资源浪费、财富损失和风险。一方面，这些国家外汇储备普遍以美元、美国国债形式持有，美元长期面临"特里芬难题"，货币贬值会导致外汇储备购买力下降；另一方面，这些国家的经济发展普遍面临国际资源价格暴涨、关键核心技术欠缺以及产业结构调整升级要求。一国不能有效阻止所持外汇因货币霸权国盘剥而导致的损失，又不能顺利获得自身发展所依赖的重要资源和关键性技术，还不能运用国家财富惠及后代，长此以往，这个国家的经济主权和国家利益必然会受到侵蚀与损害。基于此，新加坡、挪威、韩国、日本等国家或地区积极实施了外汇储备管理改革的探索实践，成立专门的储备资产管理公司对外汇储备进行市场化管理就是其中的一个重要举措。1990 年挪威成立了政府全球养老基金（Government Pension Fund – Global）；1993 年马来西亚成立了马来西亚国库控股公司（Khazanah Nasional）；2004 年俄罗斯成立了俄罗斯稳定基金（Stabilization Fund）；2005 年韩国成立了韩国投资公司（Korea Investment Corporation）；2006 年澳大利亚成立了澳大利亚未来基金（Australian Future Fund）；中国也于 2007 年 9 月成立了中国投资有限责任公司（China Investment Corporation，CIC）作为主权财富基金，进行市场化投资与管理。

表 2 - 4 显示了全球主权财富基金的发展情况。可以看到，2000 ~ 2009 年成立的主权财富基金有 36 家之多，占比高达 45.60%。

表 2 - 4 主权财富基金发展情况

设立时间（年）	设立数量（家）	占比（%）
1970 年前	6	7.60
1970 ~ 1979	5	6.30
1980 ~ 1989	6	7.60
1990 ~ 1999	9	11.40
2000 ~ 2009	36	45.60
2010 ~ 2015	17	21.50
总计	79	100.00

资料来源：SWFs Institute。

值得指出的是，2004 年之前设立主权财富基金的国家基本是小型经济体国家，但随着 2004 年 1 月俄罗斯和 2007 年 9 月中国两个国家主权财富基金的出现，单个主权财富基金规模得以迅速发展，对国际资本市场的影响也日益加大。特别是在 2007 年美国次贷危机爆发过程中，主权财富基金向濒临破产的美国投资银行等一些金融机构注资，[①] 给当时陷入泥潭的金融机构注入了信心和活力，对稳定国际金融市场起到了重要作用，也进一步引起世界各国和世界组织的广泛关注。在 2008 年 1 月底召开的达沃斯论坛上，主办方特意专门安排了针对主权财富基金的专题讨论，这是世界经济论坛问世 37 年来首次讨论主权财富基金，充分体现了主权财富基金对世界经济的影响日益加大。

（三）2010 年后的新一轮设立高潮

2008 年美国次贷危机后，一些国家意识到主权财富基金作为一种新的主权投资形式对国家财富保值增值的重要意义，纷纷效仿成立，从而刺激了新一轮主权财富基金发展的高潮。

根据主权财富基金研究所（SWFI）的统计，2010 ~ 2015 年全球新设立的主权财富基金达到 17 家。其中包括 2011 年俄罗斯成立的直接投资基金（Russian Direct Investment Fund）、2011 年伊朗成立的国家发展基金（National Development Fund of Iran）、2012 年哈萨克斯坦成立的国家投资公司（National Investment Corporation）、2012 年尼日利亚成立的巴耶尔萨发展和投资公司（Bayelsa Development and Investment Corporation）、2006 年澳大利亚成立的西澳大利亚未来基金（Western Australian Tuture Fund）等。除了数量的增加，这一时期主权财富基金总规模也不断扩大。截至 2017 年底，全球 79 个国家和地区拥有 SWFs，SWFs 的规模达到 7.416 万亿美元。目前来看，虽然许多国家都设立了主权财富基金，但从总量占比来看，全球 224 个国家和地区中拥有主权财富基金的国家占比仅为 1/3，

---

① 其中，阿布扎比投资局以 75 亿美元购入了美国花旗集团（Citigroup INC.）4.9% 的股份，中投公司 CIC 注资 50 亿美元到摩根士丹利集团，新加坡政府投资公司注资 97 亿美元到瑞银集团及 68 亿美元到花旗集团，韩国投资公司 KIC 投资 20 亿美元到美林银行，卡塔尔投资局投资 5 亿美元到瑞士瑞信银行等。

这说明未来主权财富基金还有很大的发展空间。

二、全球主权财富基金发展现状和特点

(一) 投资规模发展迅速

从规模发展来看，近 10 年来全球主权财富基金总资产规模从 2007 年的 3.5 万亿美元增长到 2017 年 11 月的 7.51 万亿美元，增幅达到 114.6% (见图 2 - 2)，超过了全球对冲基金和私募基金的资产总和。

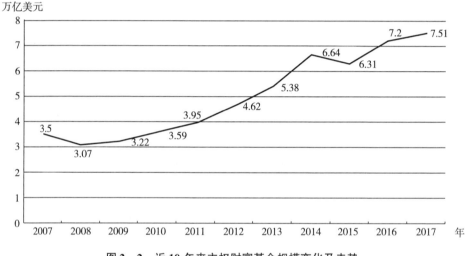

图 2 - 2　近 10 年来主权财富基金规模变化及走势

图 2 - 2 显示，主权财富基金规模增长过程中经历了两个转折点：第一次是在 2007~2008 年，次贷危机爆发导致一些主权财富基金投资出现损失，[①] 资产规模从 2007 年的 3.5 万亿美元下降到 2008 年的 3.07 万亿美元；第二次是 2014 年 7 月至 2015 年，其间石油价格下跌，为满足本国财政需要，一些国家从市场中抽回部分流动性，[②] 导致基金规模从 2014 年 7 月

---

① 其中，韩国投资公司 2008 年管理资产总额从 600 亿美元下降至 200 亿美元，损失率为 -66.7%；阿布扎比投资局 2008 年资产总额从 4530 亿美元下降至 3290 亿美元，损失率为 -40.4%；淡马锡 2008 年资产总额从 1205 亿美元下降至 827 亿美元，损失率为 -31.4%。

② 沙特阿拉伯货币管理局从市场撤资 500 亿~700 亿美元；2016 年 1 月挪威政府从主权财富基金抽取约 7.81 亿美元来补贴财政。

的 6.64 万亿美元下降到 2015 年的 6.31 万亿美元。尽管如此,主权财富基金规模依旧保持总体强势增长的趋势。

表 2 - 5 是截至 2017 年底全球主权财富基金按规模排名的具体信息情况。

表 2 - 5　　　　　　　　　　全球主权财富基金概况

国家和地区	基金名称	成立年份	资产规模(亿美元)	资金来源	政策目标①
挪威	政府全球养老基金(Government Pension Fund - Global)	1990	9989.3	石油	稳健、储蓄、养老金储备
阿联酋阿布扎比	阿布扎比投资局(Abu Dhabi Investment Authority)	1976	8280	石油	储蓄
中国	中国投资有限责任公司(China Investment Corporation)	2007	8138	非资源	储蓄投资
科威特	科威特投资局(Kuwait Investment Authority)	1953	5240	石油	稳定、储蓄
沙特阿拉伯	沙特阿拉伯货币局外资控股公司(SAMA Foreign Holdings)	1952	5140	石油	稳定、储蓄
中国香港	香港金融管理局投资组合(Hong Kong Monetary Authority Investment Portfolio)	1993	4566	非资源	储蓄投资
中国	中国华安投资有限公司(SAFE Investment Corporation)	1997	4410	非资源	储蓄投资
新加坡	淡马锡控股(Government of Singapore Investment Corporation)	1981	3590	非资源	储蓄投资、养老金储备
卡塔尔	卡塔尔投资局(Qatar Investment Authority)	2005	3200	石油、天然气	储蓄

---

① IMF 和《圣地亚哥原则》根据政策目标的不同,将主权财富基金分为五类:(1)稳定型基金。其首要目标是将财政预算和经济与商品价格的波动隔离开,防止国家收入的大幅波动。(2)储蓄型基金。基金建立和运作目的是为后代积蓄财富。(3)储备投资型基金。这是作为单独实体设立的基金,用于降低储备持有成本或用于实行追求较高回报的投资政策。(4)战略发展型基金。其通常用于调动资金,增加一国潜在产出的社会经济发展项目或促进工业政策。(5)年金储备型基金。该基金的设立旨在满足未来确定的养老金流出及或有负债。

国家和地区	基金名称	成立年份	资产规模（亿美元）	资金来源	政策目标
中国	全国社保基金（National Social Security Fund）	2000	2950	非资源	储蓄投资
阿联酋迪拜	Investment Corporation of Dubai	2006	2095	非资源	储蓄投资
新加坡	淡马锡持股（Temasek Holdings）	1974	1970	非资源	储蓄
沙特阿拉伯	Public Investment Company	2008	1830	石油	储蓄投资
阿联酋阿布扎比	Mubadala Investment Company	2002	1250	石油	
韩国	Korea Investment Corporation	2005	1223	非资源	储蓄投资
阿联酋阿布扎比	Abu Dhabi Investment Council，ADIC	2007	1100	石油	
澳大利亚	澳大利亚未来基金（Australian Future Fund）	2006	1023	非资源	养老金储备
伊朗	National Development Fund of Iran	2011	911	石油和天然气	储蓄
俄罗斯	National Welfare Fund	2008	722	石油	养老金储备
利比亚	Libyan Investment Authority	2006	660	石油	储蓄
哈萨克斯坦	Kazakhstan National Fund	2000	6470	石油	稳健、储蓄
哈萨克斯坦	Samruk – Kazyna JSC	2008	609	非资源	
美国阿拉斯加州	阿拉斯加永久基金（Alaska Permanent Fund）	1976	548	石油	储蓄
文莱	Brunei Investment Agency	1983	400	石油	储蓄
美国得克萨斯州	Texas Permanent School Fund	1854	377	石油和其他	
马来西亚	Khazanah Nasional	1993	349	非资源	储蓄
阿联酋联邦	Emirates Investment Authority	2007	340	石油	
阿塞拜疆	State Oil Fund	1999	331	石油	稳健、储蓄
新西兰	新西兰超级年金（New Zealand Superannuation Fund）	2003	227	非资源	养老金储备

续表

国家和地区	基金名称	成立年份	资产规模（亿美元）	资金来源	政策目标
美国新墨西哥州	New Mexico State Investment Council	1958	202	石油和天然气	
阿曼	State General Reserve Fund	1980	180	石油和天然气	
美国得克萨斯州	Permanent University Fund	1876	173	石油和天然气	
东帝汶	Timor – Leste Petroleum Fund	2005	166	石油和天然气	稳健、储蓄
俄罗斯	国家财富和储备基金（Reserve Fund）	2008	162	石油	
智利	Social and Economic Stabilization Fund	2007	147	铜	稳健
加拿大	Alberta's Heritage Fund	1976	134	石油	
俄罗斯	Russian Direct Investment Fund	2011	130	非资源	
巴林	Mumtalakat Holding Company	2006	106	非资源	
智力	年金储备基金（Pension Reserve Fund）	2006	94	铜	
爱尔兰	爱尔兰战略投资基金（Ireland Strategic Investment Fund）	2001	85	非资源	
秘鲁	Fiscal Stabilization Fund	1999	79	非资源	
阿尔及利亚	Revenue Regulation Fund	2000	76	石油和天然气	
美国怀俄明州	Permanent Wyoming Mineral Trust Fund	1974	73	采矿	
巴西	Sovereign Fund of Brazil	2008	73	非资源	
墨西哥	Oil Revenues Stablization Fund of Mexico	2000	60	石油	
阿曼	Oman Investment Fund	2006	60	石油	
博茨瓦纳	Pula Fund	1994	57	钻石和采矿	

国家和地区	基金名称	成立年份	资产规模（亿美元）	资金来源	政策目标
特立尼达和多巴哥	Heritage and Stabilization Fund	2000	55	石油	
中国	中非发展基金（China – Africa Development Fund）	2007	50	非资源	
安哥拉	Fundo Soberano de Angola	2012	46	石油	
美国北达科他州	North Dakota Legacy Fund	2011	43	石油和天然气	
哥伦比亚	哥伦比亚储蓄和稳定基金（Colombia Savings and Stabilization Fund）	2011	35	石油和采矿	
美国亚拉巴马州	Alabama Trust Fund	1985	27	石油和天然气	
哈萨克斯坦	National Investment Corporation	2012	20	石油	
美国犹他州	The Utah School & Institutional Trust Funds Office（Utah – SITFO）	1896	20	土地和矿产使用费	
美国 Idaho	Idaho Endowment Fund Investment Board	1969	20	土地和矿产使用费	
尼日利亚巴耶尔萨州	Bayelsa Developement and Investment Corporation	2012	15	非资源	
尼日利亚	Nigerian Sovereign Investment Authority	2012	14	石油	
美国路易斯安那州	Louisiana Education Quality Trust Fund	1986	13	石油和天然气	
巴拉马	Fondo de Ahorro de Panama	2012	12	非资源	
玻利维亚	FINPRO	2012	12	非资源	
塞内加尔	Senegal FONSIS	2012	10	非资源	
伊拉克	Development Fund for Iraq	2003	9	石油	
巴勒斯坦	Palestine Investment Fund	2003	8	非资源	
委内瑞拉	FEM	1998	8	石油	

续表

国家和地区	基金名称	成立年份	资产规模（亿美元）	资金来源	政策目标
基里巴斯	Revenue Equalization Reserve Fund	1956	6	磷酸盐	
越南	State Capital Investment Corporation	2006	5	非资源	
加蓬	Gabon Sovereign Wealth Fund	1998	4	石油	
加纳	Ghana Petroleum Funds	2011	4.5	石油	
毛里塔尼亚	National Fund for Hydrocarbon Reserves	2006	3	石油和天然气	
澳大利亚	Western Australian Future Fund	2012	3	石油和天然气	
蒙古国	Fiscal Stability Fund	2011	3	矿物	
赤道几内亚	Fund for Future Generations	2002	0.8	石油	

资料来源：http://www.swfinstitute.org。按资产规模排序，截至 2017 年 10 月底。

（二）基金发展不均衡，主要集中在前五大主权财富基金手中

数据显示，截至 2017 年底，前五大基金规模加起来达到 3.6 万亿美元，约占全球主权财富基金总规模的 50%。其中，规模最大的主权财富基金——挪威政府全球养老基金资产规模已达到 9540.70 亿美元；阿联酋阿布扎比投资局排名第二，约 8280 亿美元；中国投资有限责任公司排名第三，约 8138 亿美元；科威特投资局排名第四，约 5240 亿美元；沙特阿拉伯货币局外汇持有基金排名第五，约 5140 亿美元。

（三）资金主要来源于资源性商品出口和非资源性商品出口

从基金资金来源看，主权财富基金主要来源于资源性商品（石油、天然气或其他资源）出口和非资源性商品出口。前者通常又被称为商品基金（Commodity Fund），后者通常被称为非商品基金（Non‑commodity Fund）。

截至 2017 年 11 月底，全球商品基金共有 45 家，占比达到了 56.16%

（见表2-6、图2-3）。阿联酋、沙特阿拉伯、卡塔尔、科威特等 OPEC 及挪威、俄罗斯、文莱等非 OPEC、美国阿拉斯加等产石油的独立地区、钻石出口国博茨瓦纳、铜矿出口国智利等国家或地区的主权财富基金都属于商品基金；非商品基金目前有 34 家，新加坡、马来西亚、韩国和中国等新兴市场经济体的主权财富基金属于此类，规模占比为43.84%。

表 2-6 主权财富基金资产来源结构及占比

时间	主权财富基金资产总规模（10 亿美元）	来源于石油或天然气规模（10 亿美元）及占比（%）	来源于其他资产规模（10 亿美元）及占比（%）
2017 年 11 月	7421	4168（56.16）	3253（43.84）
2017 年 3 月	7391	4166（56.36）	3226（43.64）
2016 年 12 月	7332	4139（56.45）	3193（43.55）
2016 年 9 月	7372	4175（56.63）	3197（43.37）
2016 年 6 月	7299	4121（56.46）	3178（43.54）
2016 年 3 月	7283	4125（56.64）	3158（43.36）
2015 年 12 月	7310	4128（56.46）	3183（43.54）
2015 年 9 月	7214	4086（56.64）	3128（43.36）
平均占比		56.48	43.52

资料来源：https：//www.swfinstitute.org。

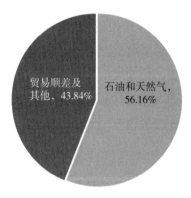

图 2-3 全球主权财富基金资金来源情况（截至 2017 年底）

（四）地域主要分布在中东地区和亚洲新兴市场经济体

从主权财富基金地域分布来看，亚洲和中东地区是主权财富基金主要的分布地区。79 家主权财富基金中分布在中东地区的占比为 40.24%，在亚洲地区的占比为 39.74%，在欧洲地区的占比为 13.11%，在美洲地区的占比为 2.80%，在非洲地区的占比为 2.7%，在其他地区的占比为1.40%（见图 2 – 4）。

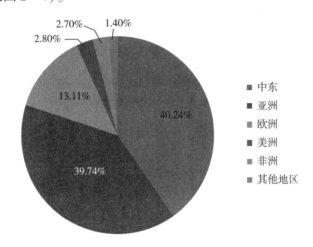

资料来源：http://www.swfinstitute.org。截止时间：2017 年 10 月。

图 2 – 4　主权财富基金地域分布

（五）投资资产多样化

不同于传统的外汇储备管理，大多数主权财富基金投资风格积极，敢于投资风险资产。投资资产涉及定息债券类工具、股票、其他风险性资产、外国房地产、商品期货、私人股权投资、对冲基金等多元化资产组合。作为专业化投资机构，它们积极在全球范围内寻找投资机会，普遍采取市场化运作手段和多元化投资策略。许多主权财富基金在全球聘请专业高管人士、专业投资经理人管理公司。

第三节　近十年来主权财富基金投资与风险管理特点和趋势

2007 年美国次贷危机对全球资本市场价格造成了显著冲击。受国际金融危机影响，股票投资组合价值大幅下降，美国股票下跌 37%，全球非美国股票下跌 44%，美国房地产下跌 39%，全球非美国房地产下跌 48%，公开市场另类资产价格下降 19%。据统计，危机过程中全球主权财富基金亏损总额约为 7000 亿美元，资产缩水达 20%。阿布扎比投资局资产价值从 2007 年底的 4530 亿美元缩水到 2008 年底的 3280 亿美元，累计亏损 1/3；科威特主权财富基金仅 2008 年 3 ~ 12 月就损失了 310 亿美元；韩国投资公司账面损失率高达 66.7%。国际金融危机给全球主权财富基金投资与风险管理敲响了警钟，危机过后，许多主权财富基金调整了自己的投资策略，在投资区域、资产配置、投资行业、风险管理机制和方式等方面都发生了变化，这些变化特点和趋势体现在以下六个方面。

一、投资地域以北美、欧洲和亚太地区为主，对新兴市场投资加大

北美、欧洲和亚太地区一直是主权财富基金投资的主要区域。比如，目前科威特投资区（KIA）在美国、加拿大的投资占比为 38% ~ 43%、欧洲占比为 38% ~ 43%、亚洲市场占比为 13% ~ 17%；挪威 GPFG 对外宣称追求在全球范围内广泛投资，但主要还是集中在欧洲和美国，投资占比始终不低于 78%。自 2012 年以来，GPFG 逐步加大了对亚洲市场的投资，其在亚洲市场的投资占比从 2012 年的 12.90% 上升到 2016 年的 15.8%（见表 2 - 7）；阿布扎比投资局（AIDA）投资于北美和欧洲区域占比始终不低于 55%（见表 2 - 8）。

表 2 - 7　　　　　　　GPFG 投资地理分布　　　　单位：%

年份	北美	欧洲	中东	亚洲	拉丁美洲	大洋洲	非洲	国际组织
2016	42.30	36.00	0.40	15.80	2.00	2.10	0.60	0.80
2015	40.00	38.10	0.40	16.10	1.80	2.00	0.60	1.00
2014	38.90	39.30	0.40	15.50	2.30	2.10	0.70	1.00
2013	35.20	44.80	0.30	14.30	2.60	2.20	0.70	—
2012	32.20	48.00	0.30	12.90	2.70	2.30	0.70	0.90

资料来源：根据各年报公布数据整理。

表 2 - 8　　　　　　　　　ADIA 投资地理分布　　　　　　　　单位:%

投资地区	占比范围（%）			
	2009～2011 年		2012～2016 年	
	最小值	最大值	最小值	最大值
北美	35	50	35	50
欧洲	25	35	20	35
新兴市场	15	25	15	25
亚洲发达地区	10	20	10	20

注：资产配置比例在基准指标范围内浮动，因而总和不为100%。

资料来源：ADIA 2009～2016 年年报。

图 2 - 5 是全球主权财富基金投资区域分布情况。截至 2016 年底主权财富基金在北美投资占比为 37%，亚太地区占比为 36%，欧洲占比为 18%。

值得一提的是，近年来新兴市场经济体，特别是中国、新加坡和印度对主权财富基金的吸引力增强。2016 年主权财富基金在中国的直接交易笔数翻了一番，在印度交易笔数增长两倍。目前，新加坡政府投资公司已经在中国、印度分别设立了分支机构；2008 年开始 GPFG 增加了 19 个新兴市场作为权益投资对象，俄罗斯、中国和印度是其中三个最大的新兴市场；2011 年 10 月科威特投资局在北京成立代表处，目前是我国最大的外国投资者，在人民币公开市场投资总额度达到 25 亿美元；韩国投资公司新兴市场股票的投资占其全球股市投资的逾 15%，2012 年 1 月获得中国国家外汇管理局核准的合格境外机构投资者（QFII）资格，可直接投资中国的股市和债市，投资额度 2 亿美元；2016 年阿布扎比投资局在中国香港设立了首个办公室。

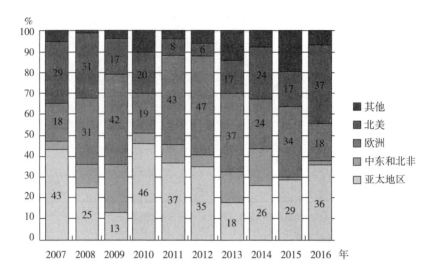

资料来源：华尔街见闻专题，https：//wallstreetcn. com/articles/3049777。

图 2 - 5　主权财富基金投资地域分布情况（2007～2016 年）

　　主权财富基金对新兴经济体投资增加，有其必然的原因：首先，新兴经济体处于经济转型和发展初期，投资新兴市场可以充分分享规模报酬递增效应所带来的收益；其次，近年来国际金融危机频繁爆发，新兴经济体相对独立，与成熟市场的相关性较低，作为分散风险的一种手段，投资新兴市场是合理的；最后，从主权财富基金自身地域分布来看，有近40%集中在亚洲地区，主权财富基金更乐意投资于与其文化背景较为相似的国家，相似的文化背景一定程度上可以降低东道国的抵触和误解。从这些因素来看，亚洲新兴经济体之间主权财富基金的相互投资，未来应该是必然的选择。

二、资产配置占比发生变化，另类资产投资占比上升

　　主权财富基金资产配置主要包括四类：现金类资产、固定收益类资产、权益类资产及另类资产。次贷危机前，主权财富基金主要偏重投资于高收益、高风险的权益类资产。以 2007 年为例，全球主权财富基金资产配置结构是权益类资产：固定收益类资产：另类资产 = 47. 4：40. 5：

12.1。国际金融危机爆发后，大部分国家降低了权益类资产和固定收益类资产的比重，增加了另类资产投资。到 2015 年全球主权财富基金资产配置结构是权益类资产：固定收益类资产：另类资产 = 42.9：28.4：28.7，通过对比可以看到，权益类和固定收益类资产占比下降，另类资产投资占比上升。2017 年，阿布扎比投资局另类资产占比为 13% ~43%；新加坡政府投资公司另类资产占比为 16% ~30%；科威特投资局另类资产占比达到或接近 20%；韩国投资公司占比达到 8%。

另类资产具有以下特点：一是部分资产与公开市场股票、债券走势呈现低相关性，能起到对冲投资风险的作用；二是由于非公开市场有效性较低，相对公开市场存在一定估值折价，获得超额回报的潜力更大（通常称为非流动溢价），配置另类资产可以让投资者在承担相似风险水平的情况下获得比传统股债组合更高的预期回报；三是从长期来看，另类资产投资回报相对更高。主权基金追求长期投资，通常主权基金的投资都以十年、二十年、三十年甚至更长为周期，这极大地增强了私募股权、地产、基础设施等非流动性资产对主权基金的吸引力。

三、投资行业占比发生变化，金融行业投资下降，资源、高科技等战略性行业投资增加

一直以来，金融服务业是主权财富基金投资的最主要行业，次贷危机爆发前，主权财富基金在金融服务业的投资额占交易总金额平均达 44%。但危机爆发后，金融行业投资占比快速下降，且基于金融服务业高风险集聚特点，越来越多的主权财富基金降低了对金融业投资的比重，比如，淡马锡金融服务业投资占比从 2008 年的 40% 下降到 2017 年的 25%。到 2016 年，全球主权财富基金金融业投资占比只有 5%（见图 2 - 6）。

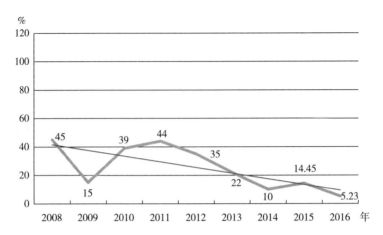

图 2 - 6　金融行业金额占全年交易总金额比重（2008 ~ 2016 年）

与金融行业投资相反，能源、高科技投资占比增加。图 2 - 7 是次贷危机后主权财富基金对 IT 及相关行业投资规模情况，可以看到，在 IT 行业投资规模急剧增长，到 2016 年达 134 亿美元，比 2008 年扩大了近 100 倍。

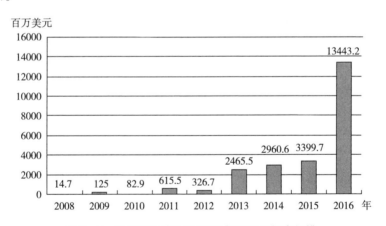

图 2 - 7　主权财富基金对 IT 及相关行业投资规模

此外，能源与资源等战略性行业也是主权财富基金投资的重点。比如，新加坡淡马锡公司几乎每年都会进行能源与资源投资。2010 年注资 2 亿美元到印度能源公司 GMR，投资 4 亿美元于 Odebrech 的石油与天然气业务，7 亿新加坡元于美国崔石比克能源公司（Chesapeake Energy Corpo-ration）；2011 年在页岩能源供应商 FTS International 投资总值 20 亿新加坡元，并在美国肥料生产商 The Mosaic Company 投资总值超过 10 亿新加坡元；2012 年能源与资源领域的净投资额更是高达 40 亿新加坡元，投资对象包括美国天然气公司 Cheniere Energy、西班牙的上市综合石油公司 Repsol，以及包括中国昆仑能源在内的数家大型能源资源公司；2017 年挪威 GPFG 投资最多的前十家公司是雀巢、荷兰皇家壳牌、谷歌的母公司 Alphabet 和微软；新加坡 GIC 2016 年在交通、房地产和能源行业的投资额分别为 124 亿美元、61.2 亿美元和 51.6 亿美元，占全年总交易额的 65%。

从投资角度来看，专利技术、石油矿产、能源等战略性资源由于明显的稀缺性，对这些资源的战略性投资不仅能够产生远高于普通投资的回报，而且对基金所属国的经济发展、技术进步等具有重要意义，因此，大部分主权财富基金都必不可少地选择能源等资源性投资，且这部分投资在主权财富基金资产组合中的比重越来越高。一些高科技公司、外国银行及资源丰富国家的资源公司等战略性部门已成为主权财富基金热衷的投资目标。

四、许多主权财富基金都建立了全面的风险管理体系

次贷危机以后，主权财富基金强化了全面风险管理的理念，无论是阿布扎比投资局、挪威政府全球养老基金，还是新加坡政府投资公司、韩国投资公司，都建立了全面的风险管理体系。全面的风险管理框架包括制定风险管理政策、监督风险管理执行情况、实施风险管理（风险识别、风险测度和评估、根据分析类型设置风险限额、对风险指标持续监测和报告、投资的阶段性评估）。

以阿布扎比投资局全面的风险管理框架为例，风险管理委员会（RMC）负责监督风险管理体系的有效运行，并确保所有的风险都在相关部门的及时控制之下。投资服务部门是实施风险管理的核心部门，其风险分析过程包括以下三个方面：一是运用恰当的专业投资组合模型，评估包括各种来源的绝对风险和相对风险；二是对各种类型风险进行全面风险评估，包括"自上而下"的总投资组合风险、"自下而上"的资产类别的投

资风险、国家信用和交易对手风险、操作风险、业务尽职调查、业务连续性和合规风险等；三是识别、监测和逐步完善风险管理策略，及时应对新出现的风险和正在产生的风险。遇到需要上升到 RMC 解决的风险问题，投资服务部门提交风险管理委员会讨论，然后制定议程，协调会议，监督经批准的风险管理操作的执行。各投资部门都有自己的风险监控人员。为了确保阿布扎比投资局内部的信息沟通，阿布扎比投资局还建立了内部投资部门和其他关键职能部门风险管理人员组成的网络，它是阿布扎比投资局各部门风险管理人员之间联系的一个重要沟通纽带。为了培养风险管理能力，投资服务部门还定期组织和举办由世界知名专家推动的一系列关于局部风险问题的内部研讨会，创立风险管理学院——重视风险管理技能的培养，提高各部门的风险意识和风险管理技能。根据需要，其他委员会也参与风险管理事务。

韩国投资公司风险管理的主要目标是使资产管理过程中的相关风险维持在可控的范围内，其风险管理框架见图 2－8。指导委员会审核和决定最终的风险管理政策；董事会（Board of Directors，BOD）负责监督风险管理政策的执行情况，包括设定风险限额；风险管理政策详细措施的制定则是由指导委员会下设的风险管理次级委员会（the Risk Management Subcommittee）和由董事会下设的风险管理工作委员会（the Risk Management Working Committee）负责完成，具体的风险管理由风险管理部门来进行。风险管理部门和投资管理部门的严格分离，使独立的风险控制和监督成为可能。

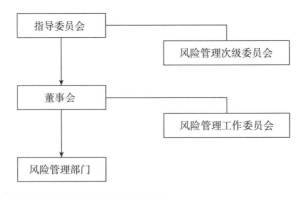

资料来源：笔者根据韩国投资公司年报资料绘制。

图 2－8　韩国投资公司的风险管理组织框架

五、风险管理措施不断细化、深化

近年来，主权财富基金风险管理技术不断细化、深化，对不同风险采取不同的测度与管理方法。以韩国投资公司（KIC）为例，韩国投资公司将风险分类为市场风险、信用风险、衍生品风险、操作风险和法律风险。对不同风险采用不同的测度与管理方式。市场风险定义为相对于比较基准的超额收益的波动率，采用事前跟踪误差（Ex – ante Tracking Error）、压力测试和尾部风险管理等工具测度风险。对市场风险通过风险限额进行持续监测。一旦主要风险超过了设定的风险限额，风险管理工作委员会马上检测问题并考虑对策；信用风险主要源于债券及场外交易中的交易对手的信用。管理信用风险主要根据国际信用评级机构——标准普尔、穆迪和惠誉的评级，设定信用评级的最低投资级别；针对衍生品风险，规定了适合投资的衍生产品以及投资头寸限额，限制过度杠杆交易；操作风险，则侧重对人员、程序和技术的监控，合规部门也通过要求员工遵守《合规手册》《道德准则》和《行为准则》，降低业务风险、声誉风险和法律风险。

挪威 GPFG 将风险分为市场风险、信用风险、交易对手风险和操作风险。对市场风险的分析识别主要通过测量绝对风险和相对风险两个指标来实现。绝对风险指标是测量实际投资组合收益的标准差值[①]，相对风险指标是测量实际投资组合同基准投资组合收益之差的标准差值[②]，根据这两个指标的测算结果，观测到投资风险与实际收益是否匹配，继而对投资组合中的要素进行相关的调整；信用风险大部分来源于投资组合中的固定收益类产品按期回收本息的风险；交易对手风险主要来自交易对手延迟交易或者不履行合约责任产生的风险；操作风险方面，GPFG 与淡马锡控股的

[①]　NBIM 采用期望绝对收益波动法（Expected Absolute Volatility）和期望绝对收益波动的分类占比（Breakdown of Expected Absolute Volatility）来进行风险监控。

[②]　NBIM 采用期望相对收益波动法（Expected Relative Volatility）、期望损失值法（Expected Shortfall）、基准重合指数（Benchmark Overlap）、相对回报率的分布（Distribution of Relative Return）等来控制风险。2015 年以来，GPFG 还使用 Fama – French 五因子模型（2015 年）作为主要模型，结合经典的 CAPM 模型（1962 年）、Fama – French 三因子模型（1992 年）和 Carhart 四因子模型（1997 年）来衡量风险调整后的收益。

划分相似，主要包括人员风险、法律合规风险及监管风险等。

针对这主要风险因素，GPFG 风险控制策略包括以下四个方面：第一，构建了纵向"三级风控"系统。挪威 GPFG 的风险监控体系分为纵向从大到小的三级——国家、部门和公司。国家层面主要关注东道国是否发生暴力冲突、侵犯人权、恐怖袭击等，GPFG 会对一国的政治体系进行评估，考察国家对私有财产权利的保护意识与能力，特别是在投资新兴市场时尤为关注。从部门层面来看，GPFG 认为处于同一经济部门的企业具有类似的风险，应尽量投资不同经济部门以分散风险。不同经济部门收益率差异较大，应关注不同经济部门之间存在的环境和社会风险，投资过程中还应该注重考察经济部门的商业模式和驱动因素。从公司层面来看，GPFG 将较大资金投资于某家公司时，会对该公司包括股权和市值等方面进行细致的风险分析，分析主要从经营情况和盈利能力两个角度进行分析，并通过时间分析法和报表分析法两种方法来进行具体分析。这些分析旨在发现和评估已暴露的风险和潜在风险，并覆盖长期风险和短期风险。第二，构建基准投资组合，提供投资组合收益的参考标准。GPFG 的投资收益率要参照基准投资组合的投资收益率，剔除了基准投资组合的收益率才是投资实际的超额回报率。同时，实际投资组合也不能偏离基准投资组合过大，以防风险超出实际控制水平过高。《挪威政府石油基金投资指引》按资产类别对投资基准的最大偏离限制进行了规定（见表 2-9）。因此，设定基准投资组合可以有效防范市场风险，减少金融市场波动对基金造成的影响，保有长期稳定的投资回报率。第三，采取分散持仓方式。挪威政府发布的投资指引中规定，NBIM 对单一公司总股本的最大持股比例为 10%，对单一公司内有投票权的股份持有比例也不能超过 10%。在这项规定下，GPFG 对其投资的公司平均持有股权的比重低于 10%。这种建立许多小的仓位而不是集中几个较大仓位的方式，一方面，降低了信用风险发生的损失；另一方面，由于不涉及投资企业控股权的转移，对被投资国相关行业影响较小，因此更容易得到被投资国的认可，从而降低政治风险。第四，内部监督和外部管理相结合。从 2007 年开始，中央银行监管委员会和德勤会计师事务所达成协议，由德勤和中央银行审计部门共同对 NBIM 投资管理工作进行审计。德勤和中央银行审计部门分别向监管委员会提交政府养老基金的年度审计报告，最终审计则由挪威中央银行的总审计办公室来负责。引进外部管理渠道方面，GPFG通过把部分资产交由外部的基金经理相对独立管理，同样达到分散投资风险、实现多元化策略的目标。

表2－9　　　　　　　　　　挪威财政部对风险的限定

	挪威财政部的设限	2016年12月31日
风险头寸控制	权益类资产市值为 GPFG 总市值的 50% ~70%	62.1%
	房地产资产市值为 GPFG 总市值的 0 ~5%	3.2%
市场风险	权益类和固定收益类资产的期望相对收益波动为 1.25%	0.3%
信用风险	在固定收益类资产中，信用等级低于 BBB－级的债券市值占比不得高于 5%	2.2%
所有权	在权益类资产中，在单家上市公司持有的投票权股票比例不得高于 10%	9.6%

资料来源：2016年GPDF的收益与风险年报。

六、为了分散风险和规避投资阻碍，联合投资方式的应用越来越广泛

次贷危机后，越来越多的主权财富基金采取联手投资方式。2009年2月，新加坡政府投资公司与澳大利亚未来基金共同购买安佰深公司股权，这是主权财富基金第一次共同投资。2009年6月，美国贝莱德资产管理公司在以135亿美元收购英国巴克莱银行（Barclays PLC）旗下资产管理子公司——Barclays Global Investors（BGI）公司时，得到了来自科威特、卡塔尔、阿联酋、新加坡、中国等国家主权财富基金的联合支持，这些主权财富基金联手提供总计30亿美元的资金。2009年7月，阿布扎比穆巴达拉发展公司与马来西亚主权财富基金签订合作协议，对马来西亚的能源、地产及接待服务领域投资10亿美元。2010年6月，中国、新加坡和韩国主权财富基金及两家私募股权公司联手向美国第三大天然气制造商Chesapeake能源公司投资9亿美元，五家投资者总计购入了该公司5.75%

的可转换优先股。2012 年，41 家主权财富基金联合投资人对 17 个投资标的进行投资，金额为 247 亿美元，占当时主权财富基金投资总金额的 42%。2013 年 6 月，中投公司、新加坡政府投资公司和澳大利亚未来基金联合对欧洲最大的私募股权投资机构 Apax VIII 实施 58 亿欧元的投资。2013 年，阿布扎比投资局与加拿大主权基金、新西兰主权基金一起成立创新联盟，投资科技初创企业。截至 2016 年，联合投资在主权财富基金投资总金额中的占比高达 54%。目前，中国、新加坡、马来西亚、韩国、阿联酋和科威特等国的主权财富基金纷纷签订协议，互相成为投资伙伴。

主权财富基金之间的联手，有助于组合资本力量，争取最大的市场投资回报，同时可降低单个基金自身投资风险。此外，基金之间彼此协作一定程度上可以消除东道国对某一个主权国的政治防范和投资警惕，绕过东道国设置的金融保护壁垒，降低投资阻力。而如果选择与东道国合作还可以大大降低寻找目标企业的信息搜寻成本，规避一部分信息不对称风险。

本章小结

主权财富基金是由政府拥有的具有特殊意图的公共投资基金，这类基金出于中长期宏观经济和金融目标而持有、管理及运作，投资于外国金融资产，它们一般来自官方储备、私有化过程、财政盈余等。自 20 世纪 70 年代以来，石油价格上涨及亚洲新兴市场经济体外汇储备规模增长，促进了全球主权财富基金的发展。截至 2017 年底，全球 79 个国家和地区拥有 SWFs，SWFs 的规模达 7.416 万亿美元，主权财富基金已成为国际金融市场的主要参与者，其投资行为对全球资本市场都产生重要影响。次贷危机以来，全球主权财富基金呈现出一些变化和趋势，主要表现在投资区域、资产配置、投资行业、风险管理体系和方法、投资方式的变化上，这反映了次贷危机以来全球主权财富基金在投资与风险管理方式上的转变。

第三章

我国主权财富基金投资与风险管理
现状及存在的问题

    根据主权财富基金协会（SWFs Institute）统计，隶属中国的主权财富基金有6个，分别是中国投资有限责任公司（China Investment Corporation）、中国全国社会保障基金（China-National Social Security Fund）、中非发展基金（China-Africa Development Fund）、中国华安投资有限公司（China-SAFE Investment Company）、香港未来基金（Hong Kong-Future Fund）、香港货币管理局投资组合基金（Hong Kong-Monetary Authority Investment Portfolio）。这些机构中，香港货币管理局投资组合基金和香港未来基金均属于香港特别行政区所有，不是由内地中央银行管辖；中国华安投资有限公司是注册于港岛远东金融中心的一家投资公司，中国国家外汇管理局持有该公司99%的股份；中国全国社会保障基金成立于2000年，其资金主要来源于社会保障金，专门用于人口老龄化高峰时期的养老保险等社会保障支出的补充和调剂；中非发展基金隶属于国家开发银行，投资区域仅限于非洲地区，帮助非洲地区国家发展。因此严格意义上讲，这些基金都不具有主权财富基金的典型特点。当前无论是在学术研究领域还是实践部门，中国的主权财富基金均以中国投资有限责任公司为主要代表。中投公司在年报中明确提到了其作为我国主权财富基金的角色定位。鉴于研究对象的一致性和针对性，本书所指中国主权财富基金在没有特别说明下均指中国投资有限责任公司，简称中投公司或中投。

第一节　我国主权财富基金投资现状与特点

　　我国主权财富基金的成立是基于提高我国外汇储备管理有效性的改革尝试。自 1994 年以来，我国长期、持续的国际收支顺差，导致外汇储备出现持续、稳定、大幅增长。到 2006 年 2 月，我国已超过日本成为官方拥有外汇储备最多的国家，也是外汇储备增长最快的国家。在中投公司成立之前，外汇储备全部由国家外汇管理局管理，长期以来投资行为相对保守，资产配置主要是发达经济体主权债和信用评级较高的机构债。这一配置特点导致外汇储备投资收益较低、投资风险高度集中（喻海燕，2011）。伴随外汇储备规模增长，拓宽外汇储备投资渠道，改变外汇储备投资方式，成为提高外汇储备管理有效性的不二选择。在 2007 年初召开的全国金融工作会议上，温家宝曾指出"进一步完善人民币汇率形成机制，加强外汇储备经营管理，积极探索和拓展外汇储备使用渠道和方式。采取综合措施促进国际收支基本平衡"。2007 年 9 月 29 日，经全国人大常务委员会批准，依照《中华人民共和国公司法》组建成立了中投公司。

　　中投公司的注册资本金是由财政部通过发行特别国债形式募集的，募集金额为 1.55 万亿元人民币（约年息 4.5% 支付国债利息），将此资金向中央银行（下属外汇管理局①）购买等值的 2000 亿美元外汇储备进行注资②，公司的总部设在北京。中投公司成立后，立即收购了中央汇金，使其成为自己旗下的全资子公司。自成立以来，中投公司资产规模以平均每年 600 多亿美元的速度增长（见表 3 - 1、图 3 - 1），截至 2017 年底资产规模已达到了 8138 亿美元（合并报表口径），在全球所有主权财富基金中

---

　　① 截至 2007 年 9 月，外汇管理局管辖的外汇储备规模达 1.4 万亿美元。
　　② 在中投公司 2000 亿美元的注册资本中，用于境外投资的部分略超过 50%，其余部分则用于通过中央汇金投资境内金融机构，这两类投资业务彼此完全独立。

位列第三①。

表3－1　　　　　　　　　　中投公司总资产规模　　　　　　　　单位：亿美元

2007 年	2008 年	2009 年	2010 年	2011 年	2012 年	2013 年	2014 年	2015 年	2016 年	2017 年
2000	2975	3324	4095.79	4821.67	5751.78	6527.40	7400	8100	8135	8138

资料来源：根据中投公司各年度年报整理。

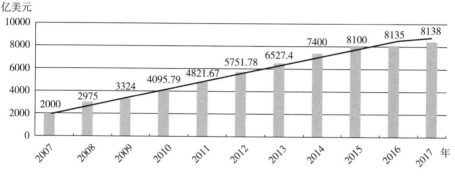

图3－1　中投公司规模变化及走势

一、投资主体

目前中投公司隶属国务院直属管辖。中投公司下设三个独立开展各自业务的全资子公司，分别是中央汇金投资有限责任公司（以下简称中央汇金）、中投国际有限责任公司（以下简称中投国际）、中投海外直接投资有限责任公司（以下简称中投海外）。其组织构架见图3－2。

中央汇金于2003年12月成立，总部设在北京。2007年9月财政部发行特别国债，从中国人民银行手中购买中央汇金的全部股权，并将上述股权作为对中国投资有限责任公司出资的一部分注入中投公司。中央汇金的职责是代表国家依法行使对国有商业银行等重点金融企业出资人的权利和

---

①　根据 SWFs Institute 的统计，中国的主权财富基金包括中投公司、中国华安投资有限公司及中国社保基金（境外投资部分），但是中国华安投资有限责任公司及中国社保基金的对外投资不透明，数据获取可得性较差，资产规模也相对较低，并且其是否属于主权财富基金仍然存在争议；而中投公司的年报中，明确提到自身主权财富基金的角色定位。因此，无论是在学术研究中还是在主权财富基金的国际交流中，中国的主权财富基金均以中投公司为准。

义务。具体而言，就是代表国家对国有重点金融企业进行股权投资，以出资额为限代表国家依法对国有重点金融企业行使出资人权利和履行出资人义务，实现国有金融资产保值增值。中央汇金不开展其他任何商业性经营活动。

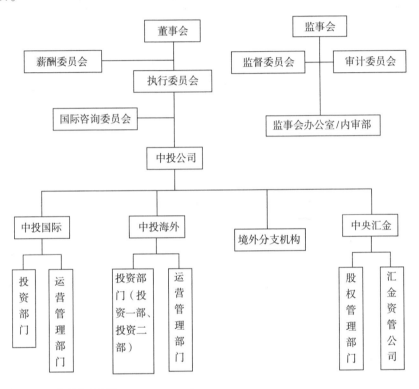

资料来源：中投公司官网，http：//www.china‑inv.cn/。

图 3‑2　中投公司组织构架

中投国际于 2011 年 9 月成立，承接了中投公司当时所有的境外投资和管理业务。业务范围涵盖公开市场股票和债券投资、对冲基金、多资产和房地产投资、泛行业私募（含私募信用）基金委托投资、跟投和少数股权财务投资等。中投国际先后在境外设有三个分支机构：2010 年 11 月在香港成立了中投国际（香港）有限公司［以下简称中投国际（香港）］；2011 年 1 月在多伦多设立了代表处；2015 年 12 月在纽约设立了代表处，同时关闭多伦多代表处。

中投海外于 2015 年 1 月成立，是中投公司对外直接投资的平台，主要开展直接投资和多双边及平台基金管理。

二、投资目标和市场定位

依据中投公司官网公布的信息，中投公司是依照《中华人民共和国公司法》设立的，从事外汇资金投资管理业务的国有独资公司，其经营宗旨是，积极稳健经营，在可接受的风险范围内，努力实现股东权益最大化，同时不断完善其控股的国有重点金融机构公司治理。

中投公司的自身定位涉及两个身份：一是财务投资者。作为财务投资者，其管理目标是在可接受风险范围内实现股东权益最大化，这一目标要求中投公司按照现代企业管理目标来运作，通过市场化、专业化模式来管理资产。所谓市场化，是指实行政企分开、自主经营；所谓专业化，是指需要专业人士及富有经验的投资团队对资产投资与风险进行管理。财务投资者通常并一定要对被投资企业拥有控股权。二是战略投资者。中投公司在成立之际就全资买下了中央汇金，并将其归为旗下，中央汇金主要职能是参控股国有金融机构，扶持金融机构发展，这又体现了其战略投资者的定位。

三、投资方式

（一）直接投资——中投海外投资方式

从 2009 年开始，中投公司开始对信息科技、医疗卫生、能源资源、原材料、公共事业等投资周期长但回报稳定的行业进行直接投资。除个别情况外，中投公司在其他股权投资项目中的持股比例基本维持在 20% 以下，且一般采取摊薄控股权、次级投票权和债权投资等形式放弃对投资资产的控股权。自 2013 年起，中投公司年报不再对外公布直接投资具体信息。

2015 年 1 月，中投公司专门成立了中投海外子公司作为对外直接投资业务平台。中投海外成立后，侧重于基础设施、能源、资源等方面的投资。2015 年 10 月，中投海外收购了德国最大的高速公路服务区特许经营商 Tank & Rast（市场占比为90%）的部分股权；同年12月，中联合招商局国际有限公司及中远太平洋有限公司收购了土耳其第三大集装箱码头Kumport 约65%的股份①，中方获得经营主控权；在能源资源方面，开展了稀缺资源类矿业投资（澳大利亚帕拉丁铀矿公司的可转债投资）；此外，在 TMT、制造业领域及多双边及平台基金方面（参股丝路基金15%股权，参与中欧合作基金和中法第三方市场合作共同基金的沟通、磋商）也展开了业务。

2016 年，中投海外联合同业机构、资产管理人、行业投资者，在欧洲、大洋洲、拉丁美洲等区域开展了涉及港口、铁路、管道、电信等行业的多个标志性项目，如英国国家电网配气管道资产、巴西石油公司东南部天然气管道资产、澳大利亚墨尔本港、澳大利亚铁路运输商及港口运营商阿夏诺公司等。另外，中投海外还在互联网、金融、服务业等领域进行了多笔投资。

（二）间接投资——中投国际投资方式

自 2009 年以来，中投公司境外投资组合中的委托投资的占比逐年上升，并连续4年稳定在67%左右。在 2016 年中投公司境外投资组合中，委托投资和自营投资的比例分别为 66.11% 和 33.89%（见图 3-3）。

委托投资由私募股权投资部负责，包括基金投资、管理人跟投和联合直接投资三种投资方式。中投公司通过聘用全球优秀的基金管理人进行委托管理，目前在全球范围内聘用的外部基金管理人达 80 多家，形成覆盖了全球重要投资区域、各类策略和泛行业的全球管理人网络；跟投和联合投资方面，中投公司依靠其委托投资的管理人和广泛的全球平台资源，先后在多个重点领域如科技、媒体和通信（TMT）、医疗、消费、商业服务等展开了多个项目的投资。

---

① 土耳其横跨欧亚大陆，是与中国共建"一带一路"的重要合作伙伴，而 Kumport 是距博斯普鲁斯海峡最近的集装箱码头和黑海航线的必经之路，地理和战略位置突出，这也是中国企业在土耳其成功投资的首个码头项目。

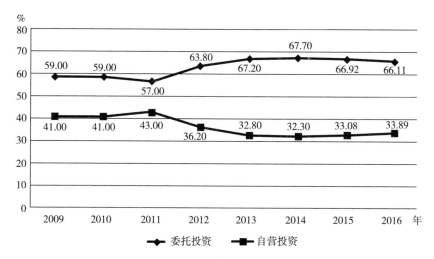

资料来源：中投公司 2009~2016 年年报。

图 3 - 3　中投公司境外投资中委托投资与自营投资占比 （2009 ~ 2016 年）

四、资产配置和投资组合①

（一）资产配置框架

2015 年之前，中投公司资产配置框架分为"战略配置—政策组合—战术配置"三层架构，并建立了"组合再平衡"机制。董事会根据国务院确定的经营目标与原则，设定投资收益目标，制定中长期战略规划和战略资产配置方案，为长期投资活动指明方向。投资决策委员会在董事会确定的资产配置框架下，根据对中短期经济形势和市场行情的判断，制定"政策组合"方案，为中短期投资活动和组合再平衡提供明确指引，同时根据对短期市场行情的判断或者基于突发事件的冲击影响，积极开展战术资产配置调整，把握市场波动等带来的投资机会，通过对政策组合的积极偏离获取风险溢价。投资决策委员会有权利根据市场波动情况在政策组合层面与战术资产配置层面，各资产类别之间以及投资地域之间分别进行再平衡，以控制组合偏离维持投资的纪律性。执行委员会下设国际咨询委员

---

① 鉴于中投国际承接了中投公司当时所有的境外投资和管理业务，若没有特别说明，本章及下文的分析投资主体均指中投国际。

会，由 17 名在国际上享有盛名的专家组成，负责就全球经济、投资与监管等议题提供咨询和建议。国际咨询委员会的讨论和建议对开拓中投公司的全球视野发挥了重要作用。

2015 年之后，中投国际引入了参考组合（Reference Portfolio）配置模式，资产配置框架由"战略配置—政策组合—战术配置"调整为"参考组合—三年政策组合—年度政策组合"。其中，参考组合作为锚定，明确组合的风险中性，并作为长期相对业绩的基准；三年政策组合作为实际中性组合，明确了资产替代关系和组合构建方向；年度政策组合作为执行计划，兼顾市场观点驱动的组合偏离和另类资产投资进度，进行适度偏离，形成组合构建目标。在配置模式调整后，中投国际改进了组合再平衡机制，以保障资产配置和投资活动的纪律性。

（二）资产类别和占比

成立之初，中投公司主要投资于股票和债券等传统类别资产。之后，在投资管理能力提升和投资渠道的拓展过程中，积极拓展其他领域，如大宗商品、私募股权、房地产、对冲基金和直接投资等。自 2011 年起，中投公司将战略配置资产结构调整为五个类别——现金及现金类产品、公开市场分散化股权、固定收益、绝对收益和长期投资资产。① 自成立以来中投公司境外投资的资本类别占比见表 3 - 2、图 3 - 4。

2016 年中投公司境外投资组合调整为四个类别：公开市场分散化股权、固定收益、另类资产和现金产品，四大类资产占比分别为 45.87%、15.01%、37.24% 和 1.88%（见图 3 - 5）。

---

① 公开市场分散化股权是指在公开市场上对上市公司的股权投资；固定收益指债券类产品，按照发行机构分类包括国债、公司债及机构债等；绝对收益主要指对冲基金，同时也包括其他策略；长期资产定义较为宽泛，具体包括资源类资产或大宗商品、房地产或不动产、私募投资及基础建设投资等；现金产品包括现金、隔夜存款，以及短久期美国国债等。

表3-2　　　中投公司境外投资资产类别占比（2008～2016年）

年份	公开市场股票（%）	固定收益（%）	另类资产（%）		现金资产（%）
			长期资产	绝对收益	
2016	45.9	15.0	37.24		1.9
2015	47.5	14.4	22.2	12.7	3.3
2014	44.1	14.6	26.2	11.5	3.6
2013	40.4	17.0	28.2	11.8	2.6
2012	32.0	19.1	32.4	12.7	3.8
2011	25.0	21.0	31.0	12.0	11.0
2010	48.0	27.0	21.0		4.0
2009	36.0	26.0	6.0		32.0
2008	3.2	9.0	0.4		87.4

资料来源：根据中投公司2008～2016年年报整理。

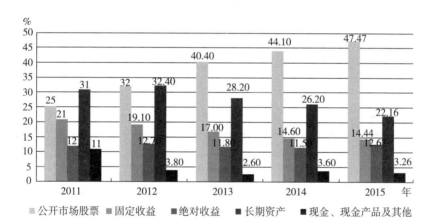

资料来源：中投公司2011～2015年年报。

图3-4　2011～2015年中投公司的资产配置

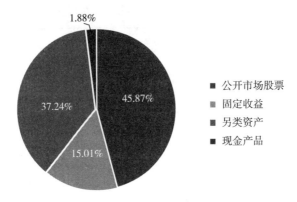

图 3 – 5　境外投资组合分布及比例（截至 2016 年 12 月 31 日）

（三）投资区域

表 3 – 3 是中投公司近五年股票投资地域分布情况。2016 年发达经济体（美国加非美发达经济体股票）占比高达 88.98%，远高于新兴市场经济体（11.02%）。其中美国占比位居第一，境外股权投资约 50% 集中在美国，非美发达经济体约占 40%，近年来新兴市场经济体投资占比有下降趋势。

表 3 – 3　　　　中投公司境外投资公开市场股票的类型分布　　　　单位:%

股票类型	2016 年	2015 年	2014 年	2013 年	2012 年
美国股票	51.37	46.32	45.60	46.10	49.20
非美发达经济体股票	37.61	42.00	33.50	36.80	27.80
新兴市场经济体股票	11.02	11.68	20.90	17.10	23.00

资料来源：根据中投公司 2012～2016 年年报数据整理。

（四）投资行业

从行业分布来看，金融行业始终是中投公司投资的重点，比例远高于其他行业（见表 3 – 4、图 3 – 6）。能源、原材料投资近年来呈现下降趋势，信息科技、可选消费品、医疗卫生的投资比重呈逐年上升趋势。

表 3－4　　　　　　　　　中投公司股权投资行业分布　　　　　　　　单位:%

年份 行业	2010	2011	2012	2013	2014	2015	2016
金融	17	19	22.3	22.9	22.6	21.54	19.01
能源	12	14	10.2	8.5	7.5	5.01	6.30
原材料	13	9	6.5	5.5	5.1	4.08	4.59
信息科技	10	10	11.6	12.1	12.0	14.66	16.22
工业	10	9	9.1	10.2	10.2	9.72	10.68
可选消费品	10	10	10.7	12.5	14.3	12.62	12.39
必需消费品	9	10	10.4	10.2	10.8	9.23	9.30
医疗卫生	6	7	8.2	9.9	9.5	11.61	10.58
房地产	5	5	0	0	0	0	2.65
电信服务	4	4	3.9	3.6	3.6	3.22	3.17
公共事业	3	3	2.7	2.6	3.1	2.44	2.70
其他	1	0	4.4	2.0	1.3	5.87	2.41

资料来源:中国投资有限责任公司年报。

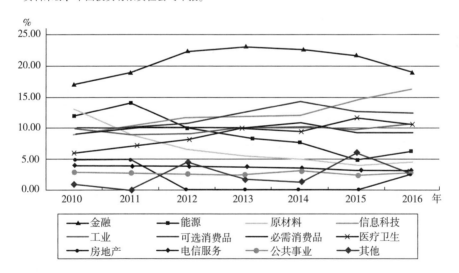

注:纵坐标为行业投资占比。

资料来源:根据中投公司 2010～2014 年年报数据整理。

图 3－6　中投公司股权投资行业分布历年变化（2010～2016 年）

在中投公司 2016 年年报公布的境外投资组合公开市场行业分布中，

金融业占比为 19.01%、信息科技业占比为 16.22%、可选消费品占比为 12.39%、工业占比为 10.68%、医疗卫生占比为 10.58%、必需消费品占比为 9.30%、能源占比为 6.30%、原材料占比为 4.59%、电信服务占比为 3.17%、公用事业占比为 2.70%、房地产占比为 2.65%、其他占比为 2.41%。可以看到，伴随全球经济的复苏，中投公司正加大对信息科技、消费品、工业、医疗及公用事业的投资。

中投公司 2011～2016 年固定收益投资比例分别为 21%、19.1%、17%、14.6%、14.44% 及 15.01%，近三年来稳定在 15% 左右。出于市场规模、流动性及风险偏好等方面考虑，中投公司较为偏好发达经济体主权债（见表 3-5），2016 年发达主权债投资占比为 53.96%，新兴主权债投资占比只有 3.55%，公司债投资占比为 27.07%，结构化产品及其他占比为 15.42%。

表 3-5　　　中投公司固定收益资产投资结构（2012～2016 年）　　　单位：%

年份 资产投资结构	2012	2013	2014	2015	2016
发达主权债	54.7	44.1	57.4	64.16	53.96
新兴主权债	17.5	26.8	17.7	5.13	3.55
公司债	25.1	26.5	24.9	30.71	27.07
结构化产品及其他	2.7	2.6	0	0	15.42

资料来源：根据中投公司年报整理。

绝对收益主要是对对冲基金的投资，2011～2015 年配置比例分别为 12%、12.7%、11.8%、11.5% 及 12.67%。长期资产主要包括大宗商品及房地产投资，2011～2015 年配置比例分别为 31%、32.4%、28.2%、26.2% 及 22.16%。可以看到，近 5 年来绝对收益与长期资产的投资占比之和基本保持在 40%。2016 年中投公司共签约或审批 48 个私募股权/房地产/私募信用基金、跟投、直投项目。其中私募股权是中投公司开展长期资产投资的重点领域之一，未来预计也会进一步加大对私募股权的投资力度。在房地产投资方面也做了一些资产配置，在全球主要房地产市场投资了多个具有长期稳定收益且抗跌性较好的优质核心资产。

对于现金类产品，2011 年配置比例达到 11%，随后逐年下降，2016

年占比仅为 1.88%。

五、投资业绩

表 3-6 是中投公司年报公布的境外投资业绩情况。截至 2016 年底，公司境外投资净收益率按美元计算为 6.22%，累计年化净收益率为 4.76%，累计年化国有资本增值率为 14.08%；年度净收益率峰值为 11.7%，受次贷危机和欧洲主权债务危机等经济负面冲击，2008 年、2011 年和 2015 年出现了年度净收益负增长，分别为 -2.1%、-4.3%、-2.96%；累计年化净收益率最高值为 2010 年的 6.4%，其余年份出现波动，近年来保持在 5% 左右。

表 3-6	中投国际境外投资组合收益率	单位:%
年份	累计年化净收益率	年度净收益率
2008	-2.1	-2.1
2009	4.1	11.7
2010	6.4	11.7
2011	3.8	-4.3
2012	5.02	10.60
2013	5.7	9.33
2014	5.66	5.47
2015	4.58	-2.96
2016	4.76	6.22

资料来源：根据中投公司历年年度报告整理。

第二节 当前我国主权财富基金风险管理框架和运作机制

中投公司风险管理的目标是通过建立行之有效的风险管理政策、制度、系统和流程，确保投资活动在可接受风险范围内有序运作，实现股东权益最大化。其风险管理框架和运作机制体现在以下三个方面。

一、风险管理机构

确立了以风险管理委员会（以下简称风委会）为核心的风险管理机构。风委会是中投公司风险管理的核心机构，与董事会、执行委员会和相关部门一起构成全面风险管理的组织结构。风委会根据董事会和执行委员会制定的政策，进行风险管理相关事项的决策。其职责涉及制定风险管理战略、审议风险管理政策和风险限额额度，监督执行情况，对重大风险和重大事件及重要业务制定相关评估标准、管理制度和内控机制，以及对重大风险事件进行审议和提供解决方案。风委会与投资部门联系较紧密，高层管理人员中设置了总经理、首席策略官等，与首席风险官配合。风委会同时注重跨部门的风险管理，加强风险管理部门、资产配置部门、投资运营部门与其他支持部门之间的配合。风委会人员构成与具体职责如图3-7所示。

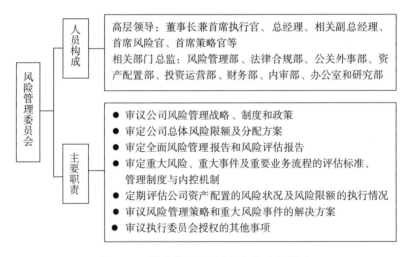

图3-7 风险管理委员会构架与主要职责

二、风险管理体系

目前，中投公司建立了"三三三"制的风险管理体系（见图3-8），即从三个层次的制度体系、三级流程的管理体系和三道防线的组织架构对风险实施管理。

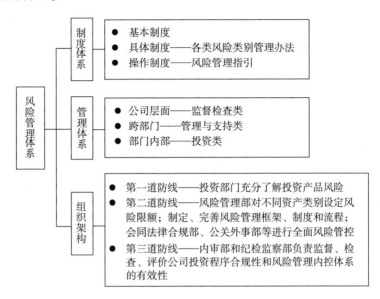

图3-8　中投公司风险管理体系

三、风险管理方式

中投公司将风险划分为市场风险、信用风险、内控与操作风险三大类。市场风险涉及利率风险、汇率风险等系统性风险；信用风险包括主权风险、交易对手风险和投资对象风险；内控与操作风险涉及内控制度不健全不完善、人为影响或错误性操作等因素导致的投资损失。针对不同的风险采用不同的方式进行评估与管理。

（一）采用"双系统"的管理模式对市场风险进行管理

中投公司建立了两个风险管理系统——"丰业"系统和组合分析与配置系统，双系统配合运行。

"丰业"系统在2014年1月投入使用，是中投公司风险业绩的分析系统。其涵盖业绩衡量、归因分析、风险计算、风险分析等，初步实现了对公司全部风险资产的覆盖，为各投资决策主体了解投资历史、把控组合现状、跟踪市场变化、判断未来方向提供重要信息。该系统使用全球投资业绩衡量标准（GIPS）进行多层次、多视角、多参数的业绩评价，使用MSCI VaR 计量规范揭示风险演变及风险透视，在一定程度上开始用量化的方式进行风险管理。

组合分析与配置系统于 2014 年底上线运行。相较于"丰业"系统，组合分析与配置系统更注重投资组合层面的风险管理。该系统立足公司多年实践中形成的配置和分析框架，旨在实现公司资产配置、组合分析和组合管理的系统化和自动化，优化整体投资管理体系。

近年来，传统组合分析方法在金融危机中受到严重挑战，风险因子方法日益受到关注。风险因子是金融产品及市场变化的主导因素，反映市场参与者对其变化规律的归纳和认知。相比庞杂的市场交易产品，风险因子数量有限、结构简单、贴近风险收益实质，具有更稳定的风险收益特性，可为投资决策提供有效的分析工具。目前，国际上许多基金及同业机构均不同程度地采用了风险因子分析理念，对投资和风险管理架构进行重塑。2016 年中投公司开始引入风险因子分析体系，目前基本建立了多层次风险因子架构（见表 3 – 7、表 3 – 8）。

表 3 – 7　　　　　　　　中投公司境外投资资产类别

资产类型	投资工具	影响投资收益的因素
公开市场股票	上市公司的股权	系统性风险，市场相关性，非系统性风险
固定收益	国债、公司债、机构债等债权产品	信用级别、利率、到期期限、债权面值、市场价格等
绝对收益	对冲基金策略、风险均配策略等	与对冲策略、具体资产相关
长期资产	泛行业直接投资、泛行业私募基金、资源/大宗商品、房地产和基础设施等	资源价格变化、世界形式的宏观经济面、经济周期、各国经济形势等
现金产品	现金、隔夜存款和短久期美国国债等	名义利率、通货膨胀率

资料来源：中投公司 2014 年年报。

表3-8　　　　　中投公司引入的风险因子框架（2016 年）

	概要	应用	具体影响因子
宏观	反映宏观经济的长期驱动因素，通过分布评估和尾部风险度量，分析组合在不同经济形势下的风险收益特性，是测试型风险配置方法的构建基础	为总组合的确定指引方向	经济增长
			通货膨胀
			市场压力
	跨资产类别的价值变化驱动因素，通常在多资产总组合层面发挥作用，主要用于捕捉中期到长期的市场变化和价格偏离	为总组合构建及组合整体配置服务	股票
			利率
			信用
			实物资产
			对冲基金
			多资产配置
策略	各类资产内部的价值变化驱动因素，通常在投资组合层面发挥作用，主要用于捕捉短期到中期的市场变化和价格偏离	为组合经理进行中期市场定位及组合整体配置服务	国家
			行业
			风格
			利率
			利差
			货币
			大宗商品
			对冲基金策略
市场	证券的定价参数，通常在单一证券层面发挥作用，主要用于捕捉短期的市场变化和价格偏离	为组合经理进行短期交易和选券服务	股价
			汇率
			大宗商品
			利率
			信用价差
			波动率

资料来源：根据中投公司 2016 年年报整理。

（二）从主权国、交易对手和投资对象三个层面对信用风险进行管理

公司投资活动面对的信用风险主要源于主权国、交易对手和投资对象三个方面。中投公司根据公司组合风险和敞口特征，建立了主权信用内部评价模型，对 110 个国家和地区的信用风险进行量化计算，定期发布《主

权信用风险报告》。

（三）建立投资经理责任制，加强内控与操作风险管理

中投公司在 2014 年制定并落实《投资经理责任制管理办法》，投资经理责任制的原则包括责任人与受托资产挂钩、权责分配、激励相容、责任逐级分解及全流程五大原则，并建立了"资产—投资经理—权责"三者之间相对明晰的对应关系。投资经理责任制的推行将投资责任精确到人，促进投资经理更加注重资产分析，自觉在投前就对投资风险进行一定程度的把控。

中投公司还相应优化了业绩评价、投资授权、投资责任事件问责等相关方面的配套制度与机制，先后颁布了 11 个风险管理指引，不断修订《投资经理责任制管理办法》《投资项目尽职调查管理办法》《投资风险预警及应对办法》等 6 个投资相关风险管理指引，建立了投资风险问责机制，保障了投资管理责任体系的完整性与公正性。

2011 年 1 月，中投公司将投资项目的考核周期延长至 10 年，在制度上延长投资考核周期，显示了中投公司对流动性的要求较低，更多追求境外投资资产的长期、优质而稳定的回报，为中投公司的投资考核提供了明确的制度保障。

第三节　我国主权财富基金投资与风险管理存在的问题

自成立以来，中投公司资产规模从 2000 亿美元发展到 2017 年 8 月底的逾 9000 亿美元，10 年间扩充了 3.6 倍，累计年化国有资本增值率达 14.35%，总体实现了国有金融资产的保值增值。截至 2016 年底，其累计年化净收益率为 4.76%，应该说投资业绩表现也不差，但是还存在投资收益不稳定、投资收益率变化波动大的问题。2008 年其年度净收益率为 -2.10%，2009 年为 11.70%，2011 年又迅速跌至 -4.30%，2012 年重新达到 10.60%（见图 3-9）。如此大的投资收益波动一定程度上反映了中投公司在投资与风险管理能力方面还存在不足，资产投资抗风险能力较

弱，特别是抵御极端风险的能力还很弱。

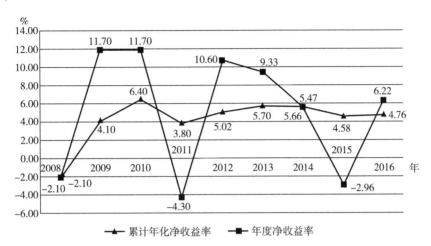

资料来源：根据中投公司 2008～2016 年年报数据绘制。

图 3－9　中国主权财富基金境外投资业绩变化

　　将同期中投公司与其他主权财富基金的投资业绩进行横向对比，也可以发现存在的差距。2011 年为欧洲债务危机爆发之际，该年度中投公司年度净收益为 −4.3%，而挪威政府养老基金（GPFG）年度投资回报率为 −2.5%，新加坡淡马锡公司一年期的股东总回报率为 1.5%，香港金融管理局外汇基金投资回报率为 1.1%，同期中投公司年度投资净收益率低于大多数主权财富基金；在 2013 年欧债危机缓解后的恢复期，中投公司年度净收益率为 9.33%，但同期挪威政府养老基金（GPFG）投资收益率为 15.9%。截至 2016 年底，阿布扎比投资局（Abu Dhabi Investment Authority，ADIA）以美元计算的 20 年累计年化净收益率为 6.1%，30 年累计年化净收益率达 6.9%，挪威主权财富基金（GPFG）累计年化收益率为 6.9%，而中投公司仅为 4.76%。

　　导致中投公司投资及风险管理能力弱的原因是多方面的，归纳起来有以下六个方面。

一、监管机构不明确，对投资主体的监管实质缺失

　　我国主权财富基金当前隶属国务院直接管辖，但国家并没有对外公布对其实施监管的机构，实质上存在对投资主体监管缺失的问题。

中投公司属于国家性质的中央企业，其资产实质上是国有资产（来源于国家外汇储备），目前国有资产通常由国有资产管理委员会（以下简称国资委）履行监督管理职责，但在国资委公布的96家监管中央企业中并没有中投公司。中投公司的注册资金来源于财政部。2007年中投公司成立之际，财政部通过发行特别债券形式募集金额为1.55万亿元人民币（约年息4.5%支付债券利息），并将此回收的人民币向中央银行（下属外汇管理局）购买等值的2000亿美元外汇储备作为中投公司成立之初的注册资金。原则上来说，中投公司的投资收益需要归还财政部这部分债券的利息和本金。从出资人角度而言，财政部既然履行了出资人角色，就应当实施监管职责。但目前来看，国家并没有赋予财政部对中投公司实行监管的职责，也没有出台专门的法律，赋予相关机构对其履行监管职责。

虽然中投公司按照《公司法》设立，依据《公司法》运营，但是由于其特殊性，《公司法》很难适用。比如，关于信息披露，《公司法》中不要求有限责任公司进行公开信息披露，而关于上市公司信息披露的要求不适用于中投公司，因此在信息披露方面中投公司处于无法可依的局面。另外，中投公司对外进行金融资产的投资也不适用《合格境内机构投资者境外证券投资管理试行办法》的规定，因为该办法下的合格境内机构投资者是指经中国证监会批准在中华人民共和国境内募集资金，运用所募集的部分或者全部资金以资产组合方式进行境外证券投资管理的境内基金管理公司和证券公司等证券经营机构，但是中投公司不是由证监会批准设立的。同样基于中投公司设立的特殊性，我国关于金融机构监管的法律规范很难适用于中投公司，因此中国证监会、中国银保监会等金融监管机构没有依据对中投公司实施监管与制约。总之，目前由于关于立法的缺失，中投公司游离于金融监管体系之外。监管主体的缺失不利于主权财富基金投资绩效的提高，也不利于在投资出现问题时的问责，对风险的外部监控实质上演变成中投公司自身内部监控。

二、投资主体的市场定位模糊，组织构架不清晰，业绩考核不合理

中投公司下属三个全资子公司，其中，中央汇金除了代表国家参股国有重点金融企业，不开展其他任何商业性经营活动；中投海外只开展对外直接投资业务和多双边及平台基金管理。因此实际承接中投公司所有的境外投资和风险管理业务的是中投国际。将中央汇金合并在中投公司的全资子公司，存在制度安排上的不合理性，具体体现在以下两个方面：

其一，中投公司的市场定位和投资原则自相矛盾。中投公司官网上的市场定位涉及财务投资者和战略投资者，但其官网上对投资原则的阐述"是财务投资者，不寻求控制行业或企业"。这也许是因为从其最初定位看，似乎是希望做一个纯粹的财务投资者，但在中央汇金归属其旗下后，鉴于中央汇金从成立之始就是有浓厚的政治色彩的战略投资者，承担着政策性改革任务①，所以增加了"战略投资者"这一身份。两个身份在一个体系里兼容，凸显其职能定位的矛盾和模糊，也使外界更多地误解中投公司是政府部门而非市场化运行的投资公司，导致投资接受国对投资目的的质疑和抵制。2010年上半年，中投国际相继增投了日本和韩国的国债，这本来是很正常的基金投资行为，但日本和韩国迅速提出了我国欲通过中投公司来对其施加影响的质疑，来自意识形态的认识和防备，给中投公司的海外投资带来了很多不必要的阻碍。

其二，组织构架不清晰，不利于业绩考核和监管。从职能上看，中央汇金和中投公司是完全不同的、平行并列的关系。中央汇金不开展其他任何商业性经营活动，仅代表国家参股国有重点金融企业；而中投公司是市场化、专业化的投资基金公司，具有典型的商业性运营特点。将中央汇金归为中投公司属下，组织构架混乱，也不利于两个投资机构的考核和监管。

---

① 中央汇金主要职责是参股控股国有股份制金融机构，扶持金融机构发展，目前是四家大型商业银行及多个金融机构的大股东。中央汇金之所以能获得巨额利润，是因为能以极低的价格购买大型商业银行的股份。

中央汇金、中投海外、中投国际虽然是三个独立核算的子公司，但年度财务报表是合并财务报表，中投国际的投资绩效无法在合并报表中进行评判。比如，2008 年中投公司净利润为 231.3 亿美元，资本回报率为 6.8%，这主要得益于中央汇金在国内金融机构的股权投资收益，而 2008 年中投公司境外投资的全球组合回报率为 - 2.1%。利用中央汇金的高收益来掩盖中投公司海外投资业绩，无法反映境外投资的真实情况。

三、投资地域、投资行业集中，导致风险高度集中

从投资地区来看，中投公司明显偏好发达经济体市场。2012 ～ 2016 年，其资产配置的股权投资资产，发达市场占比平均达 83%，高比例持有发达经济体股票，会导致境外投资的市场风险对发达经济体有较强的敏感性，从而导致投资风险高度集中。次贷危机后，许多主权财富基金增加了对新兴市场的投资，过于集中发达经济体市场也失去了获取新兴市场经济体经济增长红利的机会。

从投资行业来看，近年来中投公司主要集中在消费品（包括必需消费品和可选消费品）行业和金融行业投资，在能源、工业等有利于我国未来战略发展和生产进步的行业投资相对较少，在收益稳定且能有效分散风险的公共服务类行业投资不足。金融行业是高收益、高风险行业，也是一旦出现金融危机损失最大的行业，行业投资过于集中，这也是导致投资风险加剧、投资收益相对较低的主要原因。

四、投资和风险管理经验不足，缺乏对极端风险的预警和对冲

中投公司饱受争议的投资当属成立之初对黑石集团（Black Stone Group）的投资。2007 年 5 月 22 日，中投公司以每股 29.605 美元的价格买入黑石集团 1.01 亿股股票，购买占总股本 9.9% 的无投票权股权单位[①]，投资期限锁定为四年。这份"锁定"协议在签署后次贷危机爆发，

---

① 黑石集团上市每股发行价 31 美元，中投公司相当于其 IPO 价格折让的 4.5%。

加之美国政府提高了合伙企业利润分成税收（从 15% 直接提高至 35%），黑石集团股价最低跌至 3.55 美元。中投公司账面惨遭巨额亏损，直到 2014 年 12 月底才达到中投公司的认购价，中间持有时间为 7 年。

反思这笔投资，我们可以看到中投公司在投资策略上还不成熟。在投资初期没有识别到项目存在巨大的市场风险，采用了四年期"锁死"的协议。锁定股权期限并不像债券那样能锁住收益率，反而将收益"押"在美国股市上。当时次贷危机已"崭露头角"，房贷市场已出现明显紧缩，美国经济环境不确定性越来越大，该笔投资不但限制了 30 亿美元在四年内的流动性，还隐藏着很高的系统性风险。与此形成对比的是新加坡淡马锡公司，几乎同一时间淡马锡公司也投资了美国美林公司（Merrill Lynch & Co.），尽管次贷危机爆发后美林公司在 2008 年 9 月被美国银行（Bank of America Corp）全面收购，但淡马锡公司并未遭受任何损失，主要原因是它事先签署了一份"选择性投资条款"。条款规定，在一年的投资期内一旦美林公司增发普通股的价格低于淡马锡的入股价格 48 元，美林公司就要通过赔偿差额或免费提供新股的方式补偿淡马锡公司方面的损失，保证补偿金额与差额相等。比较两笔投资可以看到，中投公司的做法放弃了投资主动权，而淡马锡公司的投资策略在很大程度上保证了自身利益，在复杂的境外投资市场上很好地控制了市场风险。

类似情况也发生在中投公司 2007 年 12 月 19 日对摩根士丹利的投资上。中投公司购买摩根士丹利约 56 亿美元的到期债转股的可转换股权单位，持有期为 2 年 7 个月，摩根士丹利按 9% 的年息支付利息给中投公司，持有期满后转换成摩根士丹利的股票，这种转换是强制性的，如果执行时的股价低于参考价，也必须以参考价购买。受次贷危机的影响，摩根士丹利股价一路下跌，远低于协议的参考价格区间，这笔投资使中投公司账面亏损达 9.1 亿美元，直到 2014 年 7 月股价才逐渐接近转换价格成本。中投公司在投资工具上忽略了强制性可转换股权单位的投资风险。这种投资实质上和股票期货十分相似，当到期日股票市场价格高于签订合约的远期价格时，持有看涨期货才是有利的。这笔投资的投资定价也值得商榷，参考转股价格区间与达成投资协议前后那段时间的摩根士丹利股价波动区间相当，当时主观意愿上摩根士丹利更希望达成这笔交易，而且市场对美国未来经济状况并不看好，股价下行可能性更大。此外，即便进行了该笔投资，中投公司也没有同时作出对冲风险的举措。

中投公司投资是有成本的。由于中央汇金和中投公司的注册资本来源为财政部特别国债的融资，每年要支付4%～5%的利息，加上还存在手续费、管理费及其他费用，中投公司的保值收益率每年至少要达到5%以上才能不亏损①，这对投资和风险管理提出了更高的要求。

五、自身内控机制不完善，全面风险管理流于形式

2013年5～9月，审计署对中投公司进行了一次全方位审计，范围涉及境外投资业务以及中央汇金等7家所属公司。审计发现，中投公司境外投资管理不规范，对境内机构管控不到位，财务管理也比较薄弱。具体而言，在2008～2013年中投公司境外投资中，出现了6个损失项目、4个浮亏项目、2个面临损失风险。

在内控方面，存在管理人员失职，尽职调查不深入、不彻底，投后管理不到位等问题；其他部分项目还存在选聘外部管理人员不够规范、未及时委派管理人员等问题。在中央汇金境内投资方面也存在对控参股公司管理控制不到位、违规操作的问题；财务管理比较薄弱体现在多个方面，包括账外账、违规提高员工福利、违规支付中介费等。上述问题充分反映了当前中投公司内控机制不完善。

中投公司已推行了"三三三"制的风险管理体系，从三个层次的制度体系、三级流程的管理体系和三道防线的组织架构对风险实施管理。这种管理模式看起来似乎很全面，但实质上更偏向制度层面上的把控，在具体操作环节上做得不够。在纵向层面，中投公司通过"丰业"系统和组合分析与配置系统形成了"双系统"模式，"丰业"系统主要是对风险业绩进行分析的系统，组合分析与配置系统更注重投资组合层面的风险管理，两个系统分别侧重于制度管理和投资管理，在联系上配合不够紧密，对执

---

① 中投公司曾透露，中投公司成立之初，每个工作日要求有3亿元人民币的盈利，才能覆盖当年成本开支和满足股东投资回报的要求。

行层面也缺乏具有可操作性的指导意义。

六、风险管理行为执行不到位，对投资项目缺乏深入细致的调查及积极有效的事后跟踪督查

跨国投资本身就存在信息不对称的特点，加之主权财富基金的官方背景，且投资规模大，一旦出现误判或错误投资，对国家财富和声誉都会有影响，这对主权财富基金提出了更高的要求。只有充分了解被投资企业的经营状态、投资对象的市场信息，同时制定相应的、行之有效的跟踪监督措施，并积极有效地实施跟踪监督，才可能最大限度地降低投资风险。具体而言，在投资过程中应进行基本面调查、收集全面信息，且始终贯彻投资整个过程；投资前要对投资标的经营情况、行业走势等信息有全面了解；投资过程中应该对投资标的持续盈利情况、市场变动情况等实时监控和督查。

中投公司在这方面做得还不够，对投资企业的发展状况、行业背景、未来趋势等缺乏深入细致的调查，从而造成了一些严重的投资损失。以中投公司 2009 年投资加拿大南戈壁资源有限公司（South Gobi Resources）为例，由于投资前中投公司对市场发展情况了解不够，没能掌握一些重要的市场信息（加拿大石油资源大部分是油砂，开采成本高、污染严重，与此同时美国页岩气开发成熟甚至已经部分取代了石油），造成投资误判，出资 5 亿美元投资加拿大南戈壁资源有限公司。资金投下去后，中投公司经营困难濒临破产，所投资金也基本血本无归。类似的情况在中投公司对加拿大的其他投资中也多次出现。例如，2009 年 7 月，中投公司出资 17 亿加拿大元收购 Teck Resources 公司部分股权，亏损超过 90%；2010 年，中投公司出资 5 亿加拿大元投资 Athabasca Oil，亏损超过 95%；2010 年，中投公司出资 12.5 亿加拿大元收购 Penn West 部分股权，亏损超过 95%；此外，中投公司投资 1.5 亿美元收购 Sunshine Oilsands、投资 1 亿加拿大元收购 MEG 公司部分股权等，均出现亏损。到 2015 年 12 月 15 日，中投公司对加拿大投资总额已不到 2010 年的三成，造成严重亏损

和不良影响[1]。基于此，中投公司不得不作出战略调整，甚至在2015年底关闭了其多伦多代表处[2]。

本章小结

综上所述，为提高投资业绩，我国主权财富基金在拓展投资方式、完善资产配置框架、优化资产配置类别、改进投资组合、完善风险管理等方面做了很多努力，也取得了一定的业绩。但是从较长时间（近10年来）来看，还存在一些问题：典型表现就是投资收益波动大，抵御极端风险能力弱。导致这一现象的原因是多方面的，既有监管缺失、投资主体市场定位模糊、投资区域、投资行业集中、投资经验不足的原因，也有自身风险管理机制、风险测度和管理执行不到位的原因，但是缺乏一个全面有效的投资与风险管理体系是根本性原因。要实现有效投资组合和资产配置，建立一个全面有效的投资与风险管理体系是关键。

中投公司投资是有成本的。由于中央汇金和中投公司的注册资本来源为财政部特别国债的融资，每年要支付4%～5%的利息，加上手续费、管理费及其他费用，中投公司的保值收益率每年至少要达到5%以上才能不亏损，这对投资和风险管理提出了更高的要求。

---

① 参见和讯网报道，http：//xianhuo. hexun. com/2016 - 01 - 07/181660328. html。
② 参见新浪网报道，http：//finance. sina. com. cn/zl/international/20160112/174924145870. shtml? from = wap。

第四章

我国主权财富基金面临的国际投资
环境及投资风险

主权财富基金面临的国际投资环境是指投资面临的各种经济、金融、社会和政治环境的综合。主权财富基金投资既受到宏观经济环境和微观金融市场变化的影响，又因为其主权拥有的特性，面临着更多东道国法制、法规及国际投资规则的制约，因而更加复杂。

从研究视角来分析，国际投资环境可分为宏观环境和微观环境。宏观环境是指影响投资的宏观因素，包括全球经济增长情况、国际资本流动、国际贸易、国际直接投资、国际地缘及政治环境，以及东道国的开放程度和对投资者的态度等；微观环境主要涉及不同微观金融市场、价格及其变化情况。国际投资环境变化会对主权财富基金投资带来重要影响，2008年美国次贷危机导致全球经济增长速度下降、金融资产价格大幅下跌、国际投资环境恶化，给主权财富基金投资带来了极大的损失。挪威 GPFG 的投资回报率下降到 –23.31%；新加坡淡马锡公司 1 年期滚动股东总回报率亏损幅度达 30%；我国主权财富基金投资黑石公司，账面亏损也达80%以上。因此，我们有必要了解近年来国际投资环境的变化。

第一节　国际投资宏观环境

本节主要分析次贷危机后 SWFs 面临的国际宏观投资环境，包括全球及区域经济增长情况、国际资本流动、国际贸易、对外直接投资以及地缘政治风险等的变化及特点。次贷危机后的 10 年间，主要经济体的多轮宽松政策和发达经济体经济复苏疲软导致全球资金竞争激烈，投资回报承压，全球投资环境总体呈现"低增长、多动荡"的特点，全球政治和政策不确定性加强。

一、全球经济逐步复苏，但伴随贸易摩擦加剧，全球经济增长将放缓

2008 年国际金融危机之后，世界经济增长呈现从衰退到逐步复苏的变化趋势。发达经济体经济在金融危机中快速衰退，随后缓慢复苏且时有震荡；发展中经济体经济增长受到打击，增速下降，但随后迅速恢复，增速远高于发达经济体且态势平稳。具体变化情况见表 4 - 1、图 4 - 1。

根据 IMF 公布的世界各国人均 GDP 自 1999 年到 2017 年的实际变化及未来 4 年的预测增长情况，2007 年次贷危机爆发后，除中国、印度等国，世界上绝大多数经济体人均 GDP 出现大幅倒退，这种情况一直持续到 2009 年第三季度美国经济出现回升，一些国家慢慢走出了衰退影响，全球经济进入复苏阶段。到 2017 年，除意大利以外，绝大多数国家的经济增长首次为同步正增长态势，这说明国际投资的经济环境趋于好转。但是，近年来，伴随美国发动的贸易摩擦加剧和制造业复苏失去弹性，全球经济下行风险仍然十分严峻，世界银行《世界经济展望》预计，2019 年全球经济增长将放缓至 2.9%。美国和中国是世界上最大的两个经济体，中国对全球的经济贡献约占 1/3。2017 年中国经济增长速度为 6.9%，2018 年为 6.6%，预计 2019 年和 2020 年将分别为 6.2% 和 6.0%。自 2010 年以来，美国经济持续保持正增长，但增长率始终在 1.9% ~ 3.6% 波动。2017 年美国经济增长率为 2.3%，2018 年为 2.9%，IMF 预计 2019 年和 2020 年美国经济将分别增长 2.3% 和 2.1%①。

---

① IMF. 世界经济展望［M］. 北京：中国金融出版社，2017.

表 4 - 1 全球实际 GDP 增长率 单位:%

年份	1999~2008	2009	2010	2011	2012	2013
世界	4.2	-0.1	5.4	4.3	3.5	3.5
发达经济体	2.5	-3.4	3.1	1.7	1.2	1.3
新兴市场和发展中经济体	6.2	2.8	7.4	6.4	5.4	5.1
年份	2014	2015	2016	2017#	2018#	2022#
世界	3.6	3.4	3.2	3.6	3.7	3.8
发达经济体	2.1	2.2	1.7	2.2	2.0	1.7
新兴市场和发展中经济体	4.7	4.3	4.3	4.6	4.9	5.0

注：带#的为预测数据。

资料来源：IMF 世界经济展望 2017。

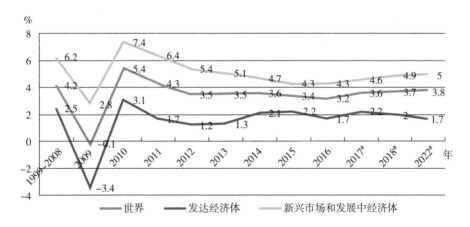

注：带#的为预测数据。

资料来源：根据表 4.1 数据作图。

图 4 - 1 全球实际 GDP 增长率变化走势

二、新兴市场经济体成为拉动世界经济增长的核心力量

自 20 世纪 90 年代以来，新兴市场和发展中经济体进一步融入了全球贸易体系和国际资本市场，新兴市场对全球经济增长的影响逐步加大。

2017 年新兴市场和发展中经济体的增速为 4.6%，远远高于发达市场经济体的 2.2%，新兴市场和发展中经济体对全球经济增长的贡献度达到

60%，未来数年新兴市场领跑全球经济的格局还将进一步强化，新兴市场和发展中经济体将成为拉动世界经济增长和发展的核心力量。

在过去 20 年间，新兴市场和发展中经济体经济增长所面对的环境更为复杂，面对这种不利的环境，新兴市场和发展中经济体通过改革自身体制框架、推进贸易自由化和区域经济一体化、实行更加灵活的汇率制度、控制金融脆弱性等措施，经济基本面出现大幅改善。未来，无论外部环境如何改变，新兴市场和发展中经济体实现追赶型增长的空间依然很大，毕竟新兴市场和发展中经济体中 90% 的国家人均收入水平不到美国的一半。根据 IMF 预测，未来 5 年，新兴市场和发展中经济体的人均收入增速将从 2017 年的 3.2% 上升至 2022 年的 3.6%；新兴市场和发展中经济体年人均收入增速预计将比发达经济体高出 2 个百分点左右；亚洲新兴市场经济体的人均增速（5.4%）将快于其他地区。根据普华永道的预测，未来 30 多年，七大新兴市场经济体（E7）即中国、巴西、印度、印度尼西亚、墨西哥、俄罗斯、土耳其的年均经济增长率达 3.5%，七大工业国（G7）即美国、英国、加拿大、法国、德国、意大利及日本，在这期间的年均经济增长率将只有 1.6%。到 2050 年，全球经济力量从传统先进经济体向新兴经济体转移的趋势将会持续，新兴市场经济体将会持续增加在全球 GDP 的比重。

三、国际贸易额下降，全球贸易环境恶化

次贷危机后，国际商品贸易额从 2008 年的约 16 万亿美元迅速下降到 2009 年的约 10 万亿美元；伴随危机影响逐步减少，国际贸易开始逐步恢复增长，但该趋势在 2014 年后又出现逆转（见图 4 - 2）。

图 4 - 3 对应的国际商品贸易指数变化更能明显反映近年来国际贸易的变化情况。2014 年后国际商品贸易指数呈急剧下降趋势，2015 年开始甚至低于危机爆发前的水平。2006 ~ 2016 年国际服务贸易指数变化走势和商品贸易指数一致（见图 4 - 4），说明无论商品贸易还是服务贸易，近年来都呈现萎缩趋势。

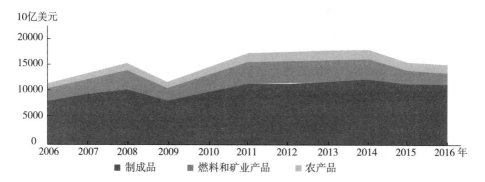

资料来源：UNCATD，2017 年世界投资报告。

图 4－2 国际商品贸易额变化（2006～2016 年）

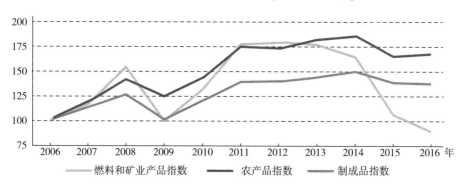

注：以 2006 年商品贸易指数 = 100 为基准。

资料来源：UNCATD，2017 年世界投资报告。

图 4－3 国际商品贸易指数变化情况（2006～2016 年）

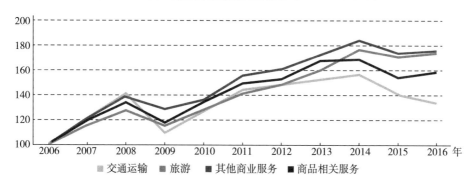

注：以 2006 年的服务贸易指数 = 100 为基准。

资料来源：UNCATD，2017 年世界投资报告。

图 4－4 国际服务贸易指数变化走势（2006～2016 年）

之所以会出现这一现象，是因为近年来一些国家在本国贸易保护方面越来越激进，恶化了全球贸易自由化环境，导致全球贸易保护主义思想抬头，全球贸易体系和秩序也都受到危害。一方面，特朗普上台后开始反对自由贸易协定与 TPP，明确发布要对现有美国主要贸易伙伴提高关税，促进美国境内工业增长和刺激就业的言论。自 2017 年以来，美国在贸易保护方面的表现越来越激进。2017 年美国商务部发起近 80 起反倾销和反补贴调查，较 2016 年同期增加了 60% 以上。2017 年底美国向世界贸易组织（WTO）提交文件，反对赋予中国市场经济地位。另一方面，难民危机挑战了欧盟融合的价值观及政策，英国脱欧引发对欧洲一体化的质疑，欧洲区域开放政策触礁。欧美出现全球化"倒车"现象。未来，贸易保护主义将成为国际贸易发展的一个突出威胁，并可能引发全球贸易摩擦。

四、对外直接投资下滑，但发展中经济体在全球外商直接投资的比重上升

次贷危机后，全球直接投资规模从 2007 年底的 1.91 万亿美元下降到 2009 年底的 1.19 万亿美元，下降幅度达到 37.7%。2010 年开始呈现波动态势，但 2015 年以来呈现下滑态势。

联合国贸易和发展会议发布的《全球投资趋势监测报告》显示，2018 年全球外商直接投资过去三年持续下滑，其中 2018 年外资投资总量约为 1.2 万亿美元，同比下降了 19%。从地区分析，可以发现 2018 年全球投资降低的因素主要在发达经济体，2018 年发达经济体吸收外资仅有 4510 亿美元，降幅达 40%。而发展中经济体吸收外资增长了 3%，保持相对稳定共达 6940 亿美元。

发展中经济体在全球 FDI 的比重从 2016 年的 36% 上升到 2017 年的 47%。具体来看，流入非洲的 FDI 持续下滑，降至 420 亿美元，同比下降 21%，主要集中在大宗商品出口国。流入亚洲的 FDI 保持稳定，达到 4760 亿美元，该地区重新成为全球吸引外资最多的地区。拉丁美洲和加勒比海地区的 FDI 增长了 8%，达 1510 亿美元，这主要得益于该地区经济

复苏的推动。这是六年来的首次上涨，但流入量仍大大低于 2011 年大宗商品繁荣时期的峰值。流向转型经济体的 FDI 下降了 27%，降至 470 亿美元，为 2005 年以来的第二低水平，这主要反映了地缘政治的不确定性以及对自然资源的投资不足。2018 年，美国实际利用外资下降了 18.4%，总额约为 2260 亿美元。其中，中国对美投资更是下降了 83%。此外，美国在特朗普税改后其跨国公司将累积的海外收益大量"流回"美国，导致曾经为美国公司提供财务支持的欧洲全球外商直接投资流入量出现大幅减少。中国仍是全球第二大外资流入国以及外资流入最多的发展中经济体，2018 年实际利用的外资总量约为 1420 亿美元，增速约为 3%。

从行业分布看，以金融、商贸及通信行业为主的服务行业仍处在领头位置。受初级商品价格持续低迷的影响，近年来对第一产业的投资持续走低，流向制造业的投资上升较快，且主要是电气和电子产品、食品及烟草等行业的大宗跨国并购交易。2016 年全球对外直接投资流入量的行业占比中，服务业占比为 51%，制造业占比为 41%，农业占比为 8%。①

从投资方式来看，全球海外投资依然以并购为主，特别是在电力、食品与饮料、石油和天然气领域，跨国并购十分活跃。制造业占据全球并购的主导地位。服务行业中运输与仓储、娱乐、房地产领域也出现跨国并购高潮。与并购投资相比，绿地投资增长乏力。2017 年全球已宣布的绿地投资额也下降了 14%，其原因是全球投资回报率下降所致。据统计，2017 年外商直接投资的全球平均回报率为 6.7%，低于 2012 年的8.1%。其中，非洲、拉丁美洲及加勒比海地区的投资回报率降幅最大。资产投资回报率下降可能会影响外商直接投资的长期前景。此外，投资保护盛行导致投资限制措施越来越多。加之，主要国家贸易关系紧张和地缘政治风险加大，跨国公司对外投资更加谨慎。所有这些都造成了绿地投资下降。

---

① CCG 研究 . 2016～2017 年全球对外直接投资的现状与特点 [DB/OL]. 中国投资咨询网.

五、出现了去全球化的思潮，全球投资环境的不确定性加大

近年来，全球贸易保护主义有所抬头，世界范围内出现了去全球化的思潮，这加大了全球投资环境的政治不确定性。联合国贸易和发展会议统计，2016 年全球有 58 个国家和经济体出台了 124 项影响外商投资的政策，新出台政策数量比 2015 年增长了 25%，是 2006 年以来出台政策最多的年份。其中 84 项措施是促进投资和自由化，22 项政策是加大投资限制政策（见表 4-2）。在所有措施中，促进投资和自由化措施所占的份额减少到 79%（见图 4-5）。[1] 近十年来，限制性政策占比趋于增加，促进贸易自由化占比趋于减少，表明全球投资政策总体走向自由化的同时，各国政府加强了对外资的监管和限制。[2] 贸易限制的增加可能对全球价值链中的投资活动产生负面影响，公司在投资决策方面也会面临更多政治压力，阻碍海外投资发展。全球经济风险向地缘政治风险的转化正在进行，欧洲货币一体化的持续倒退几乎难以避免，未来民粹主义、孤岛主义和新保守主义还将继续威胁主权财富基金投资的政治环境。

表 4-2　　　　全球投资政策数量变化统计（2002~2016 年）　　　　单位：个

年份 项目	2002	2003	2004	2005	2006	2007	2008	2009	2010	2011	2012	2013	2014	2015	2016
政策变化的国家数量	43	59	79	77	70	49	40	46	54	51	57	60	41	49	58
政策变化数量	94	125	164	144	126	79	68	89	116	87	92	88	74	99	124

---

① 对比 1990 年，当时出台政策基本是促进投资和自由化，促进投资和自由化政策占总出台政策数量比重超过 90%

② 在这些政策中，除了与投资有关的法律和法规外，一些限制性政策的出台将影响到境外投资者，特别是如果有迹象表明境外投资收购可能导致东道国出售国内战略资产，或导致国内雇员大量裁员，将引起东道国外国投资者采取更为严厉的限制。

续表

年份 项目	2002	2003	2004	2005	2006	2007	2008	2009	2010	2011	2012	2013	2014	2015	2016
促进投资 政策数量	79	113	142	118	104	58	51	61	77	63	65	64	52	74	84
限制投资 政策数量	12	12	20	251	22	19	15	24	33	21	21	21	12	14	22
中性政 策数量	3	—	2	—	—	2	2	4	6	3	6	3	10	11	18

资料来源：联合国贸易和发展会议，投资监管数据。

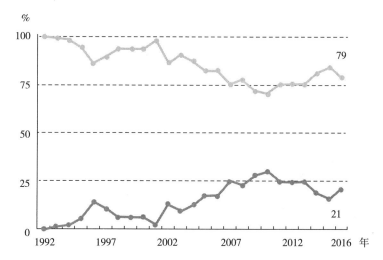

注：上面的曲线是促进投资和自由化措施所占的份额；下面的曲线是限制投资和自由化措施所占的份额。

资料来源：联合国贸易和发展会议，投资监管数据。

图 4 - 5　国家投资政策变化占比（1992 ~ 2016 年）

第二节　国际投资微观环境

一、全球股市在动荡中逐步恢复发展，科技股行业占比加大

图 4 - 6 是自 2002 年以来摩根士丹利资本国际公司（Morgan Stanley

Capital International, MSCI）编制的全球股指走势图。[①] 可以看到，2009年以后伴随一些国家经济复苏，金融市场逐步走出阴影，全球股指逐渐恢复增长，但期间存在短暂的急剧波动。

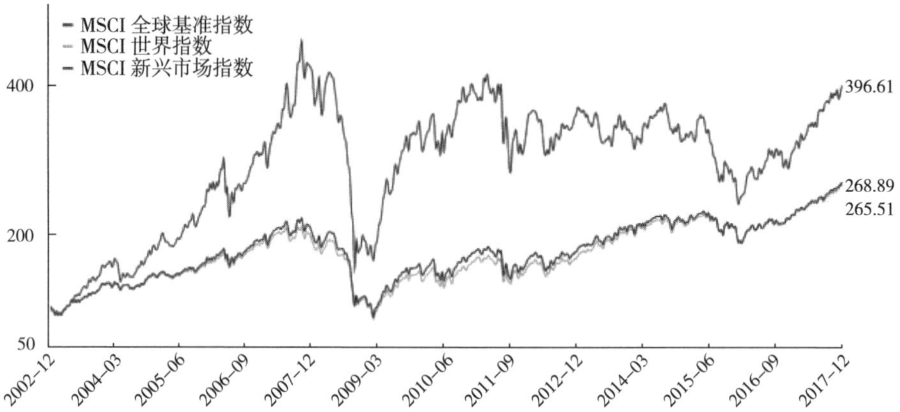

图4-6 MSCI编制的全球（ACWI）、世界（World）及新兴市场（Emerging）股指走势（2002~2017年）

表4-3是MSCI的全球基准指数（All Country World Index，ACWI）年度变化率。MSCI ACWI从2007年的9.64%下降到2008年的-43.54%，次贷危机使全球股市损失7.7万亿美元。2011年受欧洲债务危机影响，全球股市市值缩水了12.1%，ACWI指数下降了9.41%。2015年受美联储加息和原油价格暴跌影响，全球股票价格恐慌性下跌，ACWI下降了4.26%，新兴市场MSCI指数下跌16.96%。2016年以来伴随全球经济复苏，全球股市整体呈现改善趋势。2017年全球股市持续12个月普遍上涨。以美元统计的MSCI ACWI上涨了21.62%，MSCI新兴市场指数上涨了34.35%，MSCI美国指数上涨了19.50%；以欧元统计的MSCI欧洲指数上涨了7.28%[②]。

① MSCI是一家股权、固定资产、对冲基金、股票市场指数的供应商，其旗下编制了多种指数。明晟指数（MSCI指数）是全球投资组合经理采用最多的基准指数。

② 资料来源：MSCI官网公布数据，https：//www.msci.com/。

表 4 - 3　　　　　　MSCI 年度变化率（2004～2017 年）　　　　　单位：%

年份	2004	2005	2006	2007	2008	2009	2010
ACWI	13.30	8.83	18.78	9.64	-43.54	31.51	10.42
新兴市场	22.45	30.31	29.18	36.46	-54.47	74.50	16.36
世界	12.84	7.56	17.95	7.09	-42.08	26.98	9.55
USA	8.80	3.80	13.18	4.09	-38.58	24.20	13.18
EUROPE	9.36	22.77	16.49	0.07	-45.52	27.15	8.04
年份	2011	2012	2013	2014	2015	2016	2017
ACWI	-9.41	13.43	20.25	2.10	-4.26	5.63	21.62
新兴市场	-20.41	15.15	-4.98	-4.63	-16.96	8.58	34.35
世界	-7.61	13.18	24.10	2.93	-2.74	5.32	20.11
USA	-0.11	13.52	29.85	11.10	-0.77	9.21	19.50
EUROPE	-10.94	13.38	16.42	4.10	5.47	00.50	7.28

资料来源：根据 MSCI 官网公布数据整理而得，https://www.msci.com/。

从短期来看，新兴市场投资潜力加大，具有较大的投资空间。从表 4 - 3 可以看到，MSCI 新兴市场指数在其中的 9 年间跑赢 MSCI 全球指数。当然，一旦遇到金融危机，新兴市场股指跌幅也大于发达市场经济体。2008 年美国次贷危机爆发，2011 年欧洲债务危机加剧，2014 年初美国缩减 QE，2015 年美联储启动十年来的首次加息，在这些时间段，大量国际资本从新兴经济体撤离，导致新兴市场股市跌幅明显大于发达经济体。这也反映了新兴经济体股市存在投资空间，但市场内在脆弱性较大。

从长期来看，美国等发达经济体依旧是公开市场股票投资的主要国家和地区。根据瑞士信贷全球投资回报年鉴（2017）的研究，从 1900 年到 2016 年整整一个多世纪时间里，全世界的股票市值几乎被英国、美国、日本等发达经济体瓜分，发达经济体始终占据主要地位。[①] 根据 2017 年摩根士丹利资本国际公司编制的 MSCI 指数中 ACWI 的国家权重占比，可以看到，美国占比为 52.2%，日本占比为 7.8%，英国占比为 5.84%，中国

---

①　其中，在美国股市市值 1900 年占比中，英国占 25%、美国占 15%、德国占 13%、法国占 11.5%、俄罗斯占 6.1%、奥地利占 5.2%、其他占 24.2%。

占比为 3.51%①，法国占比为 3.5%，其他国家占比为 27.06%。

从公开市场股票投资行业来看，科技近年来占比加大。根据 2017 年摩根士丹利资本国际公司编制的 MSCI 指数中 ACWI 的行业权重占比，可以看到，行业占比第一的是金融（18.74%），其次是信息科技（18.09%）、可选消费品（12.01%）、工业（10.86%）、医疗卫生（10.68%）、必需消费品（8.75%）、能源（6.38%）、原材料（5.5%）、房地产（3.07%）、电信服务（3.02%）、公共事业（2.9%）及其他（18.74%）。无论哪个朝代，金融股、科技股始终处于领先地位。进入 21 世纪以来，阿里巴巴、腾讯、苹果等标杆企业则展现出巨大的发展动能，科学技术的进步，提高了劳动生产率，为经济长期发展和市场长期繁荣提供了坚实助力，同时还改变了经济生态，为人类行为模式和市场运行模式的演化奠定了基础。

二、债券市场交易规模增大，但收益率始终在低值徘徊

次贷危机后，一方面基于避险考虑，国际投资资本增加了债券投资；另一方面，很多国家纷纷推行低利率政策，资金借贷成本低，全球债券发行规模增加，因而债券市场交易规模加大。BIS 国际金融研究所（IFF）公布的数据显示，2007 年到 2017 年第一季度，全球债券规模增加了 68 万亿美元，债务市场存量规模从 149 万亿美元增加到 217 万亿美元，市场规模占当年全球经济产出的比重从 276% 上升到 327%。仅 2017 年美国国债市场规模就达到 19.8 万亿美元，如果加上公司债、市政债（地方债）、联邦机构债、房地产抵押证券（MBS）和资产支持证券（ABS），总规模超过 40 万亿美元。

债券收益率与价格成反比，债券价格越高，收益率越低。影响债券价格的主要因素是货币市场利率。货币市场利率越低，债券价格越高，债券收益率越低。② 次贷危机后，全球大多数国家采用宽松的货币政策，货币

---

① 2018 年 6 月中国 A 股纳入 ACWI 和 MSCI 指数。

② 当各国中央银行货币市场利率下降时，投资者会倾向于投资收益率高的债券市场，从而拉高债券市场价格，债券市场价格提高，反过来又压低债券收益率。全球债券的收益率自 2008 年国际金融危机以来一路下跌，截至 2014 年 10 月，下跌近一半，至纪录低点的 1.51%，而造成债券收益率下降的很大一部分原因就是投资者对于债券需求量的增多推升了债券价格，从而使收益率下滑。

市场利率普遍下降，导致全球国债收益率始终处于极低水平。

　　图4-7是主要发达经济体2008年至2018年1月中央银行利率走势。这些国家自2008年以来货币市场利率迅速下降，有的国家中央银行利率接近于零，瑞士、瑞典、丹麦和日本等国曾经实施负利率。截至2018年1月，美联储利率为1.5%，欧洲中央银行利率为0，英国中央银行利率为0.5%，日本中央银行利率为-0.1%，瑞士中央银行利率为-0.75%。

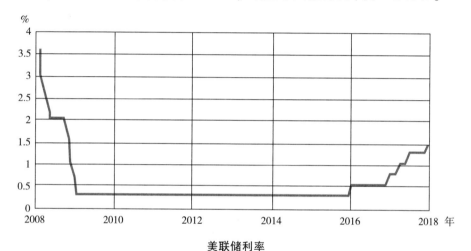

美联储利率

欧洲中央银行利率

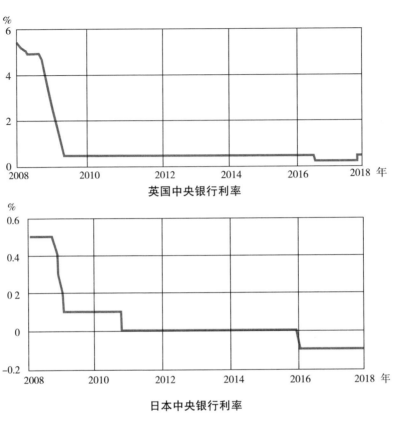

英国中央银行利率

日本中央银行利率

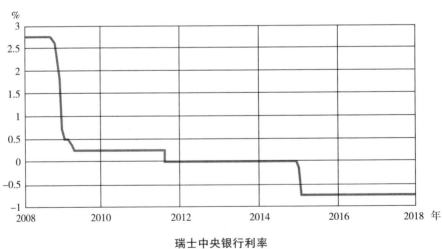

瑞士中央银行利率

资料来源：https：//zh. tradingeconomics. com/。

图4-7 主要发达经济体中央银行利率（2008~2018年）

低利率意味着低债券收益率。表 4-4 是次贷危机前后主要发达经济体 10 年期政府债券平均收益率的对比，次贷危机后所有国家的平均收益率都有所下降。美国债券市场在全球金融市场中占有举足轻重的地位，次贷危机前其 10 年期国债平均收益率为 4.69%，但危机后其收益率平均值只有 2.71%。

表 4-4　　　次贷危机前后主要发达经济体 10 年期债券平均收益率　　　单位:%

国家	10 年期政府债券平均收益率 （2000~2007 年）	10 年期政府债券平均收益率 （2008~2015 年）
美国	4.69	2.71
英国	4.78	2.90
德国	4.30	2.22
日本	1.47	0.96
加拿大	4.83	2.60
澳大利亚	5.72	4.33

资料来源：根据 Wind 数据库数据计算整理。

图 4-8 是次贷危机以来美国 10 年期国债收益率的年度走势，2016 年下跌至 1.5%。截至 2018 年 1 月，美国 10 年期国债名义收益率仅为 2.58%。

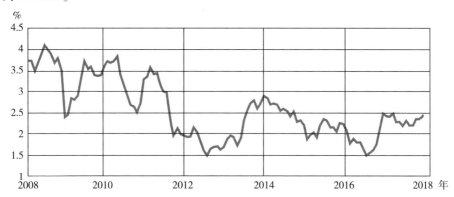

资料来源：https://zh.tradingeconomics.com/。

图 4-8　美国 10 年期国债收益率

次贷危机后，发达经济体国债市场表现出两个典型特征：一是近 10 年来债券收益率总体处于下行趋势，欧元区和日本的 10 年期国债 2016 年甚至出现负收益率;① 二是债市变化呈现较高的同步性（见图 4 - 9）。

资料来源：https：//zh. tradingeconomics. com/。

图 4 - 9　主要发达经济体 10 年期国债收益率走势（2008 ~ 2017 年）

　　图 4 - 10 是次贷危机以来印度、巴西、俄罗斯三个国家 10 年期国债收益率的走势情况，可以看到收益率基本保持平稳波动。图 4 - 11 是 2014 ~ 2017 年主要发达经济体（美国、英国、日本、德国）与新兴市场经济体 10 年期政府债券收益率及其走势的对比，新兴市场经济体国债收益率普遍高于发达经济体。

　　未来，伴随全球经济的同步增长，主要经济体开始从宽松货币政策逐步回归到正常、常规的货币政策，带动长期债的收益率上升。近年来，在债券资产中，通胀保值债券（Treasury Inflation - Protected Securities，TIPS）日益引起投资者的关注。② 据美银美林 EPFR 数据计算，2017 年 11 月 22 日当周，通胀保值债券吸引了高达 12 亿美元的净买入。此外，新兴

---

　　①　根据美银美林（Bank of America MerrillLynch）的研究，截至 2016 年 7 月上旬，全球负收益率国债达到 13 万亿美元，约占发达经济体政府债券市场规模的 1/3，全球政府债券平均收益率已降至 0. 67%。美银美林官网，https：//www. ml. com/articles/follow - the - new - leader. html。

　　②　该类资产是美国财政部 1997 年开始发行的与消费者价格指数（CPI）挂钩的债券，其基本特征是固定息票率和浮动本金额，本金部分将按照美国劳工部的月度非季调城市 CPI 指数进行调整，从而保障本金不受通货膨胀的影响。因而实际收益率在发行时期就锁定了，在到期前不受通货膨胀影响。TIPS 可以看作一种无风险固定收益类产品，在抗通货膨胀的同时带来稳定的收益。美国财政部新的 10 年期通货膨胀保值国债在每年 1 月和 7 月发行。

市场债券也是较为有利的投资资产。新兴市场经济增长速度高于发达经济体，拉丁美洲一些国家已经摆脱了民粹主义，政治与经济政策回归中间路线，未来可望其经济受惠。在亚洲，稳健的经济增长、稳定的银行体系及健全的经常账收支，将支持亚洲区域的经济发展。新兴市场基础设施支出将改善商品生产商的前景，伴随经济基本面的逐步改善，新兴市场的企业债券也会带来较为有利的投资收益。

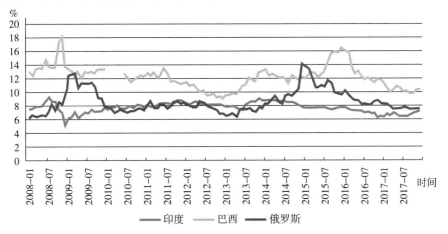

资料来源：根据 Wind 数据库提供数据整理作图。

图 4 - 10　次贷危机以来新兴市场经济体 10 年期国债收益率走势

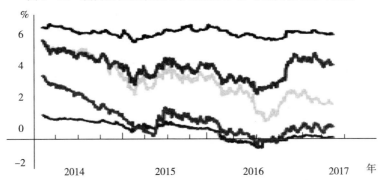

注：按从上到下的顺序，第一条线是 JP Morgan GBI - EM Broad Diversified Index 得到的新兴市场经济体 10 年期债券，第二条线是美国政府 10 年期债券，第三条线是英国政府 10 年期债券，第四条线是德国政府 10 年期债券，第五条线是日本政府 10 年期债券。

资料来源：https：//www. bis. org/publ/arpdf/ar2017e. pdf。

图 4 - 11　新兴市场与发达经济体 10 年期政府债券收益率

三、外汇市场汇率呈现较大差异

外汇市场是世界上流动性最强的市场，外汇市场也是唯一每天 24 小时运行的市场，全球外汇市场日均交易额达 6 万亿美元，是纽约证券交易所日交易量的 53 倍以上。目前，全球外汇市场上有 170 多种不同的货币在交易，其中超过 85% 的交易发生在七种主要货币对：USD/EUR、USD/JPY、USD/GBP、USD/AUD、USD/NZD、USD/CAD、USD/CFH。2017 年，按货币交易量排名，美元是交易量最大的货币（占全球近 90% 的交易），欧元是第二大交易货币（31.3%），其后是日元（21.6%）、英镑（12.8%）、澳大利亚元（6.9%）、加拿大元（5.1%）、瑞士法郎（4.8%）、人民币（4.0%）、墨西哥比索（2.2%）、瑞典克朗（2.2%）、新西兰元（2.1%）、新加坡元（1.8%）、港元（1.7%）。按货币对的交易量排名：USD/EUR（23%）、USD/JPY（17.7%）、USD/GBP（9.2%）、USD/AUD（5.2%）、USD/CAD（4.3%）、USD/CNY（3.8%）。外汇市场上 5 种最受欢迎的交叉汇率是欧元/日元、欧元/英镑、欧元/瑞士法郎、英镑/日元和英镑/瑞士法郎。[①]

次贷危机以来，各国汇率的表现呈现较大差异。图 4 - 12 是近十年来美元指数的变化情况，可以看到美元指数整体呈现波动上涨趋势。从经济面来看，伴随经济复苏，失业率下降、减税政策、消费者和企业信心加大，美国经济基本面在全球主要经济体中相对较好，且率先进入加息周期，资金流向对美元也相对有利，这对美元指数升值有拉动作用。但是美国总统特朗普上台以来的一些言论及做法，比如，公开呼吁需要弱势美元以实现美国外贸达到更好的平衡，退出一些多国贸易协定、威胁更多的保护主义立法，退出或威胁退出一些现存的贸易协定或贸易谈判，甚至退出巴黎气候协定，这些对美元未来走势都会产生影响。此外，美国在朝鲜、中东和欧洲地缘政治议题的立场等一系列因素，一定程度上也会对全球投

---

① 资料来源：2017 年全球外汇行业统计数据概览，http：//www.sohu.com/a/211242370_99949211。

资者的信心产生影响。未来，美元的短期走势依旧存在不确定性，但长期
而言，还是存在上升趋势。

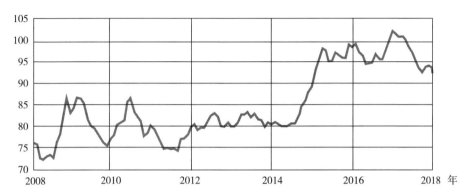

注：该指数是华尔街日报发布的美元指数。

资料来源：https：//zh. tradingeconomics. com/。

图 4 – 12　美元指数走势（2008～2018 年）

　　图 4 – 13 至图 4 – 16 是构成特别提款权篮子的主要货币近十年来兑美
元的汇率走势变化情况。可以看到，欧元、英镑相对于美元整体呈现贬值
趋势；人民币兑美元总体呈现升值趋势，不过短期存在上下波动。当然影
响汇率的因素很多，国际收支、利率、通货膨胀率、公众预期以及中央银
行市场干预等都会对一国货币汇率产生影响。

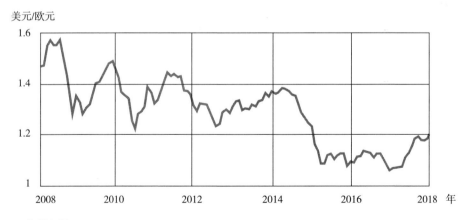

资料来源：https：//zh. tradingeconomics. com/。

图 4 – 13　欧元兑美元走势（2008～2018 年）

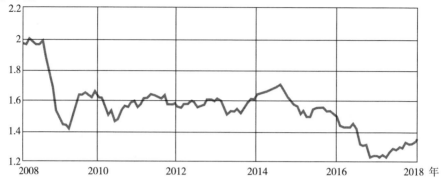

美元/英镑

资料来源：https：//zh. tradingeconomics.com/。

图 4 - 14　英镑兑美元走势（2008～2018 年）

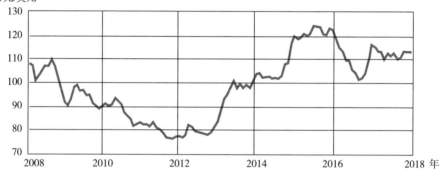

日元/美元

资料来源：https：//zh. tradingeconomics.com/。

图 4 - 15　美元兑日元走势（2008～2018 年）

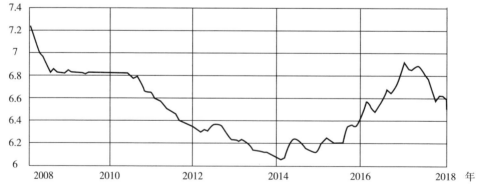

元/美元

资料来源：https：//zh. tradingeconomics.com/。

图 4 - 16　美元兑人民币走势（2008～2018 年）

四、大宗商品价格总体呈现下降趋势

大宗商品是指同质化、可交易、被广泛作为工业基础原材料的商品。原油、有色金属、农产品、铁矿石、煤炭等都属于大宗商品。大宗商品一般包括三个类别：能源类、金属类和农产品。目前反映全球大宗商品价格的主要是 RJ/CRB（CRB 是 Commodity Research Bureau 的缩写）商品期货价格指数。① 图 4 - 17 是 2010 年以来 RJ/CRB 商品期货价格指数变化走势情况，可以看到，次贷危机以来，大宗商品价格总体呈现波动下降趋势，其中 2011 年 4 月达到最高值 370.73，2016 年 1 月达到历史最低值 155.53。截至 2017 年 12 月上旬，RJ/CRB 商品期货价格指数均值为 184。

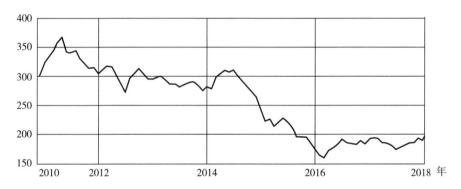

资料来源：http：//www. crbtrader. com/crbindex/rjcrb_ nybotpress. asp。

图 4 - 17　RJ/CRB 商品期货价格指数（2010 ~ 2018. 1）

从微观市场角度分析，大宗商品的价格走势归根结底取决于国际市场的供需状况。从市场需求来看，次贷危机后，全球经济走向衰退，发达经济体增长缓慢，新兴经济体发展不均衡，增速普遍低于过去 20 年的水平，部分国家甚至陷入深度衰退，制造业疲软、需求不旺，导致大宗商品需求整体呈现下降趋势；从市场供给来看，受经济繁荣时期需求的刺激，资本大量进入资源能源领域，主要大宗商品供给出现显著过剩。需求下降同时

---

① 2005 年路透新闻社与 Jefferies 集团旗下的 Jefferies 金融产品公司进行合作，对 CRB 指数进行修改，修改后的名称也因之改为 RJ/CRB 指数。指数所涵盖的品种由 17 种增加至 19 种，不同品种权重不同。

供给过剩，这是导致次贷危机以来大宗商品价格持续下降的主要原因。在供给过剩的背景下，只有供方大幅控制和削减产出，才能奠定大宗商品价格反弹的基础。但从危机后的 10 年来看，为确保市场份额，供方一直存在市场博弈、争夺市场的拉锯战，主要大宗商品输出国尚未作出产能调整，特别是石油输出国组织（OPEC）仍然未进行减产，因此消化库存、削减产能的过程漫长而艰难。[①] 在缺乏国际协调的情况下，很难推动主要供应方减产至市场平衡所需要的供应量。

除市场供需因素外，由于国际大宗商品均以美元标价，美元指数的变化是短期内影响国际大宗商品价格走低的重要因素。从历史数据来看，美元的强弱与大宗商品价格的涨跌呈现明显的负相关关系（见图 4–18）。

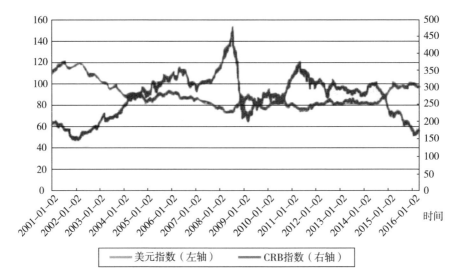

图 4–18　美元指数与国际大宗商品价格指数走势对比（2001～2016 年）

自 2017 年以来，伴随全球经济的同步增长，大宗商品的需求将加大，这是拉动大宗商品需求的主要力量。当然，大宗商品价格走势还取决于供

---

① 以原油市场为例，2016 年 2 月，沙特阿拉伯、卡塔尔、委内瑞拉和俄罗斯四个产油国同意冻结产能，市场预期原油市场供应失衡的局面将出现松动，推动油价大幅回升。然而，3 月俄罗斯原油生产依然开足马力，日产量创下苏联解体以来新高。2016 年 4 月 17 日，OPEC（石油输出国组织）成员国和非欧佩克成员国参与的多哈石油冻产会议又无果而终，未就冻结石油产量和提振油价达成任何协议。

给过剩状况的改变以及主要经济体货币政策、潜在地缘局势对商品供需的影响等因素。有学者认为，大宗商品将从 2018 年开始启动一个长达 10 年的大型牛市。由于不同产品的市场供需情况不同，价格可能会出现分化。这需要机构投资者结合历史走势和未来市场供给及需求变化进行分析。

五、房地产市场历经衰退、调整、上升后逐步恢复到次贷危机前水平

房地产是受全球货币环境和投资活动影响最大的资产类别，也是对一国和国际经济最具有影响力的投资工具。次贷危机直接打击了全球房地产行业，一定程度上也挤压了全世界房地产泡沫。表 4–5 是 IMF 发布的全球房价指数（57 个国家实际房价的简单平均）。① 可以看到，次贷危机后全球房价历经了三个过程：衰退期（2008 年第一季度至 2009 年第二季度）、调整期（2009 年第三季度至 2012 年第二季度）、上升期（2012 年第三季度至今）。

次贷危机爆发后，全球房价指数从危机前的 2008 年第一季度最高值 158.77 迅速下降至 2009 年第二季度的 145.02，短短一年时间降幅达到 8%。从 2009 年第三季度到 2012 年第二季度是调整期。这一时期又经历两个阶段：2009 年第三季度到 2010 年第四季度，房价指数在 145 浮动；之后，2011 年第一季度开始到 2012 年第一季度有小幅下降。从 2012 年第三季度开始，全球房价实际上已呈现出了持续上升的趋势，只不过相较国际金融危机前的上涨，此轮房价上涨的斜率相对较低，反映了各国房价上涨的同步性不强。从扣除通货膨胀的实际房价来看，截至 2017 年第二季度，全球实际房价的平均水平达到 158.63，已经恢复到了国际金融危机 2008 年第一季度的高点 158.77。

---

① 国际货币基金组织（IMF）2014 年 6 月 11 日宣布开办"全球房市观察网"（Global Housing Watch），该网站将汇总并定期发布世界各国房市数据，跟踪房市波动周期，帮助各国政策制定者预防房市大起大落。

表 4-5　　　　　　　　　　　　IMF 全球房价指数

时间	2006Q1	2006Q2	2006Q3	2006Q4	2007Q1	2007Q2	2007Q3	2007Q4
指数	139.32	141.74	145.15	149.43	153.52	156.26	158.10	158.51
时间	2008Q1	2008Q2	2008Q3	2008Q4	2009Q1	2009Q2	2009Q3	2009Q4
指数	158.77	157.38	155.43	151.72	147.00	145.02	145.33	145.79
时间	2010Q1	2010Q2	2010Q3	2010Q4	2011Q1	2011Q2	2011Q3	2011Q4
指数	145.96	146.27	145.95	145.78	144.68	144.36	143.73	142.86
时间	2012Q1	2012Q2	2012Q3	2012Q4	2013Q1	2013Q2	2013Q3	2013Q4
指数	142.76	142.98	142.89	143.48	143.92	144.77	145.39	146.38
时间	2014Q1	2014Q2	2014Q3	2014Q4	2015Q1	2015Q2	2015Q3	2015Q4
指数	147.79	148.53	149.17	149.64	151.15	151.04	152.09	152.74
时间	2016Q1	2016Q2	2016Q3	2016Q4	2017Q1	2017Q2	2017Q3	2017Q4
指数	153.84	154.85	156.22	157.37	157.12	158.63	—	—

资料来源：IMF，http：//www.imf.org/external/research/housing/。

　　房地产价格取决于需求和供给，在供给相对稳定的情况下，需求是影响房地产市场价格的主要因素。自 2008 年国际金融危机爆发以来，全球资产在寻求安全的投资机会，金融危机挤压了以美国为主的国家房地产泡沫，房地产价格下降给跨境房地产投资带来了机会，跨境房地产投资普遍增加，这是全球房地产价格在短暂下跌后又重新上升的主要原因。此外，房价上升也和货币供应有关。历史上每一次房价上涨都和全球宽松的货币环境密切相关。宽松的货币政策是全球房地产价格上升的另一个主要原因。自 2012 年以来，伴随全球经济的逐步复苏和就业率的上升，一些国家国民收入逐步上升，也带动了房地产需求以及价格的上涨。

　　在 2016 年之前的 7 年里中国对外房地产投资的年增长率一直保持在两位数以上。2016 年前三个季度，来自中国的投资者，包括国有企业、保险公司和主权财富基金等，在全球商业房地产市场的投资总额已接近 180 亿美元，较 2015 年同期飙升 50% 以上。美国和中国香港成为中国投资者的两个主要投资目的地。

　　当然，房价的持续上涨意味着新的房地产泡沫又在形成。2016 年开始，美国已经开始进入加息通道，其他国家也必将采取紧缩货币政策。未来房地产价格的上涨或下跌，既取决于各国货币政策，也取决于各国经济增长所带来的居民收入的变化。

第三节　国际投资环境的一个重要变化：金融保护壁垒、市场准入障碍和限制性要求

2007 年次贷危机爆发，危机期间主权财富基金纷纷对遭受危机和濒临破产的金融机构注资（见表4－6）。[①] 这一行为引起了国际社会和一些国家对主权财富基金的关注。一方面西方国家对主权财富基金的投资行为予以肯定，[②] 另一方面又对其主权背景感到担忧。众所周知，金融是一国经济的核心，也是现代国际经济战争的制高点，谁占领了一国的金融领域，谁便可以掌握主动权。一旦主权财富基金进入了某国金融领域，再通过投资控制了该国的战略部门（如军事、电信、石油等资源部门），这个国家就丢掉了经济命脉，这对被投资国来说是十分危险的。美国证券交易委员会原主席克里斯托弗·考克斯曾公开怀疑 SWFs 会利用政府间谍机构收集大量幕后信息来进行内幕交易；耶鲁大学教授胡安·特里普在《金融时报》上撰稿，指责 SWFs 会造成市场恐慌，削弱国际金融机构的政治影响力，甚至有扰乱全球市场的趋势；2008 年 1 月 17 日出版的英国《经济学家》杂志封面是一个蝗虫般载着金条蜂拥而至的直升机图片，以此来形容主权财富基金趁着次贷危机大量涌入西方金融市场的情形，并冠以"主权财富基金大举入侵"横栏标题。

次贷危机后，一些国家对主权财富基金的投资态度也发生了转变。有的国家针对主权财富基金投资出台了新的规定和限制，有的国家采取更加严格的监管措施，有的国家甚至明确表示不欢迎主权财富基金的投资行为，这对主权财富基金投资造成实质性阻碍。2005 年，中海油竞购美国能源企业——优尼科（Unocal）公司，因为美国竞争对手雪佛龙（Chevron）

---

① 据统计，2007~2009 年，全球主权财富基金对一些金融机构的投资约为 655 亿美元，仅 2007 年主权财富基金在金融类股方面的投资额就是 2006 年的 4 倍多。

② 美联储主席曾在公开场合表示"外国主权财富基金向美国银行注资是件好事"，参见 2008 年 5 月 16 日路透新闻社，http://cn.reuters.com/article/idCNChina－1199220080516。

将中海油描绘为中国政府能源利益的前哨，导致中海油竞购失败；2006
年阿联酋控股的迪拜世界港口公司被迫出售已经完成收购的5个美国港口
终端，也是美国国会出于反恐考虑，拒绝沙特阿拉伯公司收购本国港口设
施所致；阿布扎比投资局 ADIA 在新西兰的另一桩机场收购计划也因政治
原因而搁浅；新加坡淡马锡收购泰国他信总理家族控股的西那瓦公司
（Shin Corp）行为甚至引起一场轩然大波，泰国民众怀疑新加坡有意控制
其电信战略产业，最终导致军事政变，他信由此下台，两国外交关系为此
急剧恶化。

表4-6　　　　　次贷危机期间主权财富基金对金融机构注资情况

时间	主权财富基金	投资对象	投资金额 （百万美元）	持股比例 （%）
2007 - 05 - 02	迪拜国际资本公司	HSBC	1000	1.0
2007 - 05 - 20	中投公司	Black Stone	3000	10.0
2007 - 08 - 23	淡马锡控股	Barclays	2000	2.0
2007 - 09 - 20	穆巴达拉公司	Carlyle Group	1350	8.0
2007 - 09 - 21	卡塔尔投资局	OMX Ab	1279	10.0
2007 - 10 - 29	迪拜国际资本公司	Och - Ziff Capital Management Group	1100	10.0
2007 - 11 - 26	阿布扎比投资局	Citigroup	7500	4.9
2007 - 12 - 10	新加坡政府投资公司	UBS AG	9750	9.8
2007 - 12 - 19	中投公司	Morgan Stanley	5000	9.9
2007 - 12 - 24	淡马锡控股	Merrill Lynch	4400	9.4
2008 - 01 - 15	新加坡政府投资公司	Citigroup	6880	3.7
2008 - 01 - 15	科威特投资局	Merrill Lynch	2000	3.0
2008 - 01 - 15	韩国投资公司	Merrill Lynch	7200	4.7

资料来源：根据主权财富基金官方网站，http：//www.swfinstitute.org/以及各网站、媒体报道
整理。

一、美国设置的金融保护壁垒

美国管理外国投资的法律是 1988 年出台的 *The Exon - Florio Amend-*

ment（《埃克森—佛罗里奥法案》），该法案是专门针对外资并购而制定的。法案规定：只要有足够证据证明外国并购所获利益会危及美国国家安全，总统就有权利暂停或中止；海外公司对美国国内公司收购达到所有股权的 10% 以上，就要受到美国外国投资委员会（Committee on Foreign Investments of U. S. , CFIUS）的监控。外国投资委员会是由美国财政部领导的跨部门运作政府机构。该机构会对收购方和被收购方的资产、融资和收购方式、是否涉及敏感技术、对美国国家安全及其他美国公司利益的影响等内容进行审查，并且有权力制止或终止某项交易。一旦进入安全审查程序，相关利益集团会提出强烈的反对意见，甚至国会、媒体、公众都会介入相关的争论，这时本属商业行为的对外投资很容易被政治化且遭到否决。该法案先后在 1992 年、1993 年、1994 年进行了三次修正。事实上，美国的安全审查对中国在美国的投资造成的负面影响是巨大的，导致大量中国企业在美国的并购案均以失败告终，其中包括海尔并购美国家电生产商美泰克、西北有色并购美国优金公司。

　　2007 年 7 月，美国签署了《外国投资和国家安全法案》（*The Foreign Investment and National Security Act of 2007*，FINSA）。该法案是在《埃克森—佛罗里奥法案修正案》基础上更为严苛的外国投资审查法案，其目标是主权财富基金。其特点表现在以下两个方面：一是扩大了美国财政部对计划在涉及美国国家安全和基础设施等经济及技术领域投资的外国公司的审查和管理权限，提高了 CFIUS 的权力和地位。二是明确规定了外国投资者并购美国公司控股股权的审批程序，特别是有关"控制"与"国家安全"的界定，其对主权财富基金的影响最为关键。因为法案中有关"控制"的规定仅仅罗列了并购者可能对目标企业所拥有的某些重要事务上的权力，无论这一权力被直接或间接行使，或是否被行使。显然，这种判断标准具有较强的主观性和不透明色彩。由于法案未对"国家安全"进行明确定义，而往往根据个案情况予以确定，且对"国家安全"的解释不限定于某一产业，这样就为美国政府审查外资并购预留了充裕的自由裁量空间，也使法案在一些竞争对手、管理层、特殊利益公关方和游说者那里，从单纯的国家安全保护性条款转化为维护或者争取经济利益的手段。一些主权财富基金为规避持股比例过高而被审查，往往把自身的股权投资比例控制在 10% 以下。这也未能有效摆脱审查，因为只有在仅以投资为目的进行交易时方可免予审查。与此同时，主权财富基金在经受审查之外，还将受到包括公司法、证券法、反垄断法、劳工法等多个法律的掣肘与约束。

据美国财政部统计，往年因 CFIUS 审查并由于美国国家安全原因导致交易未能完成的数量均不超过 10 起，2015 年为 3 起，2016 年为 6 起（其中 1 项交易被总统予以否决，5 项被交易方放弃）。2017 年为 20 起，较以往有显著增长。此外，2017 年起 CFIUS 的审查周期普遍延长，尤其是针对中国投资的审查，出现了较多未经过缓解协议协商而直接不予批准的案例。

美国还通过与主权财富基金签订协议的方式加强对其的投资约束。比如，2008 年 3 月 20 日，美国与阿联酋和新加坡达成三方协议，要求这两国主权财富基金必须遵守 9 条约定的行为准则，包括 5 条约束投资来源国，4 条约束投资目标国。5 条约束来源国的条款包括：第一，投资必须是纯商业行为；第二，必须加大其投资目的、财务状况、回报率等一系列情况的信息披露；第三，必须加强内容监管；第四，必须保证和私营企业公平竞争；第五，必须遵守目标国的监管规定。4 条对投资目标国的约束条款是：第一，不能对外来投资者设置保护主义障碍；第二，必须确保投资政策可预见性；第三，目标国不得对投资者持歧视态度；第四，以"国家安全"对主权财富基金交易进行限制，必须出于真实的"国家安全"风险考虑。

二、欧盟各国设置的金融保护和市场准入障碍

早在 2005 年 12 月法国就通过第 1739 号法令，对《外资法》作出修订，指出当外国投资者将要投资所规定的特定行业时需要接受涉及公共安全、国防利益方面的审查。加拿大工业部于 2007 年 12 月 7 日颁布《加拿大投资法》之《外国投资指南》，阐明了政府对国有企业/主权财富基金可能的非商业性投资的顾虑，强化并完善了外资（包括主权财富基金）并购国家产业的安全审查法律制度，目的在于确保国家重要产业的安全，

强调外国国有投资机构应符合加拿大公司治理和透明度的标准。

2008年2月，欧共体委员会向欧共体其他机构提交了《欧洲应对主权财富基金的共同举措》，提出：基于一些主权财富基金缺乏透明度会妨碍外界认识它们的投资动机，"透明度"和"披露要求"是市场顺利运行的关键，如果基金能够遵照透明度和可归责性规则，即使投资的资金是国有的，也不会引起过度的担忧。

2008年10月，意大利政府宣称，意图购买意大利公司股权的主权财富基金的持股比例必须低于5%。

德国政府对对冲基金和私人股本基金等投资载体控股德国企业非常警觉。德国从2009年4月起开始实施《对外经济法修正案》，以法律形式确立政府投资审查机制，认为必要时可以通过动用否决权来阻止外国投资者作出"危及国家安全"的行为，涉及领域主要包括能源、电信与金融等处于特殊保护的行业。德国总理默克尔认为，主权财富基金与常规的私人基金不同，会受到"政治和其他利益动机的驱使"。因此德国不但在国内出台新法案限制SWFs的投资，对涉及公共秩序和安全方面的并购加强审查，还努力鼓动整个欧盟采取一种"共同方式"审查SWFs对欧洲公司的"恶意收购"活动。

法国在一定程度上响应了德国的呼吁，试图建立一套系统的核心产业保护法律框架，旨在保护法国一些涉及国家战略利益的领域不受SWFs的影响。

澳大利亚对外国投资者的态度原本相对开放，但自从2008年中国铝业股份有限公司联合美国铝业收购力拓12%的股份之后，澳大利亚也收紧了对矿业投资的准入标准，要求外资对澳大利亚主要矿业公司的投资比例应低于15%，对新的矿业投资项目也不能超过50%，并加强了对外国投资（主权财富基金）的审查力度，特别是对本国产业、经济政策、国家安全、经济秩序造成冲击的审查。澳大利亚财政部在2012年1月公布了《澳大利亚的外国投资政策》，并在2015年6月对此政策进行了更新完善。新版的外国投资审批政策指出：政府会基于个案具体情况，以国家利益为准则，审查外国投资提议。外国投资审查委员会（FIRB）将携手投资申请者确保国家利益得到保护，如果最终认定某个提议与国家利益背道而驰，财政部部长将不会批准该提议。该法案还指出：所有外国政府投资者在澳大利亚直接投资之前，均必须呈报政府并获得事先批准，无论投资的价值是多少。[①] 根据《外商收购与兼并法案》，财政部部长有30天的时间来考虑申请和作出决定，财政部部长也可以通过下达一个临时命令来把这个期限再延长不超过90天。审查涉及国家安全、竞争力、敏感产业等方面以及是否对澳大利亚政府税收、环境、经济与社区产生影响，并颁布了"六条原则"，规定投资者的运营不得有政府背景、不可妨碍竞争对手或导致垄断、不能影响澳大利亚的国家安全等。涉及外国政府投资者，澳大利亚政府还考虑投资是否为商业性质或者投资者是否正追求可能侵犯澳大利亚国家利益的更大的政治或战略目标。这包括评估预期投资者的管理安排是否会推动实际或潜在的外国政府控制（包括通过投资者的资金安排）。来自以完全公平交易和商业为基础进行经营的外国政府投资者的提议，相比不以此为基础的投资者的提议，引起国家利益担忧的可能性更低。

表4-7是部分国家对外资市场准入本国领域或行业的相关政策。

表4-7　　　　　　　　　　部分国家外资市场准入政策

国家	限制外资进入的领域	鼓励外资进入的领域
美国	通信；国防；水电；土地；沿海和内河航运；海洋运输业；国内航空；渔业；矿物租赁及能源开发；核能；天然气；广播服务业；银行、保险业	基础设施建设；对地方交通、水资源利用、污水处理、医疗、教育和住房开发的投资
加拿大	金融服务业；广播服务业；基础电信服务；铀矿业；石油、天然气；交通运输业；航空；农牧；渔业；图书发行和销售；酒类销售；采矿；典藏机构；工程；验光行业；医药等	制造业；加工业
新加坡	装配型工业；对国家安全构成影响的敏感型部门	资讯电子；生物化学；资本技术密集型；高增值行业

---

① 判断一个实体是否为外国政府投资者的标准从外国政府在实体中持有15%或以上的股份增加到持有20%或以上的股份；一个外国政府投资者对澳大利亚企业或实体直接投资，获取土地的权益，获取开发或开采、制造矿产，或设立新企业的，必须经FIRB批准；直接投资指收购超过10%的股权，或伴有控制协议时超过15%；针对中国，外国政府投资者制度适用于所有的中国国有企业，以及在香港证券交易所上市的、由国有企业或其他中国政府实体持有至少20%的股份的企业。

续表

国家	限制外资进入的领域	鼓励外资进入的领域
英国	国防；核能；收购大型的或在经济上有重要影响的英国企业；设立银行及保险公司	电子产品；电子商务；电信业；制药与生物技术；创意产业；金融服务业；化工业；汽车业；环保技术和可再生能源；医疗设备等
法国	通信接收设备；电脑安全系统；国防；军民两用科技、密码设备及与敏感军事情报有关的企业；赌场	高端科技研究与发展项目；中小型高科技企业；物流供应中心
德国	银行、保险业；拍卖业；出售含酒精饮料的餐饮业；生产和销售武器、弹药、药品和植物保护剂；发电和供暖厂；动物的批发与零售；运输和出租公司等；建设和经营核电站和核垃圾处理项目	经济发展落后地区和存在结构问题的地区的基础设施建设；中小企业创立工作岗位的生产型投资以及科研、科技进步和环境保护
俄罗斯	航空航天；军工生产；原子能和专用技术战略矿藏；联邦电网送变电；民航机场及附属区域设施的设计和建设等改扩建、维护保养；公路路况调查；地质摄影；铁路运输；药物化学分析；贵金属、稀有金属和宝石开采	加工业；高科技产业；基础设施建设；技术创新；产业升级；技术设备引进；汽车工业组装

资料来源：张海亮，尹桂林．主权财富基金投资与东道国警惕——基于违背承诺的声誉模型分析[J]．昆明理工大学学报（社会科学版），2013（12）．

三、IMF《圣地亚哥原则》对信息透明度和风险管理的要求

2008 年 4 月 30 日至 5 月 1 日，在 IMF 的支持下，全球资产规模在 5 亿美元以上的 26 个主权财富基金在华盛顿聚集，讨论成立了主权财富基金国际工作组（International Working Group of Sovereign Wealth Funds，IWG)①。工作组经过多次会议讨论，起草制定了《普遍接受的原则和实

---

① 2009 年 4 月，该工作组改组为主权财富基金国际论坛（IFSWF），中投公司是其创始成员之一。亚洲基础设施投资银行行长、时任中投监事长的金立群当选为论坛第一副主席，后又担任第二任主席。2011 年 5 月，中投公司在北京承办论坛第三次年会。2015 年，时任中投公司副董事长、总经理李克平被推举为该论坛新一届董事会董事。

践》（*Generally Accepted Principles and Practices*，GAPP，《圣地亚哥原则》），同年 10 月正式对外发布。[①]

出台《圣地亚哥原则》的目的主要包括：（1）帮助维护一个稳定的全球金融体系以及资金和投资的自由流动，为跨境投资流动提供更稳定的环境；（2）遵守主权财富基金所投资国家所有适用的监管与披露要求，避免针对主权财富基金的保护主义情绪；（3）从经济和金融风险以及相关的收益考虑出发进行投资；（4）制定一套透明和健全的治理结构，以便形成适当的操作控制、风险管理和问责制。

《圣地亚哥原则》对主权财富基金的性质、目标、公司治理、投资和风险管理都进行了阐述和规定，主要内容包括 24 条公认原则与规范，这 24 条原则和规范可以概括为三个关键领域的做法和原则：（1）法律框架、目标以及与宏观经济政策的协调；（2）体制框架和治理结构；（3）投资和风险管理框架。具体而言，根据《圣地亚哥原则》的要求，IWG 成员应该完善以下机制。

（一）建立完善的治理结构与问责机制

《圣地亚哥原则》要求 SWFs 具有明确的法律框架（作为机构投资者的合法性地位）以确保 SWFs 及其交易的合法性，还要求 SWFs 建立完善的治理结构、明确而有效的职责分工，SWFs 所有者应根据明确规定的程序任命管理机构的成员（管理机构则应服务于 SWFs 的最大利益，并具备明确的职责与充分授权以及行使其职责的能力）。此外，进一步要求 SWFs 的经营管理应以独立的方式来执行 SWFs 的战略，并与明确规定的责任保持一致。作为问责机制有效运行的前提，SWFs 应在相关的法律、章程或章程性文件或管理协议中对问责机制进行明确规定。总之，原则认为，明确的法律框架及良好的治理结构（所有者、管理机构与管理层的功能分离），不仅可以保证 SWFs 独立性经营以及经营控制中问责机制与风险管理的健康运行，更可使投资决定与投资操作免受政治影响。

[①] 这项任务目前由主权财富基金国际论坛（国际论坛）负责执行；该论坛由制定主权财富基金《圣地亚哥原则》的各主权财富基金设立。

（二）履行明确而具体的信息披露义务

《圣地亚哥原则》要求 SWFs 对接受投资国家所关心的领域承担广泛的披露义务，包括以下几个方面：主权财富基金法律基础与结构的主要特征；与其他国家机构（如中央银行、其他国有公司或企业等）之间的关系；独立于所有者的公司治理结构与经营管理方式；融资、赎回及支出操作方面的政策、规则、程序或安排；投资政策与目标；财务信息以及风险管理框架等。《圣地亚哥原则》还要求 SWFs 在投资接受国开展投资活动时遵循东道国所有适用的监管与披露要求。按 IMF 的解释，之所以要求 SWFs 承担如此多的披露义务，是因为透明度的提高不仅有助于向投资接受国证明 SWFs 投资行为仅以经济与金融为导向，增强投资接受国对 SWFs 的信任感，也可以提升本国公众对 SWFs 及其海外投资行为的的了解和监督。《圣地亚哥原则》还要求提高透明度，保持对话基本上是双向的，接受主权财富基金投资的国家，对维持透明、相称和负责任的开放投资环境也负有同样的责任。

（三）制定明确的投资政策与风险管理体系

《圣地亚哥原则》还要求 IWG 成员应制定明确的投资政策与风险管理体系：一方面要求主权财富基金的投资政策应具体、明确，并与所有者或管理机构规定的目标、风险容忍度与投资策略保持一致，而且应基于稳健的投资组合管理原则；另一方面，规定主权财富基金的投资决定应以经风险调整的财务收益最大化为目的，与其投资政策保持一致，且仅应基于经济与金融因素考虑。此外，还要求主权财富基金在与私人投资者竞争时不应寻求或利用特别信息或本国政府的不当影响。《圣地亚哥原则》要求 SWFs 建立恰当的体制（该体制应包括可靠的信息与及时的报告体系、控制与激励机制、行为准则、业务持续性计划以及独立审计功能），以识别、评估及管理其投资经营中的风险，要求 SWFs 根据公认的国际或国内会计准则向 SWFs 所有者报告其经营及投资业绩年报、财务报告等信息。

总而言之，次贷危机后，国际组织和一些发达经济体对主权财富基金采取了更为苛刻的限制性要求：或者出台或修改法律，加强对主权财富基金的审查力度；或者限制主权财富基金投资的股权比例；或者对主权财富基金投资行业和投资领域进行限制；或者提出所谓的互惠要求，实质上是想以此作为要求拥有主权财富基金的发展中经济体开放国内市场的筹码；或者要求提高信息透明度；等等。手段不一，实质都反映了发达经济体和国际组织对主权财富基金的防备和警戒，导致新一轮的金融保护主义抬头，给全球主权财富基金全球投资设置了更多的金融障碍和投资壁垒。

第四节　我国主权财富基金投资过程中的风险集中与体现

主权财富基金投资风险是指投资人在投资、经营主权财富基金资产过程中，因偶发性、不完全确定性及其他各种因素所引起的收益的不确定性和资产损失的可能性。作为一国持有的特殊金融资产，主权财富基金既面临一般金融资产普遍面临的金融风险，又由于其来源和用途具有一定的特殊性，表现在：（1）作为我国持有的特殊金融资产，主权财富基金既面临一般金融资产普遍面临的金融风险，又由于其来源和用途的特殊性面临一定的非金融风险；（2）风险由国家承担，一旦风险暴露会呈梯次推进，不仅会造成巨大经济损失，还会给国家声誉带来影响；（3）风险程度受多种因素交叉影响，且容易因外部冲击而加剧。

我国主权财富基金自2007年成立以来，规模呈现快速增长，到2017年底中投公司资产总规模已达8138亿美元（合并报表口径），在全球所有主权财富基金中位列第三。一般而言，投资资产规模越大，暴露的风险头寸也越大。特别是由于成立时间不长，投资经验不足，风险度量技术和风险规避手段欠缺，在投资环境不确定性加剧的背景下，导致我国主权财富基金投资面临的风险更加集中、风险程度更高。总体而言，这些风险体现在以下三个方面。

一、市场风险

市场风险是指由于社会经济环境的不确定性而使主权基金面临损失的

可能性。具体来看，主权财富基金市场风险有以下四种。

（一）汇率风险

布雷顿森林体系瓦解后，牙买加协议正式承认浮动汇率制的合法性。目前世界各国普遍实行浮动汇率制度，美元、日元、英镑等主要货币之间的比价每天都处于变动之中，导致国际间债权债务的结算由于汇率变动而难以事先掌握，从而产生了汇率风险。由于世界各国主权财富基金基本以美元形式持有，因此面临的汇率风险主要是美元价值变动给资产投资收益带来的不确定性。

美元汇率每时每刻都在发生变化。事实上，受次级债务危机影响，美元兑欧元汇率从 2008 年 3 月 3 日的 1.59021 最高下跌到 2018 年 1 月 24 日的 1.20255，下跌了 24.5%（见图 4 - 19），美元兑英镑汇率从 2017 年 11 月 1 日的 2.11612 最高下降至 2018 年 1 月 24 日的 1.39762，下跌了 33.9%（见图 4 - 20）。美元汇率贬值，以美元资产为主的外汇资产既面临实际购买力的下降，又面临丧失转持其他货币资产带来的汇兑利润。以中投公司 2008 年资产 2975 亿美元来算，10 年间就损失了 728 亿欧元的购买力。仅 2017 年美元贬值幅度达 9%，按照 2017 年中投公司资产规

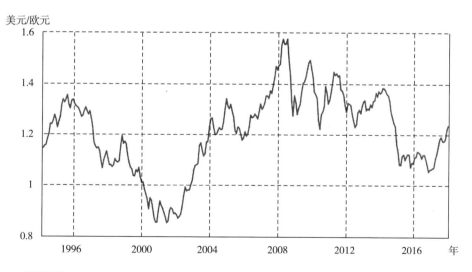

资料来源：https://zh.tradingeconomics.com/euro - area/currency。

图 4 - 19　美元兑欧元汇率历史走势

模 8100 亿美元来算，就有 729 亿美元购买力的损失，这还不包括由于欧元等其他货币的相对升值，外汇资产若及时进行币种转换带来的潜在收益的隐性损失。由于中投公司进行全球性投资，汇率风险还包括在进行财务报表统计时美元升值导致的其他资产兑换成美元后的境外投资的汇兑损失。

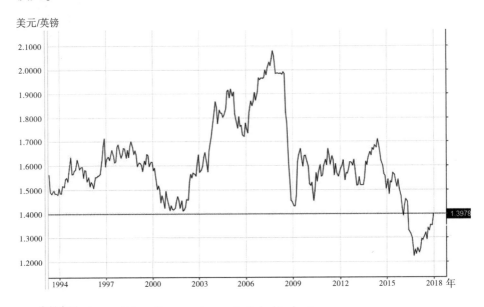

资料来源：https：//zh.tradingeconomics.com/united-kingdom/currency。

图 4-20　美元兑英镑汇率历史走势

(二) 利率风险

几乎所有主权财富基金在大类资产配置中都涉及固定收益资产和现金类产品。无论是发达主权债、新兴主权债、公司债，还是现金、隔夜存款以及短久期美国国债，其收益都和利率密切相关，因而利率变动对主权财富基金资产价值有重要影响。

美国国债是主权基金投资的主要债券，美国国债收益受美国国内利率变化的影响，如果利率上升，美元债券市值将下跌。图 4-21 至图 4-23 给出了 2003 年 1 月 1 日至 2018 年 1 月 24 日 5 年期、10 年期、30 年期美元债券收益率情况。可以看到，美元国债收益率一直处于波动状态，这给固定收益资产投资回报带来不确定性。① 截至 2016 年 12 月 31 日，我国主权财富基金固定收益资产配置比例为 15.01%，按 2016 年底资产总额 8135 亿美元计算，投资固定收益资产规模为 1220 亿美元，根据 2016 年中投公司年报公布的境外投资组合固定收益类型中发达主权债占比为 53.96%，假设这些主权债都是美国 10 年期国债，② 仅 2016 年下半年中投公司就有 658 亿美元的利率风险敞口。

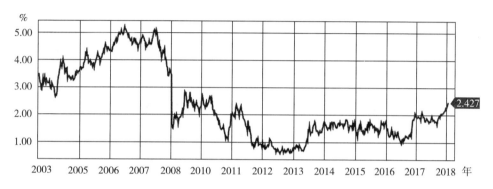

资料来源：https：//www.cnbc.com/quotes/? symbol = US5Y。

图 4 – 21　美国 5 年期国债收益率走势

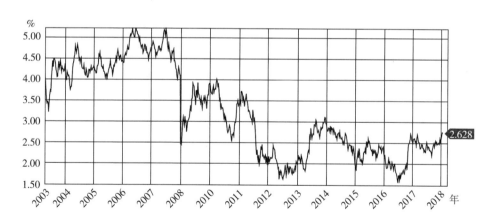

资料来源：https：//www.cnbc.com/quotes/? symbol = US10Y。

图 4 – 22　美国 10 年期国债收益率走势

---

① 以美国 10 年期国债为例，2016 年 7 ~ 12 月，到期收益率始终处于上升阶段，这说明国债的市场价格始终处于下降阶段。

② 其他发达经济体的主权债也面临走势的同步性。

利率的变化还会影响资金流入债券市场和股票市场的规模，导致股价发生变化。利率提高会吸引资金流入债券市场，从而降低股市投资规模，股价下跌，对投资于国际股票市场的主权财富基金会产生不利影响。

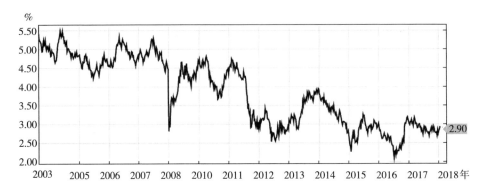

资料来源：https：//www.cnbc.com/quotes/? symbol = US30Y。

图 4 - 23　美国 30 年期国债收益率走势

（三）价格风险

大类资产除了固定收益类资产，还包括股权、大宗商品、房地产等其他资产。这些资产的价格变化对投资收益也会带来不确定性，这种不确定性均包含在价格风险中。

以中投公司长期资产投资为例：根据 2015 年年报，中投公司投资长期资产（主要包括大宗商品及房地产）的比重为 22.16%，按当时资产规模 8100 亿美元来算，有 1795 亿美元资产投资在大宗商品和房地产上。本章第二节分析了次贷危机以来 RJ/CRB 商品期货价格指数变化情况，反映全球大宗商品价格的 RJ/CRB 商品期货价格指数在 2014~2016 年急剧下降，仅 2015 年就下跌了 23%。① 如果这些长期资产有一半投资到大宗商品上，按 RJ/CRB 指数来算，账面损失就达到 206 亿美元，按照高盛大宗商品指数来算（图 4 - 24 显示，2015 年高盛大宗商品指数 GSCI 下跌了 32.86%），则账面损失更高。这也是 2015 年中投公司境外投资净收益率

---

① 其中，跌幅较低的食品和饮料、农业原料价格下跌达到 15% 左右，工业原料和金属下跌超过 20%，能源价格下跌 38.9%，原油价格跌幅则接近 40%。

为 - 2.96% 的主要原因。

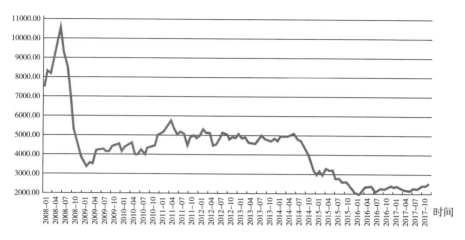

资料来源：Wind 数据库。

图 4 - 24　GSCI 商品期货价格指数（2008.01 ~ 2017.10）

市场需求和供给是影响资产价格的主要因素，而市场需求和供给又受到全球经济增长、贸易、投资以及金融稳定性的影响。国际金融危机是影响全球金融资产价格变化的主要因素。在经济全球化、金融国际化的背景下，一国或者一个经济体的金融危机会迅速演变为区域性乃至全球性金融危机，从而导致全球经济衰退，市场刚性需求下降，金融机构倒闭，从而导致全球金融资产短期内大幅变化。这在 1998 年的亚洲金融危机、2008 年的美国次贷危机以及 2011 年的欧洲债务危机中都得以体现。[①]

（四）通货膨胀风险

通货膨胀风险又称购买力风险，是指一国发生通货膨胀使投资成本增加或投资实际收益减少的可能性。次贷危机后，宽松的货币政策使各国国内面对通货膨胀的压力。全球通货膨胀压力引发的单位货币购买力下降使主权财富基金投资的实际收益率下降。

通常固定利息率和股息率的证券通货膨胀风险较大；长期债券的通货膨

---

① 2008 年美国次贷危机导致中东 SWFs 账面资产价值严重缩水，2008 年海湾合作委员会国家 SWFs 据估账面损失 3500 亿美元，资产价值折损 27%，其中阿联酋 ADIA 损失高达 1830 亿美元。

胀风险比短期债券大；浮动利率债券或保值贴补债券的通货膨胀风险较小。这也是近年来一些主权财富基金喜欢投资通货膨胀联结（挂钩）债券的原因。

二、信用风险

信用风险主要是指被投资国或地区的政府和当地企业，由于能力或者意愿不足，未能履行契约中的义务而造成投资损失的不确定性。主权财富基金投资过程中遇到的信用风险与一般信用风险不同，基金的交易对手已经不再是单纯的企业或个人，东道国国家力量会高度影响交易行为，不仅国家的违约行为（如停付外债本金或利息）会直接构成风险，而且其通过政策和法规的变动（如调整税率、实施外汇管制等）也会间接构成风险。信用风险又包括主权信用风险、交易对手风险和投资对象风险。

（一）主权信用风险

导致主权信用出现风险的原因很多，有主权财富债务危机导致的，有战争、紧张局势及恐怖袭击等地缘因素导致的，也有主权国家政策发生变化导致的。

1. 主权债务风险

我国主权财富基金大类资产中有固定收益资产，此类资产主要以投资国债的形式体现。次贷危机以来，伴随宽松货币政策的普遍实施，各国政府债务负担不断加重。根据国际清算银行和国际金融研究所（IFF）的数据，到 2017 年第一季度全球债务总额已增至 217 万亿美元，占 GDP 比重为 327%。

近 30 年来，债务扩张的速度一直超过全球 GDP 的增速。庞大的存量债务规模，叠加疲弱的全球经济环境，债务违约风险被逐步推升。在欧洲，长期低利率叠加高福利支出使欧洲国家的公共债务负担一直居高不下，部分经济增长疲弱的国家不得不通过继续发债以维持财政支出，但对经济增长前景的担忧使投资的偏好转向避险资产，导致低等级国债收益率攀升，从而加剧了葡萄牙、意大利等国家的主权债务危机。

我国信用评级机构大公国际资信评估有限公司在 2009 年 5 月 23 日发

布国家主权信用评级方法。大公国家主权信用评级是按照一定的方法和程序，对中央政府按照契约规定在未来偿还其商业性金融债务的意愿和能力的评估，评级结果所反映的是作为债务人的中央政府对其债务违约的相对可能性。

2. 地缘政治风险

地缘政治风险是指影响国际关系的正常和平进程的事件，如战争、紧张局势及恐怖袭击等，这些事件会影响国际能源、金融市场和跨国并购资金的流动，同时对国际政治形势和国际跨境资本流动造成了较大影响。

近年来，海湾战争、"9·11"事件、叙利亚危机、伊朗核危机、朝鲜半岛安全问题等地缘政治风险居高不下，已经成为国际直接投资面临的主要风险之一。麦肯锡公司对 1403 位国际大企业高管进行调查，70% 的高管认为紧张的地缘政治局势会影响经济表现；美国咨询公司 Decision Economics 也认为，潜在的地缘政治危机正使全球经济增长的尾部风险加大①；国际货币基金组织在 2014 年《世界经济展望》和《金融稳定报告》中都用非常醒目的篇幅强调了地缘政治风险的威胁。

地缘政治事件对我国主权财富基金对外直接投资会产生重要影响。近年来，中东北非等地区多个国家政权更迭频繁，中投公司在这些国家和地区进行直接投资活动，东道国政府违反部分或全部协议条件，导致无法按原合同或协议继续执行相关投资约定，并导致跨国企业重大经营损失。2012 年利比亚政权动乱，我国企业在该国所有投资项目全部搁浅，损失超过 200 亿美元。

地缘政治风险也会使我国主权财富基金海外投资的经营风险增大。由于地缘位置和政治格局的特殊性，当地居民引发排华思潮和种族歧视，一些激进分子更是打着保护民族产业的旗号进行"打砸抢烧"。俄罗斯"光头党"对中国企业和工作人员进行驱赶、越南民众打砸抢中资企业、2012 年中国石油企业高管在南苏丹遭驱逐出境等事件，凸显了地缘政治风险不仅对我国企业海外投资带来经济损失，企业的经营人员也面临人身安全问题。

---

① 尾部风险，指不太可能发生但一旦发生则代价相当高的风险。

美联储委员会经济学家开发了一种基于新闻的地缘政治风险评估方法，运用全球地缘政治风险指数来体现①，指数越高地缘政治因素带来的风险越大。由图 4 – 25 可以看到，1990～2017 年发生的重大政治事件有（从左至右）：1991 年海湾战争、2001 年"9·11"事件、2003 年英美对伊拉克发起军事行动、2014 年"伊斯兰国"扩张、2014 年俄罗斯占领克里米亚、2015 年巴黎恐怖袭击事件。

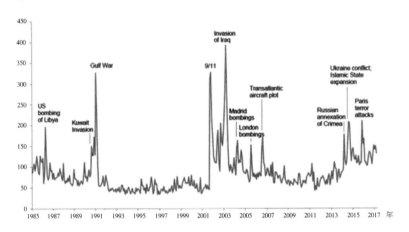

注：从左到右：1986 年美国轰炸利比亚、1990 年伊拉克入侵科威特、1991 年海湾战争、2001 年"9·11"事件、2003 年英美对伊拉克发起军事行动、2004 年马德里三一一爆炸、2005 年伦敦七七爆炸、2006 年跨大西洋飞机阴谋、2014 年俄罗斯占领克里米亚、2014 年"伊斯兰国"扩张、2015 年巴黎恐怖袭击事件。

图 4 – 25　全球地缘政治风险指数变化情况（1985～2017 年）

在国际地缘政治高风险环境下，如何保证我国主权财富基金海外投资资产和人身安全正成为亟须解决的重要课题。加强对东道国政治、经济发展形势的分析，建立动态的形势跟踪部门，对形势的发展态势以及可能对并购产生的影响进行动态分析。根据地缘政治风险预警机制，一旦判断为形势恶化，迅速采取应急措施，减少经济损失至关重要。

---

① 美联储委员会经济学家 Dario Caldara 和 Matteo Iacoviello 研究开发了基于新闻报道的地缘政治风险基准指数作为衡量地缘政治风险大小的方法。该方法通过自动搜索统计 1985 年至今在 11 种国际报刊中提及地缘政治紧张局势相关词汇的报道篇数比例来建立月度地缘政治风险基准指数。搜索使用的关键字及类别的选择则通过机器学习的算法进行不断的审核及改进。

3. 政策风险

政策风险主要是指东道国宏观经济政策不确定性引致投资损益的不确定性。东道国对待我国主权基金投资的态度、对外商投资政策的变化、东道国自身的货币政策、财政政策、法律和税收政策等发生变化，都会对我国主权财富基金投资收益产生直接或者间接影响。尽管我国主权财富基金反复强调自身长期财务投资者的身份，遵守商业化的投资原则，但是鉴于官方背景，容易引起被投资国的猜疑和抵触，甚至公开敌对。2007 年，尚处于筹备阶段的中国主权财富基金投资 30 亿美元购买美国黑石集团 10% 的无投票权股份，当时就引起美国一些议员的抗议，他们认为中国主权财富基金持有美国金融服务业的股份是政治性的目的，将危害美国国家安全。

图 4 – 26 是 1999 ~ 2017 年全球政策风险和恐怖波动指数 VIX 之间的对比。可以看到，2017 年以来全球政策不确定性加大。

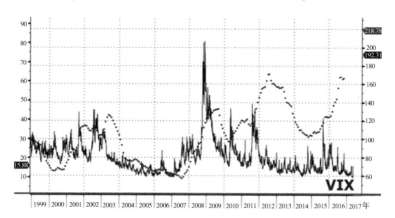

注：实线为恐怖波动指数 VIX 变化情况；虚线为全球不确定性政策变化情况。

资料来源：金融市场正在等待 100 年来最大的地缘政治风险爆发［DB/OL］. 凤凰网，http：// gold. hexun. com/2017 – 05 – 22/189287053. html。

图 4 – 26　全球政策不确定性和恐怖波动指数 VIX 的对比（1999 ~ 2017 年）

（二）交易对手风险

交易对手风险是指交易对手未能履行约定契约中的义务而造成经济损失的风险。巴塞尔委员会认为，对未结算的证券、商品和外汇交易，从交易日开始都会面临交易对手风险，特别是交易对手的信用风险。交易对手信用风险可能与市场风险、流动性风险、就业条件、法律和操作风险都有联系。香港金融管理局将交易对手信用风险定义为在交易的现金流结算之前，这笔交易的交易对手可能违约的风险。由于未结算的证券、商品和外汇交易市场价值随着市场因素的变化而变化，并不确定，导致主权财富基金要承担交易对手信用风险。

我国主权财富基金产生交易对手风险的投资主要有：持有头寸的结算交易，如债券、证券、外汇、现金，或衍生产品和证券融资交易类产品。风险具有风险敞口的不确定性、风险影响的多样性特点。

风险敞口的不确定性是指未来的交易对手信用风险敞口取决于未来合同的市场价值，但未来合同的市场价值是不确定的。仅能够根据相关产品及其标的物价格的历史波动和相关性，模拟市场价值在未来某个时刻潜在的范围和概率分布。通过这种方式，未来的风险敞口表现为未来某一时刻，在一定置信水平下的潜在风险暴露值。风险影响的多样性是指交易对手信用风险可能与市场风险、流动性风险、法律和操作风险都有联系，需要注意相关风险的相互影响和联系。度量交易对手信用风险潜在暴露时，会受到市场风险因素的影响，利率波动会直接影响利率衍生品所面临的交易对手信用风险；估计违约概率和违约损失率时，受到相关信用风险的影响；同时，市场风险和信用彼此之间又会相互影响，即所谓的错向风险（Wrong Way Risk）。此外，管理交易对手信用风险时还会面临相关操作风险的影响。

（三）投资对象风险

投资对象风险是指主权财富基金投资对象信用出现问题导致投资损失的可能性。导致这一风险的因素包括盈利因素、流动性因素及运营因素。

盈利因素主要反映在资产净利及产品的市场份额两个方面。资产净利体现了企业资金的利用效率；产品的市场份额预示企业未来发展的潜力。盈利因素的不确定性会增加企业的投资风险。例如，高科技企业研发的产品接受度的高低及更新速度的快慢都会影响企业的收益，从而导致不同时期的盈利有较大的不确定性。主权财富基金选择这类企业进行投资时无法准确估量投资回收期的长短，因此可能遭受潜在的机会成本损失。

流动性因素主要反映在现金流量负债比重及库存指标两个方面。现金流量负债比重反映企业用现金流偿还债务的能力，动态地反映了企业的长期偿债能力；库存指标则预示着企业未来的资金流动性水平。流动因素的分析在主权财富基金对外投资，尤其是长期债券投资时占据重要地位，是对企业还本付息能力的直接检验。主权财富基金在构建资产组合时，要考虑自身资金周转与投资项目流动性的匹配，合理安排投资期限，长短期结合，降低流动性风险。

运营因素主要从企业管理的质量及社会责任感两个方面来考量。管理层是企业运作的大脑，管理质量的好坏是决定企业能否持续经营的关键所在；企业的社会责任感能帮助企业更好地融入社会，树立自身品牌，间接提高效益。一个兼有科学的决策机制和强烈社会责任感的优秀管理层，必然能降低风险，给主权财富基金带来更多的收益，同时对整个社会产生积极的效应。

三、内控与操作风险

内控与操作风险是指资产管理控制或操作问题导致投资资产的流失。导致内控与操作风险的原因大致有三种情况：一是内部控制不健全；二是操作人员操作不当甚至违规或者偶然失误；三是系统故障，如交易系统、清算系统故障等。另外，由于透明度普遍不高，信息披露机制不完善导致外部监管难以到位等问题也是操作风险发生的原因之一。与市场风险、主权信用风险相比，内控与操作风险具有以下特点：

第一，风险因素很大比例上来源于业务操作，属于可控范围内的内生风险。单个操作风险因素与操作损失之间并不存在清晰的、可以界定的数量关系。

第二，内控与操作风险是一个涉及面非常广的范畴，几乎涉及主权财富基金内部的所有部门。从事件分析看，既包括发生频率高，但损失相对较低的日常业务流程处理上的小纰漏，也包括发生频率低但一旦发生就会造成极大损失的事件。

第三，对于市场风险和主权信用风险而言，风险与报酬存在一一映射关系，但这种关系并不一定适用于操作风险。

我国主权财富基金投资与风险管理的内控机制及人才队伍建设还不完善，尽管会外聘一些基金经理人，但总体来看缺乏一支专业化的投资队伍对投资项目进行全过程的风险管控，对投资对象缺乏深入细致的事前调查及积极有效的事后跟踪的问题。2013 年 5～9 月，审计署对中投公司进行的审计中就发现中投公司境外投资中存在管理人员失职、选聘外部管理人员不够规范、违规操作[①]等问题。

本章小结

主权财富基金在创造财富的同时，本身就蕴含了高风险。本章对我国主权财富基金面临的国际投资环境进行了分析。主权财富基金投资不仅面临宏观经济环境、微观市场环境的变化，次贷危机以后，国际组织和一些发达经济体对主权财富基金投资采取了更为保守的态度，针对主权财富基金投资设置的金融保护壁垒、市场准入障碍和限制性要求增多，新一轮金融保护主义抬头，给全球主权财富基金全球投资带来了更多不确定性，加强投资风险管理至关重要。

我国主权财富基金由于成立时间不长，投资经验不足，风险度量技术和风险规避手段欠缺，在投资环境不确定性加剧的背景下，面临的风险更加集中、风险程度更高。这些风险集中体现在市场风险、信用分析风险、内控与操作风险上。种类多、程度高的风险如果不进行高效有力的管理，不仅会带来资产的损失，还可能导致整个金融风险的产生和蔓延。

各国主权财富基金在进行资产组合的风险管理时，普遍重视 VaR（Value at Risk）的计算和盯市分析（Marking to Market），在汇率和利率变化幅度与预测难度都不断加大的条件下，注重利用金融衍生工具进行风险

---

① 例如，中央汇金违规转让股权、中投公司发展违规投资房地产开发、建银投资未按照要求转型、银河金控违规出让股权及中投信托违规发行产品等。

对冲。此外，大量的数学、统计学及系统工程的方法也被应用于投资风险管理中。风险管理方法和技术越来越具有量化、模型化的特征，但我国主权财富基金风险管理显然未达到这个阶段。从根本上讲，对收益目标和风险意识的重视程度不够，风险监控及测度技术上的缺乏，使资产动态的收益和风险结构处于非理想化的状态，从而导致资产配置的效益低下，也带来更大的投资风险。

第五章

我国主权财富基金投资与风险管理：
基于压力测试法的市场风险度量

市场风险是指金融市场投资中因股价、汇率、利率等预料之外的变动造成的损失，按照投资标的不同可分为股票市场风险、外汇市场风险和货币市场风险等。市场风险是主权财富基金投资面临的最主要风险。由于主权财富基金既具有证券投资收益的一般特征（如时变性、突发性、集簇性，在投资收益分布上呈现"尖峰厚尾"特点），又具有特殊性（基金归主权国所有，在金融市场具有强传染效应），使市场风险具有更大的集聚性和联动性，一旦风险产生对主权财富基金投资收益的影响也巨大。2008年次贷危机爆发后，挪威 GPFG 当年的投资回报率为 - 23.31%；新加坡淡马锡以新加坡元计算的 1 年期滚动股东总回报率从 2007 年的 27% 下降到 2008 年的 7%，2009 年亏损幅度达 30%；阿布扎比投资局资产规模从 2007 年的 4530 亿美元下降到 2008 年的 3250 亿美元。面对复杂的市场环境，如何测度、防范市场风险特别是金融危机之类的极端风险，也是完善我国主权财富基金投资与风险管理亟待解决的问题。

目前，国内专门针对主权财富基金市场风险测度进行研究的非常少。Andreas Gintschel 和 Bernd Scherer （2008） 建立了静态均值—方差模型，对石油输出国主权财富基金投资风险进行研究，他们将投资风险分为金融资产风险、背景资产风险以及金融资产和背景资产的协方差风险三部分，采用方差作为衡量风险指标，目标函数是总风险最低。但该模型适合分析背景资产来源较为明确的主权财富基金，比如石油、矿产等的资源型主权财富基金，对非资源型主权财富基金不是很适用。王伊君（2012）借鉴 McGowan 和 Moeller（2009）提出的对外投资风险矩阵（Foreign Investment Risk Matrix，FIRM），通过对选定变量进行评分，对政治风险和经济风险两大类风险分别进行度量。他们在经济风险的度量中运用的是 GARCH 模型的 VaR 方法。从相关研究现状可以看出，专门针对市场风险测度的研究极少，而考虑极端情况下，我国主权财富基金市场风险的测度几乎没有。

第一节　模型构建思路

市场风险测度常用的方法有均值—方差法、VaR 法（Value at Risk）和 ES 法（Expected Shortfall）。但在实际金融市场中，数据分布大多具有"尖峰厚尾"的特点，上述风险度量方法往往忽略了极端风险，而极端风险通常具有概率小但危害大的特点，数次金融危机显示了对极端风险进行度量的必要性。基于此，学者们引入了极值理论、压力测试法。

压力测试法与极值理论相似，是作为一般风险度量的一种补充方法被提出的，弥补了 VaR 法不能计算市场风险中的突发事件风险（Event Risk）等投资风险的缺点。传统上的压力测试（Stress Testing）是指将整个金融机构或资产组合置于某一特定的（主观想象的）极端市场情况下，如假设利率骤升 100 个基本点，某一货币突然贬值 30%，股价暴跌 20% 等异常的市场变化，然后测试该金融机构或资产组合在这些关键市场变量突变的压力下的最大损失。由于可以根据现实情形设置情景假设进行模拟，使测度结果更符合现实，因此压力测试法被广泛运用于监管机构的宏观市场风险管理和大型金融投资机构的风险管理上。国际证券监管机构组织（International Organization of Securities Commissions，IOSCO）认为，压力测试法是假设在面临利率快速上升或股市严重下挫等极端风险的情况下，用来分析风险因素对资产组合的影响。巴塞尔银行业监督管理委员会（2005）建议商业银行将压力测试法纳入内部资本充足评估程序（ICCAP）。IMF 金融稳定评估计划（FSAPs）、国际清算银行、投资银行等都采用该方法测度市场风险或系统性风险。国内学者中，巴曙松（2010）认为，压力测试法关注"罕见但可能"的极端风险,是对钟形风险概率图谱的两端风险进行测度,是传统金融风险度量的一种补充。因此,在对我国主权财富基金市场风险进行测度的方法上,我们选择压力测试法对市场风险进行度量。

压力测试法的具体流程分为理论层面的选择分析和操作层面的具体实施(图5-1)。首先从理论上对测试主体、风险类型、压力测试类型、冲击类型、情景类型等进行选择和判断,其次从操作层面上按程序实施风险测度。

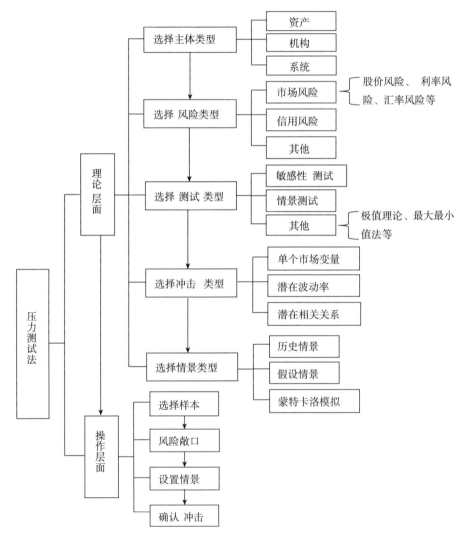

图5-1 压力测试法的流程

从理论层面分析看，由于我国主权财富基金以中投公司为代表，所以测试主体类型选择机构类，风险类型选择市场风险，测试类型我们采用敏感性测试；冲击类型选择单个市场；情景类型的选择较为复杂，为了和现实情形尽量接近，我们选择根据历史回归数据进行情景假设，并在蒙特卡洛模拟法下进行市场预期并确认冲击。

需要特别说明的是，在市场风险类别选择上，本章的完整模型和简化模型分别选择以股价风险和汇率风险为例，选择两种风险只是为了展示模型的测度方法，不意味着每个模型只对特定风险有用。换句话说，两个模型对不同类别资产的市场风险测度均能发挥作用，这在本章第三节对完整模型的拓展：市场风险测度的一般模型中会具体说明。

一、完整模型分析框架：以股票市场风险测度为例

构建完整模型的目的是为风险管理的政策制定提供可行性建议。我们以股票市场风险测度为例进行介绍。之所以选择股票市场，是因为公开市场股票投资一直是我国主权财富基金主要的投资资产大类，自中投公司成立以来投资于公开市场股票的比例在各项投资中均排名第一，2016 年占比达 45.87%，接近总组合资产的一半；类似金融危机等极端风险产生后最直接的冲击就是股票市场，对主权财富基金投资影响也最大。此外，由于一度没有正确把握股权投资市场风险，中投公司曾经出现过重大损失[①]，这些损失严重影响了国家利益乃至对外投资形象。如何加强股权投资市场风险管理，特别是如何事先度量股权投资市场风险，对投资部门而言至关重要，且迫在眉睫。因此选择股票市场进行重点研究，对我国主权财富基金投资与风险管理具有直接的现实意义。

完整模型的分析框架如图 5 - 2 所示。

---

① 2009 年 7 月中投公司以 17.4 亿加拿大元投资加拿大泰克资源，获得该公司 17.2% 的股权，截至 2015 年底该项投资账面浮亏已超过 70%，市值仅剩 4.923 亿加拿大元。中投公司其他在加拿大的一系列投资，如 South Gobi Resources Ltd.、Athabasca Oil、Penn West 等也出现严重亏损，以至于中投公司不得不作出战略调整，在 2015 年底关闭了其多伦多代表处。

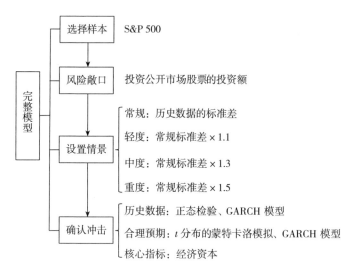

图 5 – 2 完整模型分析框架

完整模型基于以下三个假设：

假设一：历史数据服从正态分布。

统计学告诉我们，自然界的很多数据都是呈现"倒钟形"的正态分布，但在计量经济学中，尤其是金融数据往往呈现有别于正态分布的"尖峰厚尾"特点，具有更多极端情况出现。主权财富基金投资的价格和收益率是否也遵从这样的规律？我们是否能用正态分布来刻画这些资产的价格和收益率的变动规律呢？我们将在模型的实证部分对该假设进行检验。

假设二：历史数据可以预计未来趋势。

通过对历史数据进行回归，掌握变动规律，并以此来预测未来数据走势，这是统计学和计量经济学的基本思想之一。根据尤金·法玛（Eugene Fama）的有效市场假说（Efficient Markets Hypothesis），弱有效市场的历史数据可以对未来进行估计。该假设是完整模型的关键假设，在此假设下完整模型对未来市场价格变动的预期才成立。

假设三：主权财富基金投资的市场风险仅包含系统性风险。

主权财富基金的投资风格具有明显的分散性和低风险特征，我们假设其投资的分散化程度足以抵消市场风险中的非系统性风险，仅承担系统性风险。这一假设基于主权财富基金的共同特点，并运用在主权财富基金应对极端风险的经济资本的计算上，但在现实生活中这一假设不一定成立，因此在完整模型的扩展部分，我们将对这一假设进行适当调整。

二、简化模型的分析框架：以外汇市场为例

简化模型的目的是对投资部门的日常风险测度和监控提供可操作的方法。本书将以外汇市场风险为例进行介绍[①]。简化模型分析框架如图 5 – 3 所示。结合中投公司汇率风险的特点，在风险敞口选择上选择了我国外汇储备占比较高的主要几个币种，并对汇率变动的相关性进行测试。

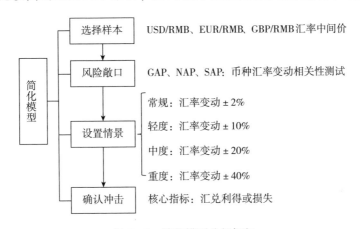

图 5 – 3　简化模型分析框架

第二节　完整模型：基于 GARCH 模型的历史回归与对 t 分布蒙特卡洛模拟的预期

一、选择样本、确定风险敞口、设置压力测试情景

（一）样本选择

本节先选取美国标准普尔 500 指数（Stand & Poor 500，S&P 500）作

---

① 无论是完整模型还是简化模型，对其他市场风险测度均能发挥作用，此处选择汇率风险只是一个例子，这在下文中会具体说明。

为股票市场价格变动的替代①。我们认为这种具象化替代具有一定的合理性：第一，主权财富基金投资具有分散性特征，较多投资于大盘股、蓝筹股和股权指数型基金，投资单只股票的比例通常较低。美国 S&P 500 指数具有较强的代表性；第二，美国资本市场制度完善、市场化程度高，包括主权财富基金在内的机构投资者往往将高比例资金投资于美国股市。中投公司在 2016 年度年投资于美国股票市场的比例高达 51.37%②，在各大类资产中投资占比最高；第三，资本市场具有传染效应，美国股市的波动对全球股市的影响方面尤为明显。典型例证就是美国次贷危机引发的 2008 年国际金融危机。主权财富基金均以较高比例投资于美国市场，因此美国股市震荡具有代表性。

鉴于数据的可得性和完整性，本节选取 2010 年 1 月 4 日至 2014 年 12 月 31 日的 S&P 500 指数日收盘价作为样本跨度时间，样本数共 1257 个。选取 2010 年为样本时间段的起点目的是避开异常值。2008 年国际金融危机对股市的影响巨大，出于剔除异常值的目的，将 2008 年当年及之后一年的数据剔除。选择 2014 年作为样本时间段的终点是因为在本实证研究时中投公司的年报仅披露到 2014 年。对样本进行一次对数化处理③，可得到 1256 个样本观察值，即 2010 年 1 月 5 日至 2014 年 12 月 31 日的 S&P 500 指数日对数收益率。

（二）计算风险敞口

股票市场风险敞口即投资于公开市场股票的资金规模。我们可以根据中投公司年报公开信息进行估算。年报披露 2014 年投资于公开市场股票

---

① 本节使用 S&P 500 指数仅是一种方法上的参考，该指数在股票投资方面被广泛运用，具有较好的代表性。如果按照下文政策建议部分关于投资分散化的建议，未来中投公司的资产组合的分散化程度更高，那么需要对指数的选择进行修改，最理想的方法是中投公司或相关监管机构自行构建一个与中投公司资产组合完全相符的指数以代替本书的 S&P 500 指数，使结论更加符合中投公司实际的风险管理。但目前由于中投公司信息披露程度较低及笔者能力有限等原因，本书采用 S&P 500 指数作为股票市场风险的衡量指标，如发现更好的指标，可替换，不影响下文的步骤。

② 见公司相应年份年报。

③ 对样本进行一次对数化处理原因如下：第一，包括主权财富基金在内的所有投资股票的投资者，目标都是股价变动后产生的资本收益而非原本的股价，因此收益率比价格更能反映投资者的投资意图；第二，对数具有良好的统计性质，可将收益率的取值拓展到整个实数域。

的比例为 44.1%①，总资产为 7467.30 亿美元②，因此投资于公开市场股票的规模约为 3293.08 亿美元③。

（三）设置压力测试情景

情景设置采用压力测试法中常见的历史事件法，且采用假设情景法④。我们首先计算出样本的标准差为 0.010095，并以此作为常规情景；在样本选择时，剔除了 2008 年国际金融危机前后一年的数据，但此时可将这些数据作为极端风险的历史事件，计算其标准差，得到 2007～2009 年 S&P 500 指数对数收益率的标准差为 0.018868，约为常规情景的 1.8 倍，因此我们将标准差乘以 1.3 倍、1.5 倍和 1.8 倍生成轻度、中度和重度三种情景⑤，具体如表 5-1 所示。

表 5-1   压力测试情景

压力测试情景	常规	轻度	中度	重度
标准差	0.010095	0.013124	0.015143	0.018171

二、基于历史数据的样本收益率分布特点验证

检验假设一：历史数据服从正态分布。

第一步，观测数据波动形态。从直观上考察 1256 个样本的分布（见

---

① 中投公司 2014 年年报，第 35 页。

② 中投公司 2014 年年报，第 60 页。注意，该数据来自年报中的财务报表，是账面价值，受到中投公司信息披露程度限制，无法获得 2014 年 12 月 31 日中投公司投资资产的市场价值，因此采取这种近似估算的方法。如果能够获取市场价值时，则使用市场价值进行计算。

③ 如果该方法用于中投公司实际内部风险管理中，内部管理者可以接触到更具体的投资数据，如某一项股票市场投资的投资金额等信息，则采用更加精确的风险敞口衡量方式。由于中投公司对外公开的股票市场投资数据仅限于年报中的账面价值与投资比例，因此本书提供的估算方法仅作为外部监管机构等主体无法获取更加精确数据的情况下的一种风险敞口衡量方式。

④ 压力测试情景设置的方法包括历史情境法、假设情景法和蒙特卡洛模拟法等。此处生成情景的方法参考了历史事件法的思路，以增加情景设置的合理性，但主要思路还是假设情景法。

⑤ 对于常规情景下的标准差乘以适当的倍数（1.3 倍、1.5 倍、1.8 倍），本书仅提供一种思路，具体倍数可根据实际需要进行调整。

图5-4），可以看到样本围绕0值上下波动，变化幅度时大时小，显现时变性、突发性和集簇性特征，但由于正态分布同样有上述特征，直观上还不能验证假设一。

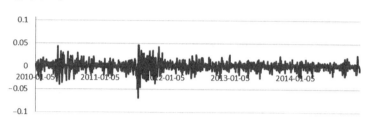

图5-4 S&P 500 指数每日对数收益率序列波动情况（2010~2014年）

第二步，正态概率纸（Normplot）检验。将统计数据标注在正态概率纸上，通常如果散点分布越接近虚线，则被检验的统计数据越接近正态分布。由图5-5可以看到，样本在正态概率纸上呈"S"型，偏离虚线，可初步判断样本不服从正态分布。

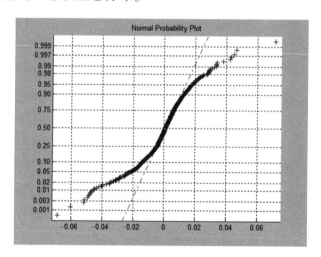

图5-5 正态概率纸检验结果

第三步，进行 Jarque - Bera 法检验。Jarque - Bera 法是检验统计数据是否符合正态分布的一种数量方法，使用的统计量如下：

$$JB = \frac{N}{6}\left[S^2 + \frac{1}{4}(K-3)^2\right] \qquad (5-1)$$

式中，N 表示样本容量；S 表示偏度（Skewness）；K 表示峰度（Kurto-

sis）。如果样本服从正态分布，检验结果应显示为：（1）$S = 0$，$K = 3$；（2）*JB* 统计量服从自由度为 2 的 χ^2 分布。在 99% 的显著性水平上，*JB* 统计量临界值为 9.21，当 *JB* 统计量的值大于临界值表明拒绝正态分布的原假设。Jarque – Bera 检验结果如图 5 – 6 所示，结果显示：（1）对数收益率序列的偏度为 – 0.477051，峰度为 7.644417，呈现左偏、尖峰厚尾特征；（2）*JB* 统计量为 1176.501，对应 *p* 值为 0.00，说明 S&P 500 指数日对数回报率不服从正态分布，且结论非常显著。由此我们可以判断样本序列不服从正态分布，呈现"左偏""尖峰""厚尾"特征，假设一不成立。

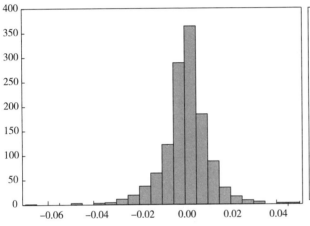

图 5 – 6　Jarque – Bera 检验结果

基于上述结论，我们选择 GARCH 族模型来刻画样本数据的波动性，并用条件标准差 CVaR 来代替标准差，以捕捉对数收益率波动的集簇性和条件方差的时变性、突发性的现象。

在对自相关（Auto Correlation）和移动平均过程（Moving Average）的阶数进行测试后，显示服从一阶自相关与一阶移动平均过程，因我们选择 *t* 分布的 GARCH（1，1）对样本进行回归，回归结果如表 5 – 2 所示。

表 5 – 2　　　　　　　t 分布的 GARCH（1，1）模型回归结果

Variable	Coefficient	Std. Error	z – Statistic	Prob.
C	0. 00000368	0. 00000121	3. 037728	0. 0024
RESID（ – 1）^2	0. 155422	0. 03239	4. 798414	0. 0000
GARCH（ – 1）	0. 818237	0. 032653	25. 05842	0. 0000
T – DIST. DOF	5. 163103	1. 012486	5. 099432	0. 0000

可以得到：

条件方差方程如下

$$\sigma_t^2 = 0.00000368 + 0.155422\, r_{t-1}^2 + 0.818237\, \sigma_{t-1}^2 \qquad (5-2)$$

S&P 500 指数历史价格走势服从自由度约为 5 的 t 分布，回归结果显著。

三、对股指收益率的预期：基于 t 分布 GARCH 模型修正的蒙特卡洛模拟

根据假设二，未来一段时间内美国 S&P 500 指数对数收益率的变动也应服从 t 分布，并能使用 GARCH（1，1）模型刻画其变动路径。具体而言，我们要根据历史数据，使用结合 t 分布和 GARCH（1，1）模型的蒙特卡洛方法模拟未来一个季度——2015 年 1 月 1 日至 2015 年 3 月 31 日美国 S&P 500 指数的收盘价。为了计算简便，此处忽略了在 2015 年 1 月 1 日至 2015 年 3 月 31 日美国假期等因素，将非周末的时间均视为交易日，则交易日天数为 63 天。

具体步骤如下：

第一步，对传统蒙特卡洛模拟的随机模型进行修正。传统的蒙特卡洛模拟使用的随机模型如下：

$$V_{t+1} = V_t + V_t(\mu\Delta t + \sigma\,\omega_i\sqrt{\Delta t}) \qquad (5-3)$$

式中，V_t 表示 t 时刻资产组合的价值；ΔV_t 表示 t 时刻到 $t+1$ 时刻资产价值变动；μ 和 σ 分别表示资产组合收益率的均值和标准差；ω_i（$i=1,2,\cdots,n$）表示服从 N（0，1）的标准正态分布的随机变量；Δt 表示从 t 时刻到 $t+1$

时刻的时间间隔。

对上述随机模型进行改良，得到式（5 -4）。

$$V_{t+1} = V_t + V_t(\mu_t \Delta t + \sigma_t \omega_i \sqrt{\Delta t}) \tag{5-4}$$

上述两个式子的不同之处在于以下两点：

μ_t 和 σ_t 表示对数收益率序列的条件均值和条件标准差，具有时变性；

ω_i（$i = 1, 2, \cdots, n$）表示服从 t 分布的随机序列。

第二步，使用 GARCH 族模型修正样本的波动率。通过历史数据获得过去一段时间内样本变动的均值与标准差，将其代入 GARCH 族模型，可得到包含过去历史数据及未来一期预计数据的样本变动的条件方差，即根据新加入的模拟观测值，修正原有样本的波动率。

具体来说，2010 年 1 月 4 日至 2014 年 12 月 31 日的 S&P 500 指数日对数收益率序列均值 $\mu_t = 0.000476$，标准差 $\sigma_t = 0.010095$，将均值和标准差代入公式，并往后迭代 63 期，得到 μ_{t+1}，μ_{t+2}，$\cdots$，μ_{t+63} 和 σ_{t+1}，σ_{t+2}，$\cdots$，σ_{t+63}，其中 $\sigma_{t+63} = \text{GARCH} = 0.011$，即根据 2010 年 1 月 4 日至 2014 年 12 月 31 日 S&P 500 指数日对数收益率预计未来一个季度末（即 2015 年 3 月 31 日）的条件方差。

第三步，产生服从 t 分布的随机数。使用自由度为 5 的 t 分布的概率密度函数生成 63 个服从 t 分布的随机数 ω_1，ω_2，$\cdots$，ω_{63}。

第四步，使用修正的蒙特卡洛模拟方法模拟出一个 S&P 500 指数收盘价变化的可能路径。将 2014 年 12 月 31 日 S&P 500 指数收盘价作为初始输入值 $V_t = 1365.8$，以及 μ_t，σ_t，ω_1 代入式（5 -4），得到 $t+1$ 时刻的 S&P 500 指数收盘价 V_{t+1}，并估计 μ_{t+1}，σ_{t+1}，上述三个变量及随机数 ω_2 一起代入式（5 -4），得到 V_{t+2}；依此类推，得到式（5 -5）的一组迭代公式。

$$V_{t+1} = V_t + V_t(\mu_t \Delta t + \sigma_t \omega_i \sqrt{\Delta t})$$

$$V_{t+2} = V_{t+1} + V_{t+1}(\mu_{t+1} \Delta t + \sigma_{t+1} \omega_2 \sqrt{\Delta t})$$

$$\cdots\cdots$$

$$V_{t+63} = V_{t+62} + V_{t+62}(\mu_{t+62} \Delta t + \sigma_{t+62} \omega_{63} \sqrt{\Delta t}) \tag{5-5}$$

最终得到 2015 年 3 月 31 日 S&P 500 指数一个预期收盘价 $V_T = V_{t+63}$。

第五步，重复上述步骤 10000 遍，得到 10000 个 2015 年 3 月 31 日 S&P 500 指数的预期收盘价，其分布如图 5－7 所示。

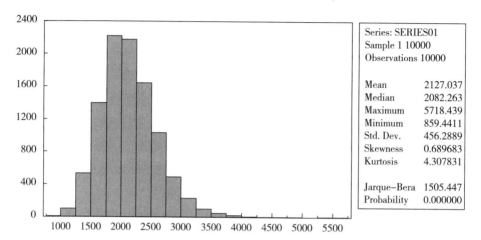

图5－7　美国 S&P 500 指数 2015 年 3 月 31 日 10000 个模拟的收盘价分布①

四、经济资本的引入与计算：衡量股票市场风险的核心指标

（一）经济资本的引入

经济资本（Economic Capital）可以通俗地理解为"缓冲垫"，它是经济主体为防止经营活动中由于遇到非预期风险而造成损失提前预支的缓冲资本，这部分缓冲资本以一些流动性较高的资产（如现金及其等价物）形式存在。经济主体需要的经济资本越大，说明其面临的非预期风险越高。因此我们选择"经济资本"来衡量主权财富基金股票市场风险的大小。

这里需要引入"经济资本配置比率"的概念——假设在初始时刻 t 主权财富基金分配给股票市场风险的经济资本比率为 r_t，为使从初始时刻 t 到目标时刻 T 未来股价不利变动造成的非预期损失被经济资本完全吸收，必须满足式（5－6）。

$$\frac{V_T - V_t}{V_t} + r_t \geqslant 0 \qquad (5-6)$$

---

① 由于程序中包含生成随机数的过程，因此每次运行程序的结果略有不同。

通过变换得到

$$r_t \geqslant \frac{V_t - V_T}{V_t} \qquad (5-7)$$

式中，r_t 表示 t 时刻配置给股票市场风险的经济资本配置率；V_t 和 V_T 分别表示资产组合在时刻 t 和时刻 T 的价值。上式表示通过预计未来股价变动而确定的应配置给股票市场风险的经济资本比率，由于 V_t 已知，因此当 V_T 取最小值时式（5-7）取等号。

进一步，我们得到主权财富基金配置给股票市场风险的经济资本：

$$经济资本 = 股票资产价值 \times r_t \qquad (5-8)$$

经济资本越大，说明经济主体面临的市场风险越大；在市场风险既定的前提下，经济资本越大说明经济主体抗风险能力越强[①]。

（二）经济资本的计算

通过修正的蒙特卡洛模拟方法我们已得到美国 S&P 500 指数在 2015 年 3 月 31 日的 10000 个可能的收盘价，选择 10000 个数据中最小值 1365.8，即 V_T；2014 年 12 月 31 日 S&P 500 指数收盘价为 2058.90，即 V_t；将 V_T 与 V_t 代入式（5 - 7），可得到经济资本的配置比率 $r_t = \frac{V_t - V_T}{V_t}$ = 0.336636068。

前文已经估算出中投公司 2014 年投资于公开市场股票规模为 3293.08 亿美元，代入式（5-8），即可得到经济资本为 1108.57 亿美元[②]。

（三）风险测试结果

将 3293.08 亿美元的风险敞口乘以不同压力情景下的经济资本配置比率，可得到表 5 - 3 所示的压力测试结果。

---

①　这里默认中投公司的投资具有风险中性的偏好特征，如果评估主体不具有风险中性的偏好特征，需要使用"风险修正的股票资产价值"的概念，即剔除了非系统性风险的股票资产价值，这在下面完整模型的扩展部分将具体阐述。

②　上述计算结果均保留两位小数，因此前两步的计算结果中被省略的小数部分会对最后经济资本的计算结果有轻微影响。

表 5 - 3 压力测试结果

压力测试情景	常规	轻微	中级	严重
标准差	0.010095	0.013124	0.015143	0.018171
最小预测值（V_T）	1365.8	1198	994.2973	859.4411
经济资本配置比率	0.336636	0.418136	0.517074	0.582573
经济资本（亿美元）	1108.57	1376.955	1702.765	1918.458

可以看到，随着标准差的逐渐增加，即投资风险逐渐增加，经济资本与经济资本配置比率也逐渐增加，这反映了经济资本是衡量风险的核心指标；不同压力测试情景下经济资本的差异不是非常大，差异不大的部分（常规情景下的1108.57亿美元经济资本的大部分，如1100亿美元）可作为常备流动资金，变动较大的部分即视为风险加大后需要调整的经济资本部分。

在股票市场投资风险测度中，风险策略制定者及风险监管部门可以根据对未来一定期间（本书以未来3个月为例）风险的判断选择情景①，适当配置一定比例的经济资本，预防未来由于市场风险暴露而导致的损失。

第三节 对完整模型的拓展：市场风险测度的一般模型

一、放开资产类型的限制

上述完整模型仅评估了我国主权财富基金市场风险中的股票市场风险，如果要评估其他类型资产或整体投资的市场风险，我们可以把测试对象的范围适当缩小和扩大。

（一）测度股票市场组合风险

在股票市场风险范畴内，我们可以测试主权财富基金投资于某一只股

---

① 情景设置的选择需要管理者有一定的经验判断，不同情境出现的概率并不相同，因此压力测试往往还需要和 VaR 法相结合。

票或某一个资产组合的风险。只要知道股票或资产组合的收益率数据，并截取适当的时间段进行样本回归，再重复上述模型的过程，我们就可得到该只股票或资产组合在不同压力情境下的经济资本。

（二）测度利率风险

我们也可以测试货币市场利率风险和汇率风险，但需注意样本和风险敞口衡量标准的选择。在测试货币市场风险时，可将美国 S&P 500 指数换成货币市场的 Libor；在风险敞口衡量标准的选择上，由于久期缺口模型需要计算经济价值，需建立在市场价格基础上，且对数据频率要求较高，而敏感性缺口模型基于账面价值，对数据的频率没有太高要求，操作难度较低，鉴于中投公司信息披露程度较低和披露方式主要采用年报披露账面价值的特点，利率敏感性缺口模型更适合衡量货币市场风险的风险敞口，计算可运用式（5–9）。

$$Gi = RSA - RSL \tag{5-9}$$

式中，Gi 表示利率敏感性缺口（Rate – Sensitive Gap）；RSA 表示利率敏感性资产（Rate – Sensitive Asset）；RSL 表示利率敏感性负债（Rate – Sensitive Liability）[1]。实际操作中，由于信息披露的问题，可采用一些简化方法如用固定收益资产与固定收益负债来替代 RSA 与 RSL。

（三）测度汇率风险

在测试外汇市场风险时，可选取有代表性的外币兑人民币汇率作为样本；风险敞口衡量标准的选择通常有总汇总敞口（Gross Aggregate Position，GAP）、净汇总敞口（Net Aggregate Position，NAP）和汇总短敞口（Shorthand Aggregate Position，SAP）三种。对于外汇市场风险样本与风险敞口衡量方式的选择，更多的会在下面的简化模型部分进行说明，但这种选择同样适用于完整模型。

进一步，从监管者角度，如果需要从宏观上评估主权财富基金总体的

---

① 利率敏感性资产是指在市场利率变化时，收益率或利率会随之变化的资产；相应地，利率敏感性负债是指在市场利率变化时，利息支出会发生相应变化的负债。

外汇市场风险，可将投资的所有资产进行风险评估，再汇总得到总市场风险的评估情况。这里我们需要假设不同资产之间的经济资本具有可加性（Additivity），具体如式（5-10）所示。

$$EC_{all,j} = \sum a_i \times EC_{i,j} \qquad (5-10)$$

式中，$EC_{all,j}$ 表示在压力情景 j 下总体投资的经济资本；a_i 表示资产 i 的投资金额在总投资金额中所占比重；$EC_{i,j}$ 表示在压力情景 j 下资产 i 的经济资本。

以中投公司 2014 年年报中的资产分类为例[①]，如图 5-8 所示。

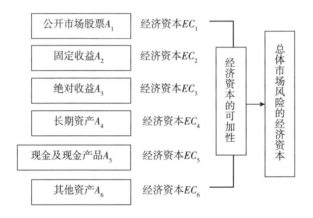

图 5-8　经济资本可加性

需要注意的是，设置情景时，在同一情景下，我们需要对不同资产的标准差乘以相同的倍数，以保证可加性。

二、放开投资主体风险偏好的限制

上文我们默认中投公司具有风险中性的偏好特征。如果评估主体非风险中性偏好，我们需要对投资主体风险偏好进行调整。

---

① 见中投公司 2014 年年报，第 35 页。

（一）样本选择的调整

在样本选取上应采用与投资主体风险偏好相匹配的资产价格指标。如果调整了样本，也可能出现服从正态分布的情况，在模拟未来对数收益率情况时应采用对应的分布。

需要注意的是，前文中美国 S&P 500 指数收盘价在回归检验中反映出历史数据不服从正态分布的情况，因此我们采用 t 分布来刻画历史数据的走势，但如果调整了选择的样本，对样本进行回归时，也可能出现检验结果不显著，即历史数据服从正态分布的情况，那么应在模拟未来对数收益率情况时，采用正态分布而非 t 分布。

（二）对经济资本的风险修正

对不具有风险中性偏好特征的主权财富基金和非主权财富基金使用该模型进行评估时，可能还需要对经济资本进行风险偏好调整，即使用"风险修正的经济资本"。

我们知道，主权财富基金的投资具有分散性和低风险的特征，因此本书在经济资本的计算过程中默认为主权财富基金的风险中性（$\beta=1$），即假设三。但在实际操作过程中，不同的投资行为或多或少都承担系统性风险和非系统性风险，如果投资主体不具有风险中性的偏好特征，在计算经济资本的计算过程中，应注意修正风险偏好。风险修正的经济资本的计算如下，

$$\text{经济资本} = \text{股票资产价值} \times \beta \times r_t \qquad (5-11)$$

式中，（股票资产价值 $\times \beta$）是对投资主体股票资产价值进行的修正。式中的股票资产价值也可换作其他资产价值。β 根据市场模型回归得到。市场模型的公式见式（5-12）。

$$R_i = \alpha_i + \beta_i R_I + \varepsilon_i \qquad (5-12)$$

式中，R_i 表示主权财富基金 i 权益投资回报率；R_I 表示 S&P 500 指数回报率；α_i 是回归常数项；β_i 表示系统性风险；ε_i 是残差项。

举例来说，我们选取挪威 GPFG 进行解释。原因如下：第一，挪威 GPFG 的透明度较高，数据容易获取；第二，中投公司于 2007 年 9 月成

立，成立时间较晚，且披露数据有限，进行回归数据量不足，这也是模型在计算中投公司投资于公开市场股票时的经济资本的过程中采用简化方法的原因之一。

接下来，我们对挪威 GPFG 权益投资回报率进行回归。挪威 GPFG 官网披露了 1999～2014 年权益投资回报率。相应地，我们使用同样的方法计算 S&P 500 指数从 1999 年至 2013 年的历年回报率，如 2014 年回报率为 2014 年 12 月 31 日收盘价与 2013 年底收盘价之比再减 1，如果 12 月 31 日不是交易日，则往前至第一个交易日作为年底收盘价，如 12 月 29 日。计算结果如表 5 - 4 所示。其中，X 表示 S&P 500 指数历年回报率，即式（5 - 12）中的 R_l；Y 表示挪威 GPFG 权益投资历年回报率，即式（5 - 12）中的 R_i。

表 5 - 4　S&P 500 指数与挪威 GPFG 权益投资历年回报率（1999～2014 年）

年份	X	Y
1999	0.195260	0.3481
2000	- 0.101392	- 0.0582
2001	- 0.130427	- 0.146
2002	- 0.233660	- 0.2439
2003	0.223194	0.2284
2004	0.089935	0.13
2005	0.038442	0.2249
2006	0.136194	0.1704
2007	0.035296	0.0682
2008	- 0.384851	- 0.4071
2009	0.234528	0.3427
2010	0.127827	0.1334
2011	- 0.000024	- 0.0884
2012	0.134048	0.1806
2013	0.296012	0.2628
2014	0.008766	0.079000

资料来源：根据 Wind 资讯与挪威 GPFG 官网数据整理。

回归结果如表 5 - 5 所示。

表 5 – 5　**S&P 500 指数与挪威 GPFG 权益投资历年回报率回归结果（1999 ~ 2014 年）**

Variable	Coefficient	Std. Error	t – Statistic	Prob.
X	1. 112968	0. 098068	11. 34892	0. 000
C	0. 03001	0. 017753	1. 690443	0. 1131

回归图如图 5 – 9 所示。

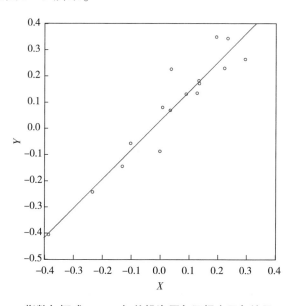

图 5 – 9　**S&P 500 指数与挪威 GPFG 权益投资历年回报率回归结果（1999 ~ 2014 年）**

从回归结果可知，挪威 GPFG 权益类投资系统性风险 $\beta_1 = 1.112968$。在对其进行风险测试时，应注意根据上述过程进行风险偏好的调整。

三、对模型的评价

1. 模型的优点

（1）更加贴近金融数据特点。从模型的阐述过程中可知，以美国 S&P 500 指数为代表的金融数据具有集簇性、时变性等特征。基于这种特性，完整模型采用了 t 分布而非正态分布来刻画金融数据"尖峰厚尾"的集簇性特性，而采用 GARCH 模型和带有条件均值与条件标准差的蒙特卡洛模拟来刻画金融数据的时变性特征。这些修正使模型更加贴近金融数据变化的真实性，对未来数据的预期更符合现实情况。

（2）引入经济资本概念，可为风险管理策略制定者及风险监管部门提供明确的政策建议，即应当为极端风险预留一定的经济资本金额。

（3）适用性广。可以测试股票市场风险、货币市场风险和外汇市场风险，适用于风险管理策略制定者或风险监管部门定期进行风险监控。

2. 模型的不足

（1）数据的精确度与样本的代表性需进一步加强。由于透明度的问题，部分数据无法直接获得，因此部分数据采取了估算方式。比如，在计算经济资本的过程中，需要知道中投公司投资于股票资产的具体市场价值，但我们仅有中投公司披露在年报中的账面总资产和投资于公开市场股票的比例，这一定程度上影响了数据的准确性。本书仅是在数据可得性较低的情况下采取的一种可参考的数据处理方法。在实际风险管理中，内部管理者及监管当局能获得更加精确的市场数据，一定程度上可在此模型基础上进行改进和优化。此外，模型中将美国 S&P 500 指数的收盘价作为历史样本数据进行回归分析，尽管中投公司将很大比例的资产投资于美国股市，但其代表性值得商榷。在实际操作中，风险管理部门可将样本根据实际投资标的价格变化进行回归，可提高测试结果的精确性。

（2）情景设置的合理性需进一步完善。本书采取了相对简化的假设情景法，即对常规情景乘以适当的倍数，这些倍数根据实际需求可进行调整，本书仅提供一种参考的设置方法。同时，压力测试法的不同情景发生概率并不相同，本书在进行计算时默认按照相同概率等而视之，因此压力测试法不能解决不同情景的概率问题。这使压力测试法通常只能作为 VaR 法等传统风险管理方法的补充。另外，在模型的计算过程中，使用了蒙特卡洛模拟生成随机数，因此每次运行模型的结果都会有所差异，导致情景设置中同一压力情景设置的波动率有可能出现差异，如何处理模型重复运行带来的结果不一致问题，也是本模型需要进一步解决的问题。

（3）不可测度不同资产类别组合的组合市场风险。如果要测试不同类别的资产组合市场风险，需要经济资本满足可加性。但在操作层面上，经济资本不具有可加性。因为不同资产价格的波动具有不同的特点，压力测试情景不同。这一问题可以通过下述两种方式解决：

方法一：将需要进行压力测试的总体资产组合视为一项资产，选择合适的资产组合价格代表物（如测试主权财富基金股票市场风险中选择美国 S&P 500 指数收盘价进行具体化），使用上述模型进行测试。但由于投资主体的资产组合具有分散化特性，如何选取合适的资产组合价格的代表物是该方式的难点。

方法二：采用简化模型，即使用传统压力测试法的步骤，仅根据历史数据走势并设置情景对风险进行简单估算。

第四节　简化模型：基于历史回归的敏感性分析

简化模型构建的目的在于弥补完整模型中偏重单一资产市场风险测量的局限性，如果要测试投资组合市场风险，简化模型提供了一个市场风险测试的简单操作方法。

鉴于主权财富基金投资遍布世界各地，涉及外汇不同币种投资，外汇市场风险不容忽视，不仅自身持有的外汇资金受汇率波动的影响，投资的国外资产都不同程度受到汇率变动的影响，此处我们以外汇市场风险测度为例解释简化模型。

一、选择样本

我们拟对中投公司 2015 年第四季度的外汇风险进行测度。由于投资资产中美元、欧元和英镑三种币种占比较高，我们选取美元/人民币、欧元/人民币和英镑/人民币汇率的日中间价作为样本。

不同资产的风险敞口选择方式不同。外汇市场风险的衡量通常有总汇总敞口（Gross Aggregate Position，GAP）、净汇总敞口（Net Aggregate Position，NAP）和汇总短敞口（Shorthand Aggregate Position，SAP），使用较多的是前两者。上述两者选择的关键在于外币敞口中的不同币种之间的相关程度，如果外汇资产组合中的比重相关性高，外汇多头头寸与空头头寸之间相互抵消，可使用 SAP 进行风险敞口计量，否则选择 GAP。

我们将汇率转化为对数收益率进行分析。将每日中间价进行对数化处理，并实施一阶差分，得到汇率的日对数收益率序列，见式（5－13）。

$$r_{i,t} = \ln e_{i,t} - \ln e_{i,t-1} \qquad (5-13)$$

式中，$r_{i,t}$ 表示第 i 种货币第 t 日的汇率日对数收益率；$e_{i,t}$ 表示第 i 种货币第 t 日的汇率中间价；$e_{i,t-1}$ 表示第 i 种货币第 $t-1$ 日的汇率中间价。

根据三种货币 2015 年第四季度的汇率对数收益率计算 3×3 相关系数矩阵，结果如表 5－6 所示。

表 5－6　　　　　　　　　美元、欧元与英镑相关性测试

相关性	美元	欧元	英镑
美元	1		
欧元	－ 0.258972	1	
英镑	－ 0.094405	0.481990	1

经过相关性检验，我们得到美元与欧元汇率日对数收益率的相关系数为 － 0.258972，美元与英镑日对数收益率的相关系数为 － 0.094405，欧元与英镑日对数收益率的相关系数为 0.481990，绝对值均未超过 0.85，相关性并不高。因此我们使用 GAP 作为风险敞口的计算口径[①]。

截至 2015 年 12 月 31 日，中投公司美元、欧元与英镑资产占比分别为 65%、26% 与 5%，将总资产乘以对应比例可得到相应币种外汇风险敞口（见表 5－7）[②]。

表 5－7　　　　　　　　　相应币种外汇风险敞口

	美元	欧元	英镑	总资产
占比（%）	65	26	5	100
敞口（G_e）（亿元）	4853.75	2121.37	552.89	4848965.93

注：汇率使用 2015 年 12 月 31 日人民币兑各币种的中间价。

---

① NAP 主要用于非投资性经济主体如商业银行测算外汇风险敞口，这类外汇通常处于被动管理状态，是权益；而投资性经济主体如主权财富基金的外汇通常是外汇储备，是以资产概念进行投资。

② 需要注意的是，不同币种的风险敞口应当以相应币种的单位计量，因此需要进行汇率转换。我们以人民币为单位对中投公司总资产进行换算，将其作为外汇市场风险总敞口，汇率以 2015 年 12 月 31 日人民币兑各币种的中间价为标准。

二、设置情景

我们将情景设置为四个级别（见表5-8），与股票市场风险不同，外汇市场中汇率的升值、贬值均会对资产产生影响，因此赋予升值和贬值相应的浮动百分比。

表5-8 压力测试情景设置 单位：%

压力情景	常规	轻度	中度	重度
升值	2	10	20	40
贬值	2	10	20	40

三、测度风险

在直接标价法下，可得到汇兑利得（Exchange Gain）的变化值

$$\Delta EG = G_e \times \Delta E \qquad (5-14)$$

式中，G_e 表示外汇风险敞口；ΔE 表示汇率变动。ΔEG 越大说明汇率风险越大，如果计算结果为负则存在汇兑损失（Exchange Loss）。

根据设置的压力情景，我们对三个币种同时进行压力测试，结果见表5-9。

表5-9 压力测试结果

压力情景	升值2%	升值10%	升值20%	升值40%
ΔE	1.02	1.1	1.2	1.4
ΔEG_USD	4950.82	5339.12	5824.494	6795.243
ΔEG_EUR	2163.796	2333.505	2545.642	2969.915
ΔEG_GBP	563.9469	608.178	663.4669	774.0447
ΔEG_ALL	4945945	5333863	5818759	6788552
压力情景	贬值40%	贬值20%	贬值10%	贬值2%
ΔE	0.6	0.8	0.9	0.98
ΔEG_USD	2912.247	3882.996	4368.371	4756.67
ΔEG_EUR	1272.821	1697.095	1909.231	2078.941

压力情景	贬值40%	贬值20%	贬值10%	贬值2%
ΔEG_GBP	331.7334	442.3113	497.6002	541.8313
ΔEG_ALL	2909380	3879173	4364069	4751987

ΔEG_USD、ΔEG_EUR、ΔEG_GBP 和 ΔEG_ALL 分别表示美元、欧元、英镑和总资产的测试结果，即在不同压力测试情景下不同币种资产随汇率变动而发生损益的情况，即汇率风险大小。中投公司可根据测试结果，在适当范围内预留一部分资金预防汇率出现较大波动带来的汇率市场风险。

与完整模型类似，简化模型也可进行适当扩展，用于股票市场风险与货币市场风险的测试，样本与风险敞口的选择与完整模型中的相同，此处不再赘述。

本章小结

本章使用压力测试法的思想设计了两个相辅相成的模型。其中，完整模型基于历史数据并使用 t 分布的蒙特卡洛模拟预期未来市场价格走势，使模型更加贴近真实的金融数据变化，对未来数据的预期更符合现实情况；同时引用"经济资本"作为市场风险衡量的指标，更具有直观性和政策指导意义，即应当为极端风险预留一定的经济资本金额。对完整模型进行拓展，放开资产类别和投资主体风险偏好的限制，于是构建了市场风险测度的一般模型，该模型可度量股权投资风险、利率风险、汇率风险提供一个一般性测度方法。简化模型的优点在于操作简便、便于理解，较好地弥补了完整模型偏重资产类测试的局限性。

在实际操作过程中，可以将简化模型与完整模型有机结合。鉴于简化模型便于操作的特点，可以在投资部门日常经营管理中采用简化模型进行风险监控，及时预判极端风险。完整模型可被风险管理策略制定者及风险监管部门用来定期进行风险压力测试，为主权财富基金的投资活动预留足够的风险资本抵御极端风险。

第六章

我国主权财富基金投资与风险管理：基于三角模糊层次分析法的总体风险评估

第一节　三角模糊层次分析法的分析思路

一、三角模糊数概念

利用三角模糊层次法来构建主权财富基金对外投资风险评估决策模型，需要用到三角模糊数的概念。

定义 1：R 上的 Fuzzy 数 M 称为三角 Fuzzy 数，如果 M 的隶属度函数 $\mu_M: R \rightarrow [0, 1]$ 表示为

$$\mu_M(x) = \begin{cases} \dfrac{1}{m-l}x - \dfrac{1}{m-l} & x \in [l, m] \\[2mm] \dfrac{1}{m-u}x - \dfrac{u}{m-u} & x \in [m, u] \\[2mm] 0 & x \in [-\infty, l] \cup [u, +\infty] \end{cases}$$

$$(6-1)$$

式中，$l \leqslant m \leqslant u$，$l$ 和 u 分别表示 M 的下界值及上界值。m 为 M 的隶属度为 1 的中值，则三角 Fuzzy 数 M 表示为 (l, m, u)。

定义2[①]：设判断矩阵 $\tilde{A} = (\tilde{a}_{ij})_{n \times n}$，其中 $\tilde{a}_{ij} = (\tilde{a}_{ij}^{l}, \tilde{a}_{ij}^{m}, \tilde{a}_{ij}^{u})$，$\tilde{a}_{ji} = (\tilde{a}_{ji}^{l}, \tilde{a}_{ji}^{m}, \tilde{a}_{ji}^{u})$。如果 $\tilde{a}_{ij}^{l} + \tilde{a}_{ji}^{u} = \tilde{a}_{ij}^{m} + \tilde{a}_{ji}^{m} = \tilde{a}_{ij}^{u} + \tilde{a}_{ji}^{l} = 1$，$\tilde{a}_{ij}^{u} \geq \tilde{a}_{ij}^{m} \geq \tilde{a}_{ij}^{l} \geq 0$，$i$，$j \in N$，则称 $\tilde{A}$ 为三角模糊数判断矩阵。

定理1：对任意两个三角模糊数 $\tilde{a} = (a^{l}, a^{m}, a^{u})$ 和 $\tilde{b} = (b^{l}, b^{m}, b^{u})$，满足以下运算规则：

加法规则：$\tilde{a} \oplus \tilde{b} = (a^{l} + b^{l}, a^{m} + b^{m}, a^{u} + b^{u})$

乘法规则：$\tilde{a} \odot \tilde{b} = (a^{l} \times b^{l}, a^{m} \times b^{m}, a^{u} \times b^{u})$

逆的规则：$\tilde{a}^{-1} = \left(\dfrac{1}{a^{u}}, \dfrac{1}{a^{m}}, \dfrac{1}{a^{l}} \right)$

定理2：假设 $\tilde{a} = (a^{l}, a^{m}, a^{u})$ 和 $\tilde{b} = (b^{l}, b^{m}, b^{u})$ 为两个任意的三角模糊数，则 $\tilde{a}$ 相对于 $\tilde{b}$ 重要的可能性程度表示为

$$V(\tilde{a} > \tilde{b}) = \begin{cases} 0, b^{l} \geq a^{u} \\ \dfrac{a^{u} - b^{l}}{(b^{m} - a^{m}) + (b^{u} - b^{l})}, a^{m} < b^{m} \text{ 且 } a^{u} > b^{l} \\ 1, a^{m} \geq b^{m} \end{cases} \quad (6-2)$$

二、三角模糊层次分析法的分析步骤

三角模糊层次分析法的分析步骤有八步，具体如下：

1. 定义风险指标的比较标度准则

在具体计算之前，先定义比较标度的准则。在进行因素指标成对比较时，专家打分习惯用"同等重要""比较重要""特别重要"等语言来描述指标的相对重要程度，因此我们把专家评语划分为五个等级，如表6-1所示[②]。

---

① 徐泽水. 三角模糊数互补判断矩阵的一种排序方法 [J]. 模糊系统与数学，2002，16（1）：47-50.

② 朱松岭，周平，等. 基于模糊层次分析法的风险量化研究 [J]. 计算机集成制造系统，2004（8）：980-984.

表6-1 风险指标比较标度准则

标度	含义
0.5	两个元素重要性相同
0.6	一个元素比另一个元素稍微重要
0.7	一个元素重要性明显大于另一个元素
0.8	一个元素重要性大于另一个元素的幅度很大
0.9	一个元素重要性绝对大于另一个元素
0.1、0.2、0.3、0.4	反比较，当元素 i 与 j 比较得到 r_{ij} 时，则元素 j 与 i 比较得到 r_{ji}

2. 构建三角模糊判断矩阵

设计专家评审表，把风险层次下各个风险指标两两进行比较，确定其相对重要程度。假设有 S 位专家、N 个因素，则三角模糊判断矩阵集为

$$\{\tilde{A}^k \mid \tilde{A}^k = (\tilde{a}_{ij}^k)_{n \times n} = (l_{ij}^k, m_{ij}^k, u_{ij}^k)_{n \times n}, k = 1, 2, \cdots, s\} \quad (6-3)$$

式中，l_{ij}^k 为可能得到的最小分值；u_{ij}^k 为可能得到的最大分值；m_{ij}^k 为可能性最大的评分值。

3. 综合各个专家评判信息，得到综合三角模糊判断矩阵 A

$$A = \tilde{a}_{ij} = \frac{1}{s} \cdot (\tilde{a}_{ij}^1 + \tilde{a}_{ij}^2 + \cdots + \tilde{a}_{ij}^s) = \left(\frac{\sum_{k=1}^{s} l_{ij}^k}{s}, \frac{\sum_{k=1}^{s} m_{ij}^k}{s}, \frac{\sum_{k=1}^{s} u_{ij}^k}{s} \right) \quad (6-4)$$

4. 计算各指标的综合重要程度

根据三角模糊计算公式，对三角模糊判断矩阵进行变换，利用式（6-5）计算各层指标排序的三角模糊向量集。这里 S_i 表示风险层次下各指标的综合重要程度。

$$S_i = \sum_{j=1}^{n} \tilde{a}_{ij} \bigg/ \sum_{i=1}^{n} \sum_{j=1}^{n} \tilde{a}_{ij} = \left(\frac{\sum_{j=1}^{n} \tilde{a}_{ij}^l}{\sum_{i=1}^{n} \sum_{j=1}^{n} \tilde{a}_{ij}^u}, \frac{\sum_{j=1}^{n} \tilde{a}_{ij}^m}{\sum_{i=1}^{n} \sum_{j=1}^{n} \tilde{a}_{ij}^m}, \frac{\sum_{j=1}^{n} \tilde{a}_{ij}^u}{\sum_{i=1}^{n} \sum_{j=1}^{n} \tilde{a}_{ij}^l} \right) \quad (6-5)$$

5. 比较各指标重要程度

利用式（6-2）计算同一层次指标两两之间的重要程度 $V(S_i > S_j)$，并计算各指标重要于同一层次其他各指标可能性程度 d_i。

$$d_i = V(S_i > S_1, S_2, \cdots, S_n) = \min V(S_i > S_k),$$

$$k = 1,2,\cdots,n,且\ k \neq i \qquad (6-6)$$

由此得到各指标单排序向量 $w' = [d_1, d_2, d_3, \cdots, d_n]^T$，再进行归一化处理，令 $w_i = \dfrac{d_i}{\sum\limits_{i=1}^{n} d_i}, i = 1,2,\cdots,n$，得到风险指标权重向量 $w = [w_1, w_2, w_3, \cdots, w_n]^T$。

6. 计算风险指标综合排序向量

风险指标综合排序是指同一层次所有风险指标相对于目标层相对重要性的排序权重。通过重复上述步骤可以计算得到风险层各因素相对于目标层的因素单排序权重向量 C，$C = (C_1, C_2, \cdots, C_n)$。然后计算各风险指标对应目标的综合排序向量 W，

$$W(w_i) = wC \qquad (6-7)$$

7. 利用 Delphi 法的指数统计分析方式，确定备选方案各个指标得分 r_i^e

令专家对某一指标选择"高""较高""中"及"较低"的人数分别为 N_1、N_2、N_3、N_4，总人数为 N，则该指标得分为（$100 \times N_1 + 75 \times N_2 + 50 \times N_3 + 25 \times N_4$）/$N$。

8. 计算备选方案的综合得分 Z，根据综合得分作出决策，分值越高方案越好。

$$Z = \sum_{i=1}^{n} r_i^e w_i \qquad (6-8)$$

第二节　我国主权财富基金投资风险评估体系的构建：基于三角模糊层次分析

一、对投资风险的再划分

导致中国主权财富基金投资风险的因素众多，既有经济方面的因素又有政治方面的因素，既有外部因素影响也有自身条件制约。为了便于风险测度，本节我们从风险来源的角度，将中投公司对外投资风险划分为外部风险和内部风险两大类（见图 6-1）。外部风险主要是外部国际投资环境

不确定性导致的。外部风险又细分为市场风险、政治风险及社会风险。内部风险是指主权财富基金投资所选目标（企业）自身状况发生变化导致投资可能出现的损失。内部风险来自企业的收益状况、负债程度及管理层的决策机制等，可划分为盈利风险、流动风险及运营风险。盈利因素主要反映在资产净利和产品的市场份额两个方面；① 流动因素主要反映在现金流量负债比重和库存指标两个方面；② 运营因素主要反映在企业管理质量和社会责任感两个方面。

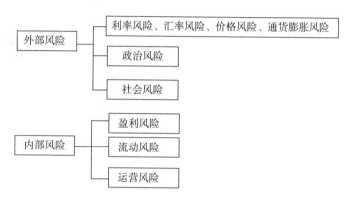

图6-1　中国主权财富基金投资面临的风险

二、投资风险评估的基本框架

运用层次分析法（AHP），首先构建主权财富基金对外投资风险评估框架（见图6-2）。该框架包括三个层次：目标层、风险因素层和风险指标层。目标层是主权财富基金投资的可选项目；目标层下为风险因素层，

---

① 资产净利体现了企业资金的利用效率；产品的市场份额预示企业未来的发展潜力。盈利因素的不确定性会增加企业的投资风险。例如高科技企业，研发的产品接受度的高低及更新速度的快慢都会影响企业的收益，从而使不同时期的盈利有较大的不确定性。主权财富基金选择这类企业进行投资时无法准确估量投资回收期，因此可能遭受潜在的机会成本损失。

② 现金流量负债比重反映企业用现金流偿还债务的能力，动态地反映了企业的长期偿债能力；库存指标则预示着企业未来的资金流动性水平。流动因素的分析在主权财富基金对外投资，尤其是长期债券投资时占据重要地位，是对企业还本付息能力的直接检验。主权财富基金在构建资产组合时，要考虑自身资金周转与投资项目流动性的匹配，合理安排投资期限，长短期相结合，降低流动性风险。

主要涵盖影响投资项目的综合因素；最底层为风险指标层，基于前文风险种类的划分，具体分为影响外部风险因素的七个指标和影响内部风险因素的六个指标。

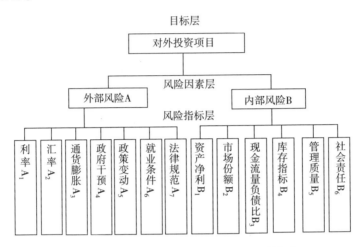

图 6 – 2　基于层次分析法的投资风险评估框架

三、风险指标的评估

假设有三位专家参与风险评估，通过专家打分情况模拟构建外部风险三角模糊判断矩阵（见表 6 – 2）。

假设三位专家风险评估能力相当，赋予他们相等的权重（1/3，1/3，1/3），对应可得到外部风险综合三角模糊判断矩阵（见表 6 – 3）。

表6－2

外部风险三角模糊判断矩阵

	A_1	A_2	A_3	A_4	A_5	A_6	A_7
A_1	(0.5,0.5,0.5)	(0.2,0.3,0.4)	(0.1,0.2,0.3)	(0.1,0.2,0.3)	(0.1,0.2,0.3)	(0.5,0.6,0.7)	(0.5,0.6,0.7)
		(0.3,0.4,0.5)	(0.2,0.3,0.4)	(0.2,0.2,0.3)	(0.2,0.2,0.3)	(0.5,0.6,0.6)	(0.6,0.7,0.8)
		(0.4,0.5,0.6)	(0.1,0.2,0.3)	(0.1,0.2,0.3)	(0.1,0.2,0.3)	(0.5,0.6,0.7)	(0.5,0.6,0.7)
A_2	(0.6,0.7,0.8)	(0.5,0.5,0.5)	(0.4,0.4,0.5)	(0.3,0.3,0.4)	(0.3,0.3,0.4)	(0.6,0.7,0.8)	(0.7,0.7,0.8)
	(0.5,0.6,0.7)		(0.3,0.4,0.4)	(0.4,0.4,0.5)	(0.4,0.4,0.5)	(0.5,0.6,0.6)	(0.5,0.5,0.6)
	(0.4,0.5,0.6)		(0.2,0.3,0.4)	(0.2,0.2,0.3)	(0.1,0.2,0.3)	(0.5,0.5,0.6)	(0.6,0.6,0.7)
A_3	(0.7,0.8,0.9)	(0.5,0.6,0.6)	(0.5,0.5,0.5)	(0.3,0.4,0.5)	(0.3,0.4,0.5)	(0.6,0.7,0.7)	(0.6,0.6,0.7)
	(0.6,0.7,0.8)	(0.6,0.6,0.7)		(0.5,0.6,0.6)	(0.5,0.6,0.6)	(0.5,0.6,0.7)	(0.6,0.7,0.8)
	(0.7,0.8,0.9)	(0.6,0.7,0.8)		(0.6,0.6,0.7)	(0.6,0.7,0.7)	(0.7,0.7,0.8)	(0.5,0.6,0.7)
A_4	(0.7,0.8,0.9)	(0.6,0.7,0.7)	(0.5,0.6,0.7)	(0.5,0.5,0.5)	(0.5,0.5,0.5)	(0.6,0.7,0.8)	(0.7,0.8,0.8)
	(0.7,0.8,0.8)	(0.5,0.6,0.6)	(0.4,0.4,0.5)		(0.5,0.5,0.5)	(0.5,0.6,0.7)	(0.5,0.6,0.6)
	(0.7,0.8,0.9)	(0.7,0.8,0.8)	(0.3,0.3,0.4)		(0.4,0.5,0.5)	(0.6,0.7,0.8)	(0.6,0.7,0.8)
A_5	(0.7,0.8,0.9)	(0.6,0.7,0.7)	(0.5,0.6,0.7)	(0.5,0.5,0.5)	(0.5,0.5,0.5)	(0.6,0.7,0.8)	(0.7,0.8,0.8)
	(0.7,0.8,0.8)	(0.5,0.6,0.6)	(0.4,0.4,0.5)	(0.5,0.5,0.5)		(0.6,0.6,0.7)	(0.5,0.6,0.6)
	(0.7,0.8,0.9)	(0.7,0.8,0.9)	(0.3,0.3,0.4)	(0.4,0.5,0.5)		(0.7,0.8,0.8)	(0.6,0.6,0.7)
A_6	(0.3,0.4,0.5)	(0.2,0.3,0.4)	(0.3,0.3,0.4)	(0.2,0.3,0.4)	(0.2,0.3,0.4)	(0.5,0.5,0.5)	(0.3,0.4,0.5)
	(0.4,0.4,0.5)	(0.4,0.4,0.5)	(0.3,0.4,0.5)	(0.3,0.4,0.4)	(0.3,0.4,0.5)		(0.3,0.4,0.4)
	(0.3,0.4,0.5)	(0.4,0.5,0.5)	(0.2,0.3,0.3)	(0.2,0.3,0.3)	(0.2,0.2,0.4)		(0.4,0.5,0.5)
A_7	(0.3,0.4,0.5)	(0.2,0.3,0.4)	(0.3,0.4,0.4)	(0.4,0.4,0.5)	(0.2,0.3,0.4)	(0.5,0.6,0.7)	(0.5,0.5,0.5)
	(0.2,0.3,0.4)	(0.4,0.5,0.5)	(0.2,0.3,0.4)	(0.2,0.3,0.4)	(0.4,0.4,0.5)	(0.6,0.6,0.7)	
	(0.3,0.4,0.5)	(0.3,0.4,0.4)	(0.3,0.4,0.5)		(0.3,0.4,0.4)	(0.5,0.5,0.6)	

表 6-3

外部风险综合三角模糊判断矩阵

	A_1	A_2	A_3	A_4	A_5	A_6	A_7
A_1	(0.5,0.5,0.5)	(0.3,0.4,0.5)	(0.13,0.23,0.33)	(0.13,0.2,0.3)	(0.13,0.2,0.3)	(0.5,0.6,0.67)	(0.53,0.63,0.73)
A_2	(0.5,0.6,0.7)	(0.5,0.5,0.5)	(0.3,0.37,0.43)	(0.3,0.3,0.4)	(0.27,0.3,0.4)	(0.53,0.6,0.67)	(0.6,0.6,0.7)
A_3	(0.67,0.77,0.87)	(0.57,0.63,0.7)	(0.5,0.5,0.5)	(0.47,0.53,0.6)	(0.47,0.57,0.6)	(0.6,0.67,0.73)	(0.57,0.63,0.73)
A_4	(0.7,0.8,0.87)	(0.6,0.7,0.7)	(0.4,0.47,0.53)	(0.5,0.5,0.5)	(0.5,0.5,0.53)	(0.57,0.67,0.77)	(0.6,0.7,0.73)
A_5	(0.7,0.8,0.87)	(0.6,0.7,0.73)	(0.4,0.43,0.53)	(0.47,0.5,0.5)	(0.5,0.5,0.5)	(0.63,0.7,0.77)	(0.6,0.67,0.7)
A_6	(0.33,0.4,0.5)	(0.33,0.4,0.47)	(0.27,0.33,0.4)	(0.23,0.33,0.37)	(0.27,0.3,0.43)	(0.5,0.5,0.5)	(0.33,0.43,0.47)
A_7	(0.27,0.37,0.47)	(0.3,0.4,0.4)	(0.27,0.37,0.43)	(0.27,0.33,0.4)	(0.3,0.33,0.4)	(0.53,0.57,0.67)	(0.5,0.5,0.5)

四、对风险指标的综合排序和比较

利用式（6-5）可得到外部风险各指标排序，如表6-4所示。

表6-4　　　　　　　　　　外部风险指标排序

S_1	(0.081, 0.113, 0.155)
S_2	(0.109, 0.133, 0.176)
S_3	(0.140, 0.175, 0.220)
S_4	(0.141, 0.177, 0.215)
S_5	(0.142, 0.175, 0.214)
S_6	(0.082, 0.110, 0.143)
S_7	(0.089, 0.117, 0.152)

比较 S_i，可得到外部风险指标单排序向量 w'_A。

$w'_A =$ （0.093, 0.298, 1, 1, 0.960, 0.006, 0.075）。进行归一化处理，得到外部风险指标权重向量 $w_A =$ （0.027, 0.087, 0.291, 0.291, 0.280, 0.002, 0.022）。

同理，可得到内部风险指标权重向量 $w_B =$ （0.371, 0.091, 0.185, 0.134, 0.214, 0.004）。

五、确定各风险指标的综合权重

假设外部风险和内部风险对于目标层而言重要性相同，分别赋予风险因素层两个因素各0.5的权重，那么各风险指标对应目标的综合排序向量 W 如表6-5所示。

表6-5　　　　　　　　　　各风险指标综合排序

风险层	外部风险							内部风险					
指标	A_1	A_2	A_3	A_4	A_5	A_6	A_7	B_1	B_2	B_3	B_4	B_5	B_6
综合权重	0.014	0.044	0.146	0.146	0.140	0.001	0.011	0.186	0.046	0.092	0.067	0.107	0.002

可以看到，资产净利指标占比权重最大，其次为汇率、政府干预及政策变动，这与实际情形相符。主权财富基金在选择投资目标时，首先关注的是目标公司的盈利状况，再考察其他风险因素，如汇率的变动是否影响最终收入、政府干预是否阻碍主权财富基金的进入、被投资国政策变动的频率是否会导致投资中断等。

第三节 模型应用：以中投公司拟投资项目为例

假设中投公司拟投资某一项目，当前有三家国外公司供中投公司选择，三家公司在外部风险和内部风险方面各有特点：E公司外部风险相对较大，而内部风险相对较小；G公司外部风险相对较小，而内部风险相对较大；F公司外部风险与内部风险之间处于相对平衡状态。请三位专家对这三家公司进行评分，计算各备选公司综合得分情况，并根据分值作出决策。平均分值情况见表6-6。

表6-6　　　　　　　　　三家公司相对风险指标的分值

风险层	指标	E公司	F公司	G公司
外部风险	利率	91.67	66.67	75
	汇率	58.33	83.33	66.67
	通货膨胀	41.67	58.33	83.33
	政府干预	41.67	50	83.33
	政策变动	66.67	58.33	75
	就业条件	66.67	83.33	91.67
	法律规范	100	75	66.67
内部风险	资产净利	91.67	83.33	75
	市场份额	100	83.33	41.67
	现金流量负债比	41.67	58.33	50
	库存指标	75	91.67	33.33
	管理质量	100	75	50
	社会责任	91.67	83.33	75

计算备选公司综合得分向量为 $Z =$ (67.911，68.523，67.841)。根据最优原则，综合得分最高的 F 公司为主权财富基金的最优投资选择，其次为 E 公司，G 公司最不可取。

从专家评分中可以看出：E 公司内部风险较小，项目本身质量优异，资产净利、市场份额、管理质量及社会责任方面明显优于其他两家待选公司，但 E 公司外部风险不易控制，表现为汇率波动幅度较大，国内通货膨胀程度较高，政府干预更为强势。因此，E 公司主权财富基金的进入可能面临抵制，且未来以外币结算的收益受汇率影响较大，不确定性增强。G 公司在通货膨胀控制、政府干预程度、政策变动及就业条件方面得分最高，投资环境较为稳定。但 G 公司本身盈利性相对较差，资产净利低，市场份额小，资金周转较慢，流动性不足，无法满足主权财富基金在合理风险下实现投资价值最大化的目标。同时，G 公司管理层水平有限，社会责任感较弱，不利于投资后期的监督管理。F 公司在外部风险与内部风险之间实现了相对平衡。在外部风险适中的情况下，F 公司本身的盈利可观，流动性良好，是适合主权财富基金投资的最优标的。

本章小结

本章运用三角模糊层次分析法构建了我国主权财富基金对外投资风险评估模型。三角模糊层次分析法的特点是能通过影响各类风险的因子分析，对不同项目的投资风险进行测度和比较，从而得出相对量化的结论作为中投公司项目选择时的参考。结合构建的风险评估系统，我们提出以下建议：第一，影响 SWFs 投资收益的因素很多，风险复杂且敏感多变，国际经济、金融环境变化、东道国经济、金融政策及投资对象自身状况都会对投资收益产生影响，因此投资主体应综合考虑各项风险因素，灵活确定各项风险的权重，并根据各项因素的动态变化适时调整投资权重。第二，在选择投资目标时，需要加强对东道国汇率的波动、通货膨胀程度、政府干预及政策变动等外部风险的考察。通常汇率波动性小、通货膨胀程度低、政府干预少和政策变化少的国家，相对承担的风险较低，能保障投资的连续性和收益的稳定性。第三，投资项目选择时，应关注投资对象自身收益性、流动性及管理质量等内部风险因素，通过对投资目标资产净利、未来现金流、管理层的水平和管理模式等进行评价分析，一定程度上可实现在风险可控情况下我国主权财富基金投资价值的最大化。

第七章

我国主权财富基金投资与风险管理：基于 **WCVaR** 风险控制动态规划视角下的最优投资组合

我们知道，VaR 从概率角度解决了最大损失的度量问题，但 VaR 有三个重要缺陷：第一，无法反映发生超过分位数的下侧风险损失。第二，不满足次可加性，即投资组合中各个资产的风险之和大于总投资组合的风险；第三，VaR 假设数据分布是正态分布，而现实往往与此不符。基于上述缺陷，Artzner（1999）提出了一致性风险测度（Coherent Risk Measure）① 的概念。在满足一致性风险测度的基础上，学者们开始探索新的测度方法，CVaR 是最常用的方法之一。CVaR 是指在一定置信水平下，某一投资组合在持有期内所遭受的超过 VaR 的平均损失。CVaR 自提出后被广泛应用于投资组合研究领域，但在具体研究时其通常假设随机变量服从某一分布（正态分布、t 分布等），而现实中资产收益的随机变量分布往往较难确定，特别是在金融市场中，收益波动的不确定性更多地表现出模糊性特征，很难服从特定的随机分布。针对这一缺陷，Lobo 和 Boyd（2000）又提出了最差

---

① 一致性风险测度认为良好定义的风险测度应该满足单调性（Monotonicity）、正齐次性（Positive Homogeneity）、传递不变性（Translation Invariance）和次可加性（Sub – additivity）。单调性是指在任何条件下，如果资产组合 B 的收益大于或等于资产组合 A，那么组合 B 的风险不小于组合 A 的风险；传递不变性是指如果在交易组合中加入一定数量的无风险资产，则组合风险必减少；正齐次性是指如果一个资产组合所包含的资产品种和相对比例不变，但资产数量增至原来的 n 倍，则新组合的风险应该是原组合风险测度的 n 倍；次可加性是指两种资产构成的投资组合的风险应小于或等于两种资产各自风险之和。

情况下的条件风险价值 WCVaR（Worst – Case Conditional Value – at – Risk）。WCVaR 是 VaR 及 CVaR 两种风险度量方法的延伸。本节拟用 WCVaR 作为风险度量方法，对中国主权财富基金的最优投资组合进行研究。

本研究主要基于以下三点考虑：一是中国主权财富基金所面对的全球金融市场具有较大的波动性及不确定性，这样的不确定性很难确定相应的分布函数进行描述，这与传统的 VaR 及 CVaR 等风险度量的前提假设相违背。二是基于 WCVaR 的风险度量是在一定置信水平下，最小化超过 VaR 投资损失时的平均损失，采用了 WCVaR 作为目标函数，对主权财富基金在资产配置的极端风险控制方面有所改善。我国主权财富基金作为实现国家外汇资金多元化投资的重要主体，在对资产进行最优化配置时，更应对考虑极端风险的控制。三是本书所构建的是动态规划模型，以往对中国主权财富基金最优投资组合的研究主要是单期静态投资的视角，忽视了金融市场的实时变化。本书通过滚动更新模拟资产收益序列，多期求解模型的最优投资比例来实现最优投资组合的动态调整及规划，使本书的实证结果更具现实意义。

第一节　模型构建

一、基于 WCVaR 的目标函数与约束条件

WCVaR 是指在一定置信水平下，某一投资组合在持有期内最差收益情景下的条件在险价值，用公式表示为

$$\text{WCVaR}_\beta(X) = \sup_{\alpha \in R} \text{CVaR}_\beta(X)$$

基于资产收益的实际情况，此处不对资产收益随机变量服从某一特定分布做相关假设，仅假设随机变量 $P(t)$ 属于某一分布集合 P，即 $P(t) \in P$，则有：

$$\text{WCVaR}_\beta(X) = \sup_{P(t) \in P} \min_{\alpha \in R} F_\beta(X, \alpha)$$

因此，风险控制下 WCVaR 约束问题的目标函数为

$$\min_{X \in \pi} \text{WCVaR}_\beta(X(t)) = \min_{X \in \pi} \sup_{P(t) \in P} \min_{\alpha \in R} F_\beta(X(t), \alpha)$$

第 t 期末的投资组合损失值等于：

$$f(X, P(t, s(t))) = [W_0 - XP(t)]^+$$

假设中国主权财富基金的投资市场上包括 1 种无风险资产和 $n-1$ 种风险资产[①]，投资时期 $t \in [0, T]$（$T \geq 2$），暂不考虑资金的借贷，不考虑交易费用，允许卖空。为方便计算，模型中所用符号及含义见表 7 - 1。

表 7 - 1　　　　　　　　　　　　模型符号及含义

符号	含义
$s(t)$	t 时刻的情景
$x_i(t)$	t 时刻投资于第 i 种风险资产的数量
$x_0(t)$	t 时刻投资于无风险资产的数量
$R_0(t, s(t))$	t 时刻在情景 $(s_1, s_2, \cdots, s_t)$ 下无风险资产的收益
$R_i(t, s(t))$	t 时刻在情景 $(s_1, s_2, \cdots, s_t)$ 下第 i 种风险资产的收益
$x_i(t, s(t))$	t 时刻在情景 $(s_1, s_2, \cdots, s_t)$ 下投资于第 i 种风险资产的数量
$y_i(t, s(t))$	t 时刻在情景 $(s_1, s_2, \cdots, s_t)$ 下买入第 i 种风险资产的数量
$z_i(t, s(t))$	t 时刻在情景 $(s_1, s_2, \cdots, s_t)$ 下卖出第 i 种风险资产的数量

则最优投资组合规划问题的目标函数可表示为

$$\min_{X \in \pi} \sup_{P(t) \in P} \min_{\alpha \in R} F_\beta(X, \alpha)$$

模型约束条件如下：

约束条件 1：第 t 期末的财富值 $W(t)$ 等于第 t 期末各类资产价值之和，期初的资产总和即初始财富 $W(0)$ 是给定的，即 $\sum_{i=1}^{n} x_i(t) = W(t)$，$t = 0$，$1, \cdots, T-1$。

约束条件 2：在第 t 期收益情景 $s(t)$ 下，持有的第 i 种资产价值的变化等于该资产第 $t-1$ 期到第 t 期的收益情况再加上第 t 期买卖第 i 种风险资产的变化量，其中，$i = 0$，1，$\cdots$，n，则

$$x_i(t, s(t)) = x_i(t-1, s(t-1)) R_i(t, s(t)) + y_i(t, s(t)) - z_i(t, s(t))$$

---

①　本节的风险资产是相对于现金资产等不产生任何收益的资产而言，指收益存在不确定性和波动性的资产。

约束条件 3：假设各类资产符合自融资条件：在第 t 期收益情景 $s(t)$ 下，买入的资产价值之和等于卖出的资产价值之和，这意味着在所研究时期内的投资过程中，中投公司不追加投资或减少投资，即

$$\sum_{i=1}^{n} y_i(t,s(t)) = \sum_{i=0}^{n} z_i(t,s(t)), y_i(t,s(t)) \geqslant 0, z_i(t,s(t)) \geqslant 0$$

约束条件 4：作为长期投资，投资者在投资期内对各类资产的投资比例不随意变动，存在投资比例上限和下限的约束。假设投资比例限制与上一调整阶段的投资比例相关，且下一阶段的变动幅度设为 $k \in R$，对 $i = 0$，1，…，n，则 $C_i(t) \leqslant \dfrac{x_i(t)}{\sum_{i=0}^{n} x_i(t)} \leqslant D_i(t), C_i(t) = x_i(t-1) - k, D_i(t) = x_i(t-1) + k$

约束条件 5：在 $t = T$ 期末的财富值 $W(T)$ 应大于或等于目标财富值 $W^B(T)$ 即 $W(T) \geqslant W^B(T)$ 时，两边同时除以初始财富 $W(0)$，转换为收益率约束 $R_T \geqslant \overline{R}$。

约束条件 6：假设资产不允许卖空及做空机制，则投资比例下限应为非负数，即 $C(i,t) \geqslant 0$。

约束条件 7：假设资产买入和出售同时进行，没有先后顺序之分，考虑到资产不允许卖空，则任一时刻卖出的资产数量应小于现时刻持有的数量，即 $x_i(t-1, s(t-1) R_i(t, s(t)) \geqslant z_i(t, s(t))$。

按照实证研究过程，我们将参数分为三类，如表 7-2 所示。

表 7-2 模型参数设定

类型	符号	含义
输入变量	$\overline{R}$	投资组合的预期收益率
	$R_i(t)$	各类资产的预期收益率情形
输出变量	$x_i(t)$	各类资产的投资比例
	α	在险价值 VaR
	WCVaR	最差收益情形下的条件在险价值 $CVaR_\beta$，即模型的目标函数值

续表

类型	符号	含义
情景控制变量	β	置信水平
	n	风险资产数量
	$C_i\,(0)$	初始投资组合投资比例下限
	$D_i\,(0)$	初始投资组合投资比例上限
	K	允许的投资比例最大变动幅度

二、投资资产合理收益预期的构建思路

由于 WCVaR 最优投资组合模型的解为各类资产的投资比重，也是随机变量 $P\,(t)$ 的函数，很难求出最优投资组合的解析解，因此需要对随机变量进行合理替代或预测，即构建合理的资产收益情景。构建思路是，从真实或假定的概率分布中抽取一组离散结果作为样本信息，对该组样本采用特定的模拟方法进行模拟并产生一组序列，使其符合历史数据相关特征，以此作为资产的未来收益情景预测。

本节根据历史数据的样本统计特征，进行相关统计性检验后，使用基于正态分布或 t 分布的 GARCH 族模型，通过蒙特卡洛模拟方法模拟中投公司未来各类标的资产的收益情景。具体操作如下：首先对资产收益序列进行正态性检验，满足正态分布的序列采用正态分布进行仿真。不满足正态分布的收益序列，先进行 ARCH 效应的测试，具备 ARCH 效应的收益序列将采用基于 t 分布的 GARCH（1，1）模型来模拟金融收益序列的波动性特征，在原始数据的基础上进行条件方差的预测，并结合蒙特卡洛模拟方法对各类资产未来收益情形进行合理预期。在这个过程中，具体涉及模型如下：

（一）GARCH 模型

GARCH 模型（Generalized Autoregressive Conditional Heteroskedasticity model）全称"广义自回归条件异方差模型"，由 Bollerslev（1986）在 ARCH 模型上拓展而来，GARCH（p，q）模型的公式为

$$\sigma_t^2 = \alpha_0 + \alpha_1 \gamma_{t-1}^2 + \cdots + \alpha_q \gamma_{t-q}^2 + \beta_1 \sigma_{t-1}^2 + \cdots + \beta_p \sigma_{t-p}^2$$

式中：γ_{t-q} 表示滞后 q 期的条件均值；$\sigma_t^2 = VaR\ (r_t \mid \Omega_{t-1})$ 表示条件方差；Ω_{t-1} 表示在 $t-1$ 时刻的信息集合；σ_{t-p}^2 表示滞后 P 期的资产收益率的条件方差。

GARCH（1，1）模型的表达式：

$$r_t = c + \alpha_t, \gamma_t = \sigma_t \varepsilon_t, \sigma_t^2 = b + \alpha \gamma_{t-1}^2 + \beta \sigma_{t-1}^2, \varepsilon_t \sim N(0,1)\ \text{或}\ \varepsilon_t \sim t_d$$

式中，r_t 表示资产收益率；c 表示资产收益率的期望值；$\sigma_t^2 = VaR(r_t \mid \Omega_{t-1})$ 表示条件方差；Ω_{t-1} 表示 $t-1$ 时刻的信息集。$b > 0, \alpha \geq 0, \beta \geq 0, \alpha + \beta < 1$。

（二）传统的蒙特卡洛方法模拟随机收益率序列

对 $P_{t+1} = P_t + P_t\ (\mu \Delta t + \sigma \omega_i \sqrt{\Delta t})$ 进行变化，两边同时除以 P_t 得：

$$\frac{P_{t+1} - P_t}{P_t} = \mu \Delta t + \sigma \omega_i \sqrt{\Delta t}$$

转换为收益率序列：

$$R_{t+1} = \mu \Delta t + \sigma \omega_i \sqrt{\Delta t}$$

式中，P_t 表示 t 时刻资产组合的价值；R_t 表示 $t-1$ 时刻至 t 时刻的资产收益率；μ 和 σ 分别表示资产组合收益率的均值和标准差；ω_i（$i = 1$，2，$\cdots, n$）表示服从 t 分布的随机序列；Δt 表示从 t 时刻到 $t+1$ 时刻的时间间隔。

（三）修正波动率后的蒙特卡洛模拟方法

修正波动率后的蒙特卡洛模拟方法即使用 GARCH 族模型来修正蒙特卡洛模拟中的波动率，并使用 t 分布修正蒙特卡洛模拟中随机数的生成过程。

$$R_{t+1} = \mu_t \Delta t + \sigma_t \omega_i \sqrt{\Delta t}, \sigma_t^2 = b + \alpha \gamma_{t-1}^2 + \beta \sigma_{t-1}^2$$

式中，μ_t 表示历史收益序列的条件期望收益率；σ_t 表示条件方差，可通过前面建立的 GARCH 模型估计得到。通过修正波动率后的蒙特卡洛模拟方法对未来资产收益情景进行模拟，可以产生一组符合历史数据相关特征的收益序列，以此作为最优投资组合模型的输入变量，对模型进行求解。

第二节　可配置资产的选择、样本统计性分析

一、选取可配置资产池

中投公司 2011～2015 年年报将投资资产分为五类：公开市场股票、固定收益资产、绝对收益资产、长期资产和现金资产；2008～2010 年及 2016 年中投公司年报中长期资产和绝对收益资产统称为另类资产[①]。考虑到此处样本选择期间为 2009 年 1 月 2 日至 2016 年 12 月 30 日，[②] 为保持数据的统一性，我们仍然按五大类资产划分。针对每一类别资产，选用以下指标：

（1）公开市场股票分为美国股票、非美发达经济体股票和新兴市场股票。依照 Wind 咨讯中的分类标准，用纳斯达克指数及标准普尔 500 指数代表美国股票，用日经 225 指数、新西兰 NZ50 指数、富时新加坡指数、韩国综合指数、法国 CAC40 指数、德国 DAX30 指数、意大利指数、荷兰 AEX 指数、挪威 OSEAX 指数、FTSE100 指数等代表非美发达经济体股票指数，用上证综指、深证综指、孟买 BSESENSEX30 指数、新加坡 REITS 指数、圣保罗 IBOVESPA 指数、台湾加权指数、泰国 SET50 指数、莫斯科银行间外汇交易所指数等代表新兴市场股票指数。（2）固定收益资产以三大国际债券指数之一——巴克莱综合债券指数（Barcalys Global Aggregate Index）为代表。（3）绝对收益资产采用 HFRI 基金加权综合指数

---

① 引用中投公司 2016 年年报解释，另类资产通常指除公开市场股票、债券等传统资产之外的资产类别，可包括对冲基金、多资产、私募股权、私募信用、实物资产等。其主要优势包括以下几点：一是部分资产与公开市场股票、债券走势呈现低相关性，具有风险分散化效能；二是由于非公开市场有效性低，相对公开市场存在一定估值折价，获得超额回报的潜力更大。

② 选取 2009 年为样本时间段的起点，目的是避开异常值。2008 年国际金融危机对股市的影响巨大，必然导致美国股市宽幅震荡，本节出于剔除异常值的目的，将 2008 年当年的数据作为异常值进行剔除。选择 2016 年底作为样本时间段的终点，原因是进行实证分析及论文撰写时，中投公司的年报仅披露到 2016 年，虽然这些指数的数据可以更新到近期，但与年报数据保持一致性便于之后的数据处理。

（HFRI Fund Weighted Composite Index）[1]。（4）长期资产采用标准普尔 GS-CI 商品指数（S&P GSCI Commodity Index）代表长期资产收益[2]。（5）现金资产，许多研究中会将美国国债收益率设定为无风险利率，但因中投公司的固定收益资产中有很大一部分是美国国债，已将该部分资产的收益计入固定收益资产指数，为避免重复计算收益率，本节不设定无风险利率，同时假定现金资产仅为流动性目的持有，其收益率设定为零。

二、样本选取、数据一致性处理

在样本的时间选取上，本书选取 2009 年 1 月 2 日为起始日，2016 年 12 月 30 日为终止日，选取周收益率序列为研究数据。选取 2009 年为样本时间段的起点，目的是避开异常值。2008 年国际金融危机对股市的影响巨大，导致美国股市宽幅震荡，出于剔除异常值的目的，本书将 2008 年当年的数据作为异常值进行剔除。选择 2016 年底作为样本时间段的终点，原因是本书进行实证分析时中投公司的年报仅披露到 2016 年，虽然这些指数的数据可以更新到近期，但与年报数据保持一致便于之后的数据处理。

由于 2008~2010 年及 2016 年中投公司年报将绝对收益及长期资产放在另类资产类别下，为统一分类口径，对这些年份中另类资产投资按3∶7 的比例分别分配于绝对收益类资产和长期资产。[3] 此外，由于 2009~2011 年和 2012~2016 年年报对公开市场股票的地域划分不同，此处将 2009~2011 年地域划分中的"北美"归入"美国股票"，"欧洲"归入"非美发达经济体股票"，"非洲"和"拉丁美洲"归入"新兴市场股票"。由于"亚太地区"中既包括"非美发达经济体股票"又包括"新兴市场股票"，本节按指标选取阶段中"亚太地区"的指数数量占比进行分配。经过以

---

① 该指数由对冲基金研究公司创立于 1992 年，因其全面性及综合性，被用以对同类型基金衡量相对绩效及绩效目标，包括中国基金业协会也以此作为对冲基金的业绩衡量标准。

② 该指数由高盛公司于 1991 年创建，是目前国际交易市场上跟踪量最大的商品指数，也是国际保险公司和养老基金等长期机构投资者使用最多、最广泛的商品指数。

③ 该比例是 2011~2015 年年报中绝对收益类资产和长期资产的投资比例的平均值。

上处理，可得到表 7 - 3。

表 7 - 3　　　　　中投公司各类资产投资比例（2009 ~ 2016 年）　　　　　单位:%

年份	公开市场股票			绝对收益	长期资产	固定收益	现金资产
	美国股票	非美发达经济体股票	新兴市场股票				
2009	15. 80	10. 44	9. 76	1. 80	4. 20	26. 00	32. 00
2010	20. 11	14. 69	13. 20	6. 30	14. 70	27. 00	4. 00
2011	10. 95	7. 38	6. 68	12. 00	31. 00	21. 00	11. 00
2012	15. 74	8. 90	7. 36	12. 70	32. 40	19. 10	3. 80
2013	18. 62	14. 87	6. 91	11. 80	28. 20	17. 00	2. 60
2014	20. 11	14. 77	9. 22	11. 50	26. 20	14. 60	3. 60
2015	21. 99	19. 94	5. 54	12. 67	22. 16	14. 44	3. 26
2016	23. 56	17. 25	5. 05	11. 17	26. 07	15. 01	1. 88

资料来源：笔者根据中投公司 2009 ~ 2016 年年报整理。

上述数据除巴克莱综合债券指数从彭博社取得外，其他均从 Wind 资讯获得。我们选取周收益率为研究数据，进行加权处理后共得到样本数 2508 个。

三、样本统计特征

对样本进行对数化处理，可得到各类资产的对数收益率：

$$R_t = \ln P_t - \ln P_{t-1}$$

式中，R_t 表示加权调整后的周收益率序列中第 t 期（周）的收益率；$\ln P_t$ 与 $\ln P_{t-1}$ 分别表示加权调整后的周收益率序列第 t 期（周）末与第 $t-1$ 期（周）末的收盘价。

对对数收益率样本进行统计特征分析可得到表 7 - 4。可以看到，绝对收益资产的对数收益率均值最大，新兴市场股票、美国股票分居第二位及第三位，固定收益资产均值在所有正收益资产里最小，长期资产对数收益率均值小于零。长期资产对数收益率均值小于零主要是 2014 年及 2015

年能源价格大跌导致大宗商品连续两年指数暴跌 30% 以上所致。① 从表 7-4 还可以看出：风险资产的峰度都显著大于 3，且偏度也与 0 相差较大，呈现出"左偏"特征，符合金融收益序列明显的"尖峰"和"厚尾"形态特征；ADF 检验表明收益时间序列都是平稳的。

表 7-4 各资产对数收益率统计特征

资产类别	美国股票	非美发达经济体股票	新兴市场股票	绝对收益	长期资产	固定收益
均值	0.002437	0.001681	0.002455	0.004512	-0.000979	0.000442
中位数	0.003297	0.004027	0.004411	0.004590	0.000000	0.000786
最大值	0.096386	0.073863	0.067749	0.050185	0.121320	0.032776
最小值	-0.072813	-0.095988	-0.106996	-0.041138	-0.118554	-0.027192
标准差	0.022484	0.021846	0.024688	0.014897	0.029051	0.007738
偏度	-0.180388	-0.541057	-0.714289	-0.091647	-0.226882	-0.170321
峰度	4.700319	4.925168	4.935996	3.780450	4.360918	3.926506
ADF	-21.3656	-20.1226	-18.6795	-8.0684	-19.6888	-21.0600
Prob（ADF）	(0.0000)	(0.0000)	(0.0000)	(0.0000)	(0.0000)	(0.0000)

资料来源：笔者根据 Wind 资讯、彭博社数据计算整理。

各大类资产的收益率相关性分析见表 7-1。可以看到，除美国股票和非美发达经济体股票的相关系数为 0.85 外，其他各类资产的相关系数均在 0.5 及以下，表明资产池中资产收益的相关性整体较小，也反映研究期内数据不存在不同市场间明显的联动效应。

表 7-5 各资产对数收益率相关系数矩阵

	美国股票	非美发达经济体股票	新兴市场股票	对冲基金	长期资产	固定收益	现金资产
美国股票	1.00	0.85	0.05	0.11	0.49	-0.05	0.00
非美发达经济体股票	0.85	1.00	0.12	0.05	0.50	-0.07	0.00

---

① 平均对数收益率为负是该风险资产的一部分样本数据的反映，随着大宗商品市场回暖，2016 年及 2017 年长期资产指数对数净收益率分别为 10.44% 和 4.34%。平均对数收益率为负不会影响到本模型的建立及求解，但有可能影响动态投资规划的计算结果。

续表

	美国股票	非美发达经济体股票	新兴市场股票	对冲基金	长期资产	固定收益	现金资产
新兴市场股票	0.05	0.12	1.00	0.05	0.07	0.03	0.00
对冲基金	0.11	0.05	0.05	1.00	0.09	−0.04	0.00
长期资产	0.49	0.50	0.07	0.09	1.00	0.07	0.00
固定收益	−0.05	−0.07	0.03	−0.04	0.07	1.00	0.00
现金资产	0.00	0.00	0.00	0.00	0.00	0.00	1.00

资料来源：笔者根据 Wind 资讯、彭博社数据计算整理。

第三节　标的资产未来收益预期的情景生成

一、各类资产收益率的正态性检验

（一）正态概率纸法初步检验正态分布

正态概率纸法是检验统计数据是否服从正态分布较直观的方法。在正态概率纸上形成统计数据的散点图，散点整体分布越接近虚线，代表被检验的统计数据越接近正态分布。运用 Matlab 软件将样本各资产对数收益标注在正态概率纸上，并与服从正态分布的标准虚线进行比较，可得到图 7－1。可以看到，除了 Aseet 4① 的对数收益率序列较贴近虚线外，其他各类资产在正态概率纸上呈现弧形，偏离虚线。可初步判断检验样本中除绝对收益资产服从正态分布外，其他类别的资产均不服从正态分布。

---

① 由于 Eviews 软件无法识别中文，为方便标识，用 Asset 1、Asset 2、Asset 3、Asset 4、Asset 5 和 Asset 6 分别代表美国股票、非美发达经济体股票、新兴市场股票、绝对收益资产、长期资产和固定收益资产，后面不再赘述。

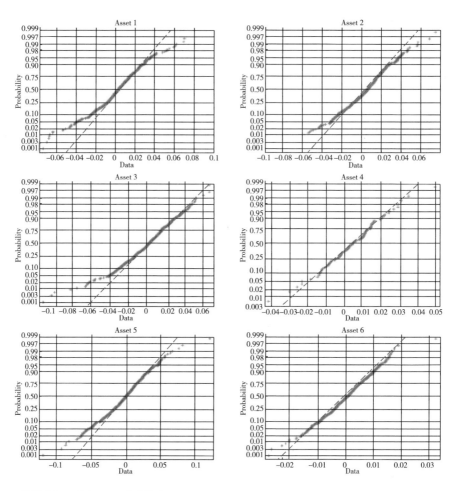

资料来源：通过 Matlab 软件检验。

图 7-1　中投公司各类资产正态概率纸检验①

（二）Jarque-Bera 检验样本偏离正态分布的精确情况

将样本对数收益率序列输入 Eviews 软件中进行 Jarque-Bera 检验，可得到表 7-6，检验结果与正态概率纸法预期结果一致，除绝对收益资产外其余都不服从正态分布。图 7-2 中是绝对收益资产的收益率分布图，

---

① 此部分及后续对各类资产的检验均不包括现金资产，因为前文假设现金资产为流动性持有，收益率为零。

其均值为 0.004512、标准差为 0.014897。根据检验结果本书采用正态分布对绝对收益资产的未来收益进行合理预期，而其他资产未来收益将使用基于样本波动率的 GARCH 模型进行检验和预测。

表 7 - 6　　　　　　　　　　各类资产的 Jarque - Bera 检验结果

资产类别	美国股票	非美发达经济体股票	新兴市场股票	绝对收益	长期资产	固定收益
对应符号	Asset 1	Asset 2	Asset 3	Asset 4	Asset 5	Asset 6
J - B	52.6200	84.9427	100.8451	2.4369	35.8435	16.9717
Prob（J - B）	(0.0000)	(0.0000)	(0.0000)	(0.2957)	(0.0000)	(0.0000)

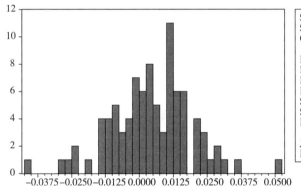

图 7 - 2　绝对收益 Jarque - Bera 检验结果

二、基于样本波动率的 GARCH 分布检验

（一）对不服从正态分布的对数收益序列进行 ARCH 效应检验

对美国股票、非美发达经济体股票、新兴市场股票、长期资产及固定收益，我们选择 GARCH 族模型来刻画其样本的波动性，并用条件标准差代替标准差以捕捉各类资产收益率序列的时变性、突发性和集簇性特征。

在使用 GARCH 模型之前，先对五个资产的历史收益数据进行序列自相关及偏相关检验，得到 Q - 统计量对应的 p 值均大于 0.05，在 5% 的显著性水平下不存在显著的相关性。因此，将资产对数收益序列的均值方程均设定为白噪声。

$$r_{i,t} = \pi_{i,t} + \varepsilon_{i,t} \quad (i = 1,2,3,5,6)$$

对收益率序列 r_t 去均值化处理，得到残差序列 z_t：

$$z_i = r_i - \bar{r}_i \quad (i = 1,2,3,5,6)$$

对残差序列平方进行自相关和偏相关检验，发现 Q - 统计量对应的 p 值均远小于 0.01，说明残差平方序列存在显著的自相关，对数收益存在 ARCH 效应，且服从一阶自相关与一阶移动平均过程，因此我们选择 GARCH（1，1）模型，表述如下：

$$\sigma_t^2 = b + \alpha\gamma_{t-1}^2 + \beta\sigma_{t-1}^2, b > 0, \alpha \geqslant 0, \beta \geqslant 0, \alpha + \beta < 1$$

式中，σ_t^2 表示 t 时刻的条件方差；b 表示常数项；α 表示回报系数；β 表示滞后系数，还可被解释为衰减率（Decay Rate）；γ_{t-1}^2 表示前一期收益率的平方，即 ARCH 项；σ_{t-1}^2 表示前一期的预测方差，即 GARCH 项。

（二）使用 GARCH（1，1）模型来描述波动率

GARCH（1，1）模型中的（1，1）代表 σ_t^2 是由最近一期的收益率观察值以及最近一期的方差估计所得。分别使用残差序列基于正态分布及 t 分布的 GARCH（1，1）模型对收益率序列进行回归分析，结果见表 7 - 7 和表 7 - 8。

表 7 - 7　　　基于正态分布的 GARCH（1，1）模型回归结果

参数	美国股票	非美发达经济体股票	新兴市场股票	长期资产	固定收益
b	0.000044	0.000025	0.000020	0.000018	0.000002
α	0.177795	0.081450	0.124903	0.044351	0.055632
β	0.724461	0.855933	0.835895	0.926983	0.910030
$\log L$	1035.9830	1034.1410	1001.1540	908.7118	1447.2370
AIC	-4.9425	-4.9337	-4.7759	-4.3335	-6.9102
SC	-4.9135	-4.9047	-4.7469	-4.3046	-6.8813

表 7 – 8　　　　　基于 t 分布的 GARCH (1, 1) 模型回归结果

参数	美国股票	非美发达经济体股票	新兴市场股票	长期资产	固定收益
b	0.000035	0.000022	0.000020	0.000013	0.000002
α	0.145692	0.077324	0.132596	0.054264	0.053360
β	0.773717	0.865395	0.828520	0.926069	0.918693
T – DIST. DOF	9.9135	9.2984	20.9154	7.3222	12.8469
logL	1039.6640	1041.3320	1002.2640	916.6169	1449.5930
AIC	– 4.9553	– 4.9633	– 4.7764	– 4.3666	– 6.9167
SC	– 4.9167	– 4.9247	– 4.7378	– 4.3280	– 6.8781

表中参数 b、α 及 β 对应 GARCH 模型的参数设定，T – DIST. DOF 表示 t 分布的自由度，logL 表示极大似然估计值（Log Likelihood），AIC（Akaike Info Criterion）和 SC（Schwarz Criterion）表示信息准则。其中 logL 值越大、AIC 值和 SC 值越小，代表 GARCH 模型拟合效果越好。从表 7 – 7 和表 7 – 8 可以发现，大部分 logL 值都超过 1000，且 AIC 值和 SCZ 值均较小于 – 4，说明模型拟合效果较好。进一步比较发现，GARCH – t 模型的 logL 值要比 GARCH – Normal 模型的大，GARCH – t 模型的 AIC 及 SC 的数值要比 GARCH – Normal 模型的小，这说明基于 t 分布的 GARCH 模型比基于正态分布的 GARCH 模型拟合效果更好。基于此，我们将采用 t 分布的 GARCH 模型对其他五个资产的未来收益情景进行模拟和预测。

三、标的资产未来收益的预期

得到上述检验结果后，下一步工作是对每一个投资周期①时间跨度的资产收益情况进行合理预期，并作为后一个投资周期的输入变量，滚动输入模型中进行求解，实现投资组合的动态规划调整。

由于本节采用的周收益数据的披露时间主要是在每周五，因此我们将

---

① 投资周期对应于前文基于 WCVaR 的投资组合模型中的投资周期。由于中投公司的投资风格以组合投资、长期投资为主，这些资产投资的退出及追加投资都有时间、空间及政策性的保护的阻碍，并非随时都能较大幅度地改变投资组合的投资比例。

每周五作为投资决策时点，以周为投资周期，每一周期资产收益率预期过程如下：

第一，在 2016 年 12 月 30 日的投资决策时刻，通过历史收益数据及对应的随机过程，对各类标的资产在 2016 年 12 月 30 日至 2017 年 12 月 29 日的资产收益情形进行预测。

第二，在 2017 年 1 月 6 日的投资决策时刻，通过更新后的历史收益数据及对应的随机过程，对各类标的资产在 2017 年 1 月 6 日至 2018 年 1 月 5 日资产收益情形进行预测。

以此类推，直到最后一个投资决策时刻。由此，根据历史收益数据及对应的随机过程我们得到了从 2016 年 12 月 30 日至 2017 年 12 月 29 日中投公司各个投资决策时刻的各类标的资产预期收益情形。将这些预期的收益分别作为各个投资决策点的输入变量，通过滚动输入模型中并求解，我们即可得到中投公司从 2016 年 12 月 30 日至 2017 年 12 月 29 日各类资产每周动态变化的投资比例。

第四节　模型求解——风险控制下的最优投资组合

模型的最终目标函数值是 WCVaR 值，但其数值意义上仍是一个条件在险价值，其前提是确定 VaR 值。实际测算 VaR 有两类方法：参数法和非参数法。参数法最常用的是方差—协方差法，非参数法有蒙特卡洛模拟法及历史模拟法。方差—协方差法使用较为简单，但假设前提是资产收益率必须服从正态分布；历史模拟法不需要假定收益的特定分布，但过于依赖所使用的数据集，一旦市场波动较大，很难准确估计 VaR 数值。综合考虑，本节采用蒙特卡洛模拟法测算 VaR。

一、蒙特卡洛模拟过程

蒙特卡洛模拟法通过 Matlab 软件实现，具体步骤如下：
步骤 1：选择模拟预测的随机过程，并估计相应参数。

步骤 2：使用蒙特卡洛模拟法产生随机数序列，结合真实收益情形进行滚动预期。

在每一投资决策时点，利用各标的资产的历史收益信息及步骤 1 中确定的随机过程进行蒙特卡洛模拟，生成一定数量的随机数序列。将随机数序列及其他输入变量代入估计模型中，得到每一个投资决策阶段的资产收益情景。在每个投资决策点重复步骤 2，得到下一投资决策时刻的资产收益情景。以此类推，可得到不同时期投资收益情景。具体来说，将 2009 年 1 月 2 日至 2016 年 12 月 30 日各类标的资产的周收益序列作为历史信息，2017 年 1 月 6 日至 2017 年 12 月 29 日作为投资决策期。在 2017 年 1 月 6 日这一投资决策时刻，把对未来一年各类资产收益情景的预期作为输入变量，输入模型中进行求解，得到 2017 年 1 月 6 日的最优资产配置比例；在下一个投资决策时刻 2017 年 1 月 13 日，利用固定期限长度的历史信息对未来一年内的资产指数收益情况进行滚动预期，作为动态调整的输入变量，在模型中求解得到 2017 年 1 月 13 日的最优资产配置比例。以此类推，得到不同时期的投资收益情景和最优投资比例，即 2017 年 1 月 6 日至 2017 年 12 月 29 日共 52 个标的资产收益预期情景及模拟计算结果。

步骤 3：将步骤 2 中各期模拟过程重复 10000 次，并将所得模拟结果取平均值，即为最优投资组合的配置比例。

由于步骤 2 中的模拟结果会随着构建的收益情景不同而有所差异，为增强模拟结果的稳定性，可采取多次蒙特卡洛模拟后取均值的方法来解决。[①]

① 蒙特卡洛模拟在本书求解过程中共使用三处：第一处是模拟预期收益情形时使用正态分布模型及 $GARCH-t$ 模型预测，使用蒙特卡洛模拟生成符合正态分布及 t 分布的随机数序列。第二处是在模型中求解 WCVaR 时，由于涉及 CVaR 的上界，无法直接求解解析解，需要通过数值仿真来实现求解，本书通过分组（1000 组）并多次（每组 1000 次）模拟来进行仿真求得数值解。即把每组计算得到的目标函数值 CVaR 的最值作为数值解上界，再将各组的数值解上界取最小值作为模型目标函数的最小值，该组模拟结果为资产最优投资比例，此过程作为计算 WCVaR 的 1 次模拟计算结果。第三处即在此步骤 3，即把前面步骤中计算 WCVaR 的模拟过程重复 10000 次，并将所得模拟结果取平均值，即为最优投资组合的配置比例。

二、相邻投资决策期投资比例变动上限 K 的设定

假设相邻投资决策期所允许的投资组合的投资比例最大变动幅度为 K，把目标期望收益率 $\bar{R}$ 及每个投资周期的各类资产的预期收益情景作为输入变量输入本节的模型中，求解得到的各个阶段的投资比例即最优投资组合结果。此过程通过 Matlab（R2017b）软件进行。

K 值会影响模型可行解的范围，K 值越大，对每个投资周期投资组合的约束更少，资产配置更灵活，所能达到的可行解范围也更大。在 95% 的置信水平下，经测试，不同 K 的可行解范围模拟结果见表 7-9。

表 7-9　　　　　　　　　可行解范围模拟计算结果

K	5%	10%	15%
可行解范围	$0\% \leq \bar{R} \leq 5.6\%$	$0\% \leq \bar{R} \leq 6.2\%$	$0\% \leq \bar{R} \leq 7.6\%$

本节将 K 值设定为 5%，原因有三：第一，中投公司历年年报披露的资产投资比例变动基本不超过 10%，而本节采用的是周数据，在设定方面应该比 10% 更小才符合实际情况；第二，中投公司资产规模按 5% 的资产投资比例换算约 407 亿美元[1]，市场上已经很少出现规模如此大的标的资产；第三，近三年中投公司的年度平均净收益率为 2.91%，[2] $K=5\%$ 时在此范围内，K 过高会影响模型计算结果的有效性和现实意义。

三、设定目标收益率 $\bar{R}$ 为 4% 下的最优投资组合

截至 2016 年底，其累计年化收益率为 4.76%。运用 Matlab 软件，通过不断滚动模拟和最优化求解，我们得到了如图 7-3 所示的模拟结果。[3]将此 52 期的动态投资比例回溯模拟 1000 次得到 52000 个收益序列，相关

---

[1] 根据中投公司 2016 年年报，中投公司资产规模达到 8135 亿美元，其资产总规模的 5% 约为 407 亿美元。

[2] 2014～2016 年中投公司年度净收益率分别为 5.47%、-2.96% 和 6.22%。

[3] 因本书采用的是蒙特卡洛模拟方法，所以模拟结果会由于每次的预期收益情形的不同而产生最终结果的差异，但这并不会对本书的实质性结果产生较大影响。

统计特征见图 7－4。

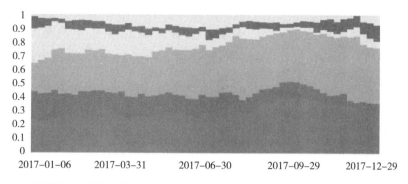

图 7－3　2017 年中投公司标的资产投资比例动态变化

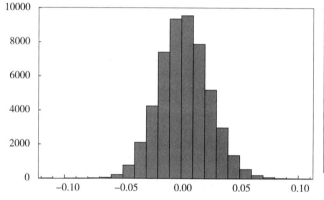

图 7－4　总投资组合收益序列统计特征

从图 7－3 可以看到，在 2017 年整个模拟投资期间，各类资产的投资比例变化趋势可分为三类：第一类是投资比例迅速增长并稳定，包括美国股票、新兴市场股票及绝对收益资产。这三项资产从最初的 24.55%、6.32% 和 16.53%，在短期内分别迅速增长到 42%、17% 和 20%，并最终稳定在该比例上下轻微浮动。第二类是在整个过程中投资比例基本稳定不变。比如"现金资产"投资比例基本维持在 2% 以下。[①] 第三类是投资比例呈现下降趋势，包括非美发达经济体股票、长期资产及固定收益资产。

————————————————

① 这从侧面说明保持现金资产一定的持有率在应对流动性需求时的必要性。

非美发达经济体市场股票经历了一个先增加后减少最后逐渐稳定的过程，在期间末配置比例约为11%，低于初始的投资比例17.76%；长期资产是所有资产中下降幅度最大的，从初始投资比例23.47%下滑至5%以下；固定收益资产从初始投资比例9.87%逐渐下降至3%后，其投资比例也稳定在该数值附近。模型最终投资组合模拟结果：公开市场股票中美国股票、非美发达经济体股票、新兴市场股票分别为40%、10%、15%，绝对收益资产投资20%，长期资产投资5%，固定收益资产投资5%，现金资产保持在5%以下。公开市场股票和绝对收益资产还是占据投资主导地位。

四、模型有效性检验

上述结果是基于目标函数为WCVaR，且投资比例变动上限 K 为5%、目标收益率 $\bar{R}$ 为4%的假设。如果目标函数、输入变量及情景控制参数作适当调整，模拟结果会有所改变。

（一）不同目标函数下的模拟检验结果

表7-10是在 $K=5\%$，$\bar{R}=4\%$ 的假设下，以 CVaR 和以 WCVaR 为目标函数的计算结果对比。可以看到，相比 CVaR，以 WCVaR 为目标函数的最优投资组合动态规划模型计算出的 VaR 值和目标函数值都更小，这说明以 WCVaR 为目标函数的最优投资组合动态规划模型在风险控制能力上更强，能更有效控制投资组合超过 VaR 值的投资损失时的平均损失。

表7-10 $K=5\%$，$\bar{R}=4\%$ 假设下的计算结果   单位:%

目标函数	VaR			目标函数值		
	90	95	99	90	95	99
WCVaR	2.38	3.16	4.60	3.40	4.07	5.44
CVaR	2.71	3.52	5.00	3.77	4.45	5.79

(二) 不同置信水平下的模拟结果

采用有效前沿曲线可检验并比较不同置信水平下的模拟结果。将 2017 年 1 月 6 日这一期的数据代入模型,得出配置结果,并计算配置比例的期望收益率和目标函数值,然后将这两组数据用图表示出来,即可得到有效前沿曲线,图 7 – 5 中三条有效前沿曲线是在不同的置信水平下得到的。第一,它们都是单调递增的。说明投资组合的收益与风险是相互对应的,想提高投资组合的投资回报率但又不想使整个组合的风险上升是不可能的。第二,在其他变量不变的情况下,期望收益率存在一定的范围,无限制地提高最低回报要求或者降低最低回报要求都有可能导致动态优化模型得不出结果。第三,较低的置信水平对应的有效前沿曲线向左上方移动。这说明在同一投资回报率的要求下,置信水平越高,为保证资产的安全性和稳定性,资产配置方对投资的要求也越高,因此风险厌恶的程度也相应提高,即该模型计算过程中得到的目标值函数值也就越大。

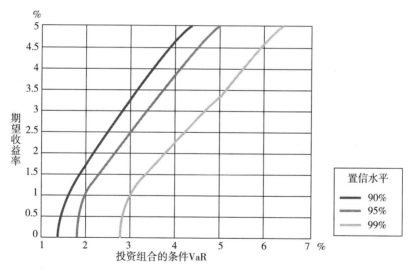

图 7 – 5　不同置信水平下的有效前沿

(三) 不同目标收益率对模拟结果的影响

在其他输入变量不变的情况下,目标收益率的变动对各类资产的配置比例会产生影响。由于模拟次数较多及篇幅限制，此处采用对各类资产投资比例取均值的方法。用 Mean of Weight 代表类标的资产在未来一年内投资比例的均值。WCVaR 和 VaR 是在得到各类资产投资比例动态变化结果后，通过回溯模拟计算并取平均值得到表 7 – 11。为了更清楚地看到目标收益率对标的资产投资比例的影响，用 Excel 绘制图 7 – 6。

分析图 7 – 6 和表 7 – 11 可得到以下结论：（1）在其他变量不变的情况下，随着目标收益率的增加，VaR 及 WCVaR 的数值都逐渐增大。这是因为目标收益率的增加会促使投资方投资更多的高风险资产。当目标收益率达到一定范围时，目标收益率对 VaR 及 WCVaR 的边际效用递减。（2）通常目标收益率变化与长期资产投资比例的变化趋势相反，与美国股票和绝对收益资产投资比例的变化趋势一致。当目标收益率为零时，模型会配置 60% 和 20% 的比例在现金资产和长期资产上，对美国股票和绝对收益资产的配置比例非常低；随着目标收益率的增加，长期资产和现金资产的投资比例基本以固定比例减少；当目标收益率大于某一值时，其比例趋于稳定但保持很低的水平。在整个变化过程中，长期资产和现金资产投资比例逐渐减少之时也正是美国股票和绝对收益资产投资比例暴增的时候。

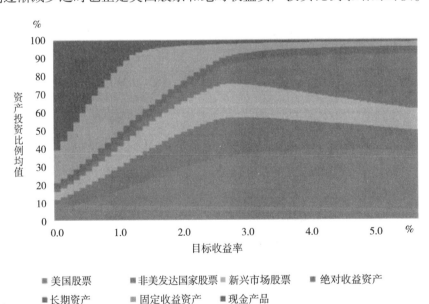

图 7 – 6　目标收益率对标的资产投资比例影响效果

表 7 - 11   模拟计算结果（$K = 5\%$，$\bar{R} \in [0, 5.6\%]$）   单位:%

Target Return ($\bar{R}$)	VaR			WCVaR			Mean of Weight						
	90%	95%	99%	90%	95%	99%	Asset 1	Asset 2	Asset 3	Asset 4	Asset 5	Asset 6	Cash
0.00	0.81	1.18	2.21	1.37	1.76	2.77	6.15	5.35	4.54	1.65	3.08	18.21	61.03
0.10	0.82	1.19	2.20	1.37	1.77	2.77	7.04	5.91	5.06	1.90	3.25	21.05	55.79
0.20	0.83	1.19	2.22	1.38	1.77	2.77	8.02	6.50	5.57	2.14	3.40	23.89	50.48
0.30	0.85	1.21	2.23	1.39	1.78	2.77	9.03	7.17	6.23	2.38	3.53	26.42	45.24
0.40	0.87	1.23	2.23	1.41	1.79	2.78	10.08	7.90	6.93	2.62	3.62	28.60	40.26
0.50	0.89	1.24	2.23	1.43	1.81	2.79	11.09	8.69	7.65	2.85	3.72	30.64	35.36
0.60	0.92	1.28	2.24	1.45	1.83	2.81	12.15	9.48	8.35	3.08	3.80	32.52	30.61
0.70	0.95	1.31	2.25	1.48	1.86	2.84	13.28	10.32	9.07	3.31	3.90	33.95	26.17
0.80	0.98	1.34	2.27	1.52	1.89	2.86	14.42	11.22	9.84	3.54	3.97	35.03	21.98
0.90	1.01	1.38	2.32	1.56	1.94	2.90	15.53	12.13	10.63	3.76	4.04	35.77	18.14
1.00	1.05	1.42	2.36	1.60	1.98	2.95	16.80	12.98	11.38	3.98	4.10	36.24	14.52
1.10	1.08	1.46	2.41	1.65	2.04	3.01	18.17	13.80	12.12	4.17	4.17	36.45	11.11
1.20	1.11	1.51	2.46	1.70	2.10	3.08	19.49	14.65	12.83	4.37	4.22	36.29	8.14
1.30	1.15	1.55	2.50	1.75	2.16	3.15	20.82	15.38	13.52	4.63	4.23	34.80	6.63
1.40	1.18	1.61	2.58	1.80	2.22	3.23	22.14	16.02	14.19	4.90	4.22	32.97	5.57
1.50	1.22	1.67	2.64	1.85	2.29	3.30	23.42	16.61	14.83	5.22	4.22	30.82	4.86
1.60	1.27	1.71	2.69	1.91	2.35	3.38	24.75	17.08	15.42	5.57	4.22	28.62	4.34
1.70	1.31	1.76	2.77	1.97	2.43	3.47	26.10	17.61	15.96	5.91	4.24	26.28	3.91
1.80	1.36	1.82	2.85	2.04	2.50	3.57	27.36	18.32	16.33	6.28	4.26	23.91	3.54
1.90	1.40	1.88	2.93	2.10	2.58	3.66	28.53	18.89	16.73	6.69	4.29	21.67	3.21
2.00	1.44	1.94	3.02	2.16	2.65	3.75	29.55	19.43	17.08	7.15	4.31	19.50	2.98
2.10	1.49	2.00	3.10	2.22	2.72	3.84	30.64	19.89	17.35	7.62	4.31	17.37	2.82
2.20	1.53	2.06	3.17	2.29	2.79	3.92	31.74	20.34	17.68	8.10	4.32	15.27	2.68
2.30	1.59	2.11	3.24	2.35	2.87	4.01	32.60	20.61	18.08	8.59	4.33	13.21	2.58
2.40	1.64	2.18	3.30	2.41	2.94	4.09	33.50	20.87	18.46	9.13	4.33	11.22	2.49
2.50	1.68	2.25	3.35	2.48	3.02	4.18	34.36	21.07	18.84	9.68	4.34	9.33	2.38
2.60	1.73	2.30	3.45	2.55	3.10	4.27	35.20	21.08	19.06	10.28	4.36	7.75	2.28
2.70	1.79	2.39	3.55	2.62	3.18	4.36	35.83	20.89	18.96	11.02	4.32	6.83	2.16
2.80	1.85	2.46	3.64	2.69	3.26	4.46	36.26	20.82	18.82	11.84	4.32	6.21	2.05
2.90	1.90	2.54	3.73	2.76	3.34	4.55	36.59	20.26	18.58	12.68	4.31	5.63	1.95

续表

Target Return	VaR			WCVaR			Mean of Weight						
($\bar{R}$)	90%	95%	99%	90%	95%	99%	Asset 1	Asset 2	Asset 3	Asset 4	Asset 5	Asset 6	Cash
3.00	1.95	2.61	3.86	2.83	3.41	4.64	36.87	19.85	18.35	13.52	4.30	5.23	1.88
3.10	2.00	2.68	3.96	2.89	3.49	4.73	37.20	19.50	17.99	14.34	4.28	4.88	1.80
3.20	2.04	2.75	4.02	2.95	3.56	4.82	37.51	19.10	17.63	15.15	4.26	4.62	1.73
3.30	2.09	2.80	4.07	3.02	3.63	4.91	37.63	18.69	17.44	15.97	4.23	4.38	1.67
3.40	2.13	2.86	4.15	3.08	3.70	4.99	37.84	18.24	17.18	16.75	4.20	4.17	1.62
3.50	2.18	2.92	4.26	3.14	3.77	5.08	38.05	17.81	16.88	17.52	4.18	4.00	1.56
3.60	2.22	2.97	4.34	3.20	3.84	5.16	38.20	17.37	16.64	18.28	4.17	3.82	1.52
3.70	2.26	3.03	4.41	3.26	3.90	5.24	38.33	16.99	16.37	19.03	4.15	3.65	1.48
3.80	2.30	3.08	4.49	3.31	3.96	5.31	38.46	16.55	16.08	19.77	4.15	3.56	1.44
3.90	2.34	3.12	4.54	3.35	4.01	5.38	38.63	16.11	15.77	20.47	4.13	3.48	1.41
4.00	2.38	3.16	4.60	3.40	4.07	5.44	38.73	15.71	15.47	21.18	4.14	3.41	1.37
4.10	2.41	3.20	4.65	3.47	4.14	5.51	38.74	15.39	15.17	21.88	4.13	3.34	1.34
4.20	2.44	3.23	4.72	3.55	4.22	5.59	38.76	15.00	14.99	22.56	4.11	3.27	1.31
4.30	2.47	3.25	4.76	3.63	4.30	5.67	38.80	14.75	14.68	23.21	4.08	3.20	1.28
4.40	2.48	3.29	4.80	3.71	4.38	5.75	38.76	14.58	14.35	23.85	4.06	3.14	1.25
4.50	2.50	3.31	4.85	3.80	4.47	5.84	38.75	14.34	14.05	24.48	4.05	3.10	1.23
4.60	2.53	3.34	4.89	3.90	4.57	5.94	38.76	14.05	13.78	25.10	4.03	3.07	1.21
4.70	2.55	3.37	4.95	4.00	4.67	6.04	38.72	13.77	13.54	25.72	4.02	3.04	1.19
4.80	2.56	3.39	4.99	4.10	4.77	6.14	38.68	13.44	13.34	26.33	4.01	3.01	1.18
4.90	2.57	3.41	5.02	4.21	4.88	6.25	38.64	13.19	13.09	26.92	4.01	2.98	1.17
5.00	2.58	3.43	5.04	4.33	5.00	6.37	38.53	12.93	12.93	27.49	4.01	2.95	1.15
5.10	2.60	3.45	5.04	4.45	5.12	6.49	38.46	12.66	12.78	28.05	4.00	2.91	1.14
5.20	2.61	3.46	5.07	4.57	5.24	6.61	38.34	12.43	12.62	28.60	4.00	2.89	1.13
5.30	2.62	3.47	5.07	4.70	5.37	6.74	38.35	12.11	12.47	29.11	3.99	2.86	1.12
5.40	2.63	3.47	5.08	4.84	5.51	6.88	38.28	11.83	12.35	29.63	3.98	2.83	1.10
5.50	2.63	3.48	5.09	4.98	5.65	7.02	38.22	11.64	12.15	30.12	3.97	2.81	1.09
5.60	2.63	3.49	5.09	5.12	5.79	7.16	38.16	11.47	11.95	30.61	3.96	2.78	1.08

五、结论及建议

第一，2016 年中投公司累计年化收益率为 4.72%，实际资产配置组合是：公开市场股票 45.87%、固定收益 15.01%、另类资产 37.24%，现金 1.88%（见本书第三章）；而本章实证结论中，当预期投资回报率设置为 4.70% 时，最优资产组合为：公开市场股票 66.03%（其中美国股票、非美发达经济体股票、新兴市场股票分别为 38.72%、13.77%、13.54%），另类资产 29.74%（其中绝对收益资产投资 25.72%，长期资产投资 4.02%），固定收益资产投资 3.04%，现金资产 1.19%。对比可以看出，当前我国主权财富基金公开市场股票比重相对偏低，固定收益资产比重相对偏高。要提高最低投资回报，应增加对公开市场股票配置，降低固定收益的投资。

第二，资产组合投资比例变动越大，目标收益率的可行域越大。但若投资比例变动过大，会使最终的资产配置比例过于集中，与中投公司多样化分散投资理念相悖，现实情况也不允许短期内投资比例大幅变动。

第三，当前我国公开市场股票投资中以发达经济体为主（2016 年美国加非美发达经济体股票在股权投资中占比高达 88.98%），今后应适当增加新兴市场经济体的股权投资。因为科技的发展和中产阶级的壮大，使资源和出口已不再是经济增长和股市的主要推动力量，新兴市场经济体持续的金融市场结构性改革将给机构投资者带来更多的投资机会。在新兴市场经济体适当增加投资有利于中投公司分享其增长红利，提高整体投资组合的投资收益。

第四，基于 WCVaR 为目标函数的投资组合模型的模拟结果较以 CVaR 为目标函数的投资组合模型的风险控制效果更好。在同样的目标收益率下，目标函数值 CVaR 更低，有更高的有效前沿。这也说明该模型在风险控制上的有效性，能有效地控制中投公司发生总组合损失时的平均损失。

第五，控制某些变量条件后，中投公司最终的目标函数值 CVaR 值仍然较大，结合中投公司历年现实投资收益情况，反映出中投公司在遭遇全球金融市场波动时风险控制能力不足。

本章小结

本章在传统的均值—方差模型和均值—CVaR 模型基础上，加入允许的最大投资比例变动和目标收益率等合理的约束条件，重新调整目标函数，建立了基于 WCVaR 风险控制的动态规划模型来研究我国主权财富基金的最优投资组合。将最优投资组合与我国实际资产战略配置情况进行对比，可以发现当前我国主权财富基金在公开市场股票上比重相对偏低，固定收益资产比重相对偏高。要提高最低投资回报，应增加对公开市场股票的配置比例，降低固定收益的投资。

第八章

我国主权财富基金投资与风险管理：
新加坡的经验借鉴

　　新加坡是亚洲地区发展较早的国家。20 世纪 70 年代以来，新加坡制造业和服务业快速发展，对外贸易使新加坡外汇储备规模迅速扩大。为了更好地运用外汇储备服务于新加坡的国有企业发展，同时为提高外汇储备的投资收益，1974 年 6 月 25 日新加坡政府组建了淡马锡控股公司（Temasek Holdings，以下简称淡马锡），1981 年 5 月又成立了新加坡政府投资公司（Government of Singapore Investment Corp，GIC），这两个公司均属于新加坡主权财富基金。两个公司投资目标不同，淡马锡主要负责战略性投资，GIC 主要负责组合型投资。两公司各自独立运营，彼此没有财务关系。

第一节　淡马锡控股公司

　　淡马锡控股公司也称淡马锡控股私人有限公司，新加坡财政部对其拥有 100% 的股权。新加坡自 1959 年从英国取得自治权，特别是 1965 年与马来西亚分离后，国家主权及经济发展完全掌握在自己手中。刚诞生的新加坡政府面临的首要任务是创造就业机会，为此采取了以政府为主导、大力发展劳动密集型产业的经济方针。当时新加坡的一些基础产业如交通运输、造船业是由政府出面兴办的，人们把这类企业称为与国家有联系的企业，简称"国联企业"。到 20 世纪 70 年代中期，由政府各部门出面兴办的国联企业越来越多，如何加强对这些企业的管理与监管，使它们能够在竞争激烈的市场中不断发展壮大，是当时新加坡政府面临的一个十分迫切而又艰巨的课题。1974 年新加坡政府决定由财政部（投资司）组建一家专门管理投入国联企业资本的资产管理公司，这家公司就是淡马锡公司①。它是按照新加坡公司法的规定以私人名义注册成立的控股公司。根据政府委托，新加坡开发银行等 36 家国联企业的股权（总额达 3.45 亿新加坡元，折合 7000 多万美元）被授权由淡马锡公司负责经营。

自成立以来，淡马锡创造了"全球国有企业赢利神话"，被誉为"最牛国企"。截至 2017 年 3 月 31 日的财政年度末投资组合净值达 2750 亿新加坡元②，股东总回报率达 15%。通过参控股国有企业，淡马锡培育了包括"星展"银行、新加坡航空、新加坡电信、新加坡科技电信媒体公司等在内的国有大型企业，实现了"通过有效的监督和商业性战略投资来培育世界级公司，为新加坡经济发展做贡献"的战略性投资作用。淡马锡的成功证明了国有企业完全可以像私营企业一样富有效率，其经营模式也值得其他转轨国家国企改革时参考。

一、管理目标及投资原则

淡马锡的管理目标是："对新加坡国有企业进行投资，通过商业性战略投资来培育世界级公司，扶持和提高国有企业的国际竞争力，帮助新加坡重要产业发展。"新加坡政府赋予它的经营宗旨是："通过有效的监督和商业性战略投资来培育世界级公司，从而为新加坡的经济发展作出贡献。"

淡马锡初期投资领域在新加坡国内。20 世纪 70 年代，其分别控股了星展银行（DBS Group）、新加坡航空、新加坡电信、新加坡科技电信媒

---

① 淡马锡在爪哇语中是"海城"的意思，"海城"本是新加坡的古称，以国家古称命名企业，淡马锡的地位可见一斑。

② 新加坡 2016 年的 GDP 不过 2970 亿美元。也就是说，淡马锡的净资产，占到新加坡 GDP 的 66%。

体公司、PSA 国际港务集团等数十家国有大型企业。通过对这些国有企业投资，扶持了一大批有国际竞争力的国家企业发展，新加坡也跃居成为亚洲"四小龙"之一。淡马锡抓住这个时机几乎控制了新加坡的经济命脉，投资平均回报率曾高达 18%。

亚洲金融危机后，新加坡国内经济增长速度变慢，投资机会减少。而亚洲转型经济体（包括中国）经济却快速发展，投资机会增加。在这种情形下，淡马锡将投资重点转向东亚和东南亚，投资国家包括中国、印度、越南、泰国和俄罗斯等，投资视角转向国际金融和高科技产业。淡马锡投资原则主要有四个：投资与经济转型相关的产业部门；投资中产阶级需求的公司与产业；投资具有潜在比较优势的公司；投资同类企业中最好的公司（新兴的龙头企业）。

淡马锡对投资区域、投资行业以及资产流动性方面都有严格要求。要求扎根亚洲，尤其是扶助新加坡的国有企业和重要行业；要求带来长期价值，并在众多行业中都有投资分布；在流动性方面要求以高流动性的股票投资组合为主。

二、管理模式和组织构架

淡马锡的管理模式属于财政部独立负责管理的模式，财政部对其拥有100% 的控股权。财政部工作主要包括任命淡马锡控股的董事局主席、董事和总经理；审阅淡马锡控股年度财务报告；召集与淡马锡控股或其管理相关联公司会议，讨论公司的绩效和计划。财政部只在影响淡马锡在某个关联公司股份并购和出售出现问题时才进行干预。

董事会作为政府的产权代表负责对淡马锡资产管理提供全面指导和政策指引，实施全面监控，决定公司的经营方针、股息分配及配股事宜，在投资决策、资金使用等方面也享有完全自主权（不受财政部制约）。董事会成员包括董事长、副董事长、董事、执行董事兼首席执行官等 14 名成员，除了部分是政府公务员外，多数是来自私营企业的商界领袖。作为政府公务员的董事兼职不兼薪，薪水由政府支付。在投资决策时，政府公务员代表政府利益，更多考虑国家宏观的公正因素，而来自私营企业的人士则保证企业在市场竞争中的运营效率。董事会每季度开一次会，会议决策采用少数服从多数方式。传阅形式的董事会决议则须至少2/3的董事会成员批准方可生效。

董事会下设执行委员会、审计委员会以及领导和薪酬委员会，各委员会主席由独立于管理层的非执行董事担任。执行委员会职能是对财务监督、控制问题，对资本、购并、股权结构改变的问题，分红政策和主要商业决策问题等进行审查、讨论、批准，制定有效管理淡马锡资本、资源的政策和指南。

审计委员会大部分为非执行独立董事，由来自私营企业的商界领袖组成，主要职能为审查内控体系，财务报告流程，审计法律条例合规性的监控流程，确保公司运营适当。具体包括财务报告；内外部审计；内部控制；遵循适当的法律和法规；淡马锡伦理和操作标准；估价政策和程序。审计委员会在提交董事会批准之前审查财务报表，向董事会建议任命和重新任命审计师，受董事会授权从员工处收集所需的信息，获取外部法律和其他专业意见。

领导和薪酬委员会主要职能为：为关键岗位领导人的任命和继任计划，以及董事会的任命、续聘和薪酬的确定建立政策和提供指南。该委员会关注非执行董事的薪酬变化趋势，以便和产业发展标准保持同步，以吸引高素质的董事。

董事会任命首席执行官，首席执行官下设三大部门——战略发展部、资本和投资管理部及公司事务管理部（见图8-1）。战略发展部又分为亚洲战略部、东盟战略部和全球战略部，其职责是确立战略投资项目。资本和投资管理部分为自有资金投资部和基金管理事务部。自有资金投资部通过下属各子公司方式进行投资和管理，淡马锡对直属子公司基于产权关系的管理和控制主要是通过委派子公司董事会成员、保留子公司资金增加的审批权、控制子公司重大产权经营决策等方式来实现。对基金投资主要通过设置各类子基金方式进行。公司事务管理部又包括管理支持部、战略协调部、组织与公司管理部、财务部、内部审计部和风险管理部。

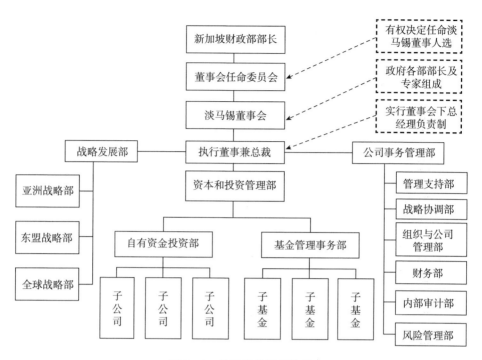

图 8-1 淡马锡的组织构架

三、投资特点

(一) 次贷危机后，投资组合净值逐年增加

表 8-1 是近 10 年来淡马锡资产组合规模。次贷危机对淡马锡资产规模造成了较大的冲击，2009 年组合净值比 2008 年下降了 550 亿新加坡元。危机过后淡马锡实现了投资组合净值的稳步增长。截至 2017 年底，其投资组合净值已经上升至 2750 亿新加坡元，是 2007 年的 1.67 倍。

表 8-1　　　　　　　　近 10 年淡马锡投资组合规模　　　　单位：亿新加坡元

年份	2007	2008	2009	2010	2011	2012	2013	2014	2015	2016	2017
净值	1640	1850	1300	1860	1930	1980	2150	2230	2660	2420	2750

资料来源：根据淡马锡年报归纳整理。

（二）投资地理区域以本国和亚洲区域为主，近年来增加了对经济合作与发展组织的投资

在地理区域的选择上，长期以来主要集中在新加坡国内以及亚洲地区。从表 8－2 可以看到，2010 年淡马锡控股在新加坡以及其他亚洲区域的投资占比高达 78%。近年来各区域投资比重基本维持在：亚洲（除新加坡）：新加坡：OECD＝40：30：30，剩余不超过 5% 的投资投放在拉丁美洲、东欧、中东、非洲等其他地区。截至 2017 年 3 月 31 日，淡马锡控股在新加坡以及其他亚洲区域的投资占比为 68%，其中以新加坡和中国为主，分别占 29% 和 25%（见图 8－3）。

表 8－2　　　　　　　　　淡马锡投资组合——按地理分　　　　　　　单位:%

年份 国家和区域	2008	2009	2010	2011	2012	2013	2014	2015	2016	2017
亚洲（除新加坡）	41	43	46	45	42	41	41	42	40	39
新加坡	33	31	32	32	30	30	31	28	29	29
OECD	23	22	20	20	25	25	24	26	27	28
其他	3	4	2	3	3	4	4	4	4	4

资料来源：由 Temask Review 2008～2017 年数据估计所得。

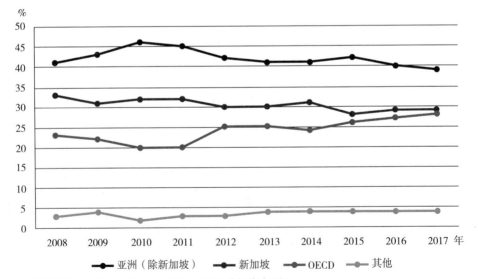

资料来源：由 Temask Review 2008～2017 年数据估计所得。

图 8－2　2008～2017 年淡马锡投资的地理分布

地理区域（%）		2017年	2016年	2015年
● 新加坡		29	29	28
● 中国		25	25	27
● 亚洲其他国家和地区		14	15	15
● 北美洲		12	10	9
● 澳大利亚及新西兰		8	9	9
● 欧洲		8	8	8
● 非洲、中亚及中东		2	2	2
● 拉丁美洲		2	2	2

资料来源：Temask Review 2017。

图 8 - 3　2015 年至 2017 年 3 月 31 日淡马锡投资的主要国家和区域

淡马锡尤其偏爱投资中国。淡马锡拥有中国建设银行 4% 的股份、中国工商银行 2% 的股份、中国平安保险 2% 的股份和阿里巴巴 1% 的股份，还投资了京东、携程、滴滴出行、汇源果汁、雅士利国际、世纪互联等中国企业。2017 年 2 月还注资中国共享单车——摩拜单车。

（三）投资行业集中在金融、电信、通信、交通、能源领域

在资产配置的行业选择上，淡马锡主要投资金融服务、电信媒体与科技两大行业，次贷危机前该两大行业投资占比高达 70%，其中在金融业投资长期维持在 30% ~ 40%。次贷危机后虽然淡马锡逐年减少了对金融业投资比重，但在这两个行业投资比重仍接近 50%（见表 8 - 3、图 8 - 4）。次贷危机后淡马锡加大了对消费与房地产的投资。消费领域是反映中产阶级壮大和经济体转型的晴雨表。

表 8 - 3　　　　　　　　　　淡马锡投资组合——按行业分　　　　　　　　　单位：%

年份 行业领域	2008	2009	2010	2011	2012	2013	2014	2015	2016	2017
金融服务	40	33	35	36	31	31	30	28	23	25
电信、媒体与科技	26	27	24	22	24	24	23	24	25	23
交通与工业	16	19	23	23	21	20	20	17	18	17
消费与房地产	—	—	—	—	—	—	—	15	17	17

续表

年份 行业领域	2008	2009	2010	2011	2012	2013	2014	2015	2016	2017
生命科学与综合农业	—	—	—	—	—	—	—	3	4	4
生命科学、消费与房地产	9	10	11	11	12	12	14	—	—	—
能源与资源	5	5	2	3	6	6	6	5	3	3
其他	4	6	4	5	6	7	7	8	10	11

资料来源：根据淡马锡各年度年报公布数据整理。

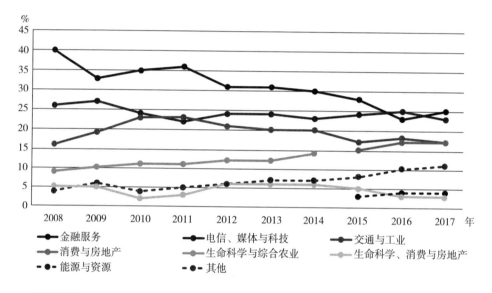

图 8 - 4　近 10 年来淡马锡投资行业变化

资料来源：Temask Review 2008～2017 年。

目前，淡马锡共参股了 500 多家公司，其中 100% 控股的企业有新加坡国际港务集团，世界第二大港口运营商——新加坡电力，新加坡最大的电力公司新加坡能源公司，新加坡电力、管道煤气供应商新加坡 SMRT 公司，新加坡地铁、轻轨、巴士等公共交通供应商新加坡科技电信媒体私人有限公司，新加坡最大的电信公司之一新传媒集团，新加坡最大的媒体广播机构和仅地面电视广播机构丰树，新加坡著名的房地产开发公司 MPH；

新加坡著名的生态乐园旅游公司新加坡科技，新加坡最大的电子工程服务公司——盛裕控股集团，新加坡全方位建筑咨询企业。参股的公司主要有全球十佳航空公司之一新加坡航空公司（56%的股份），新加坡最大的电信公司新加坡电信（52%的股份），亚洲最大的房地产公司之一凯德置地（40%的股份），国际知名的农产品及食品贸易商新加坡翔兰公司（52%的股份），亚洲最大的国防和工程集团公司之一新科工程公司（51%的股份），新加坡知名的能源、水务与海事工程集团胜科工业集团（49%的股份），东南亚银行界龙头——星展银行（29%的股份），新加坡机场服务公司新翔集团（40%的股份），新加坡最大的跨国企业吉宝集团（20%的股份）。

（四）关注能源与资源行业投资，战略投资意图明显

淡马锡非常关注能源与资源行业投资，几乎每年都有相关投资的报道。2010年淡马锡控股注资2亿美元到印度能源公司GMR，投资4亿美元于Odebrech的石油与天然气业务，投资7亿新加坡元于美国崔石比克能源公司（Chesapeake Energy Corporation）；2011年对页岩能源供应商FTS International的投资总值达20亿新加坡元，对美国知名肥料生产商The Mosaic Company投资总值超过10亿新加坡元；2012年能源与资源领域的净投资额更是高达40亿新加坡元，投资对象包括美国天然气公司Cheniere Energy、西班牙的上市综合石油公司Repsol，以及包括中国昆仑能源在内的数家大型能源资源公司。2013年淡马锡设立蘭亭能源，持有100%的股权，应对国内对清洁能源日益增长的需求，特别是液化天然气供应链相关业务，体现了淡马锡扶持国内企业的职能。2014年以来淡马锡在能源和资源领域的投资具体见表8-4。

表8－4 淡马锡投资的能源与资源公司情况

年份	公司名称	持股比例（％）	货币单位	数额
2014	美盛公司	6	百万美元	19429
	英国天然气集团	<1	百万英镑	38101
	FTS 国际公司	41	百万美元	586
	昆仑能源有限公司	1	百万港元	104780
	MEG Energy Corp.	5	百万加拿大元	8315
	昆仑能源有限公司	<1	百万港元	132842
	Repsol，S. A.	6	百万欧元	24537
	Turquoise Hill Resources Ltd.	9	百万加拿大元	7445
	蘭亭能源	100	百万新加坡元	2105
2015	英国天然气集团	<1	百万英镑	28306
	FTS 国际公司	41	百万美元	531
	MEG Energy Corp.	5	百万加拿大元	4580
	Repsol，S. A.	7	百万欧元	23830
	Turquoise Hill Resources Ltd.	9	百万加拿大元	7949
	蘭亭能源	100	百万美元	1526
2016	Repsol，S. A.	5	百万欧元	14302
	Turquoise Hill Resources Ltd.	9	百万加拿大元	6681
	蘭亭能源	100	百万美元	1508
2017	睿烁能源	4	百万欧元	21660
	Turquoise Hill Resources Ltd.	9	百万加拿大元	8170
	蘭亭能源	100	百万美元	1622

资料来源：Temasek Review 2014～2017 年，截至各年的 3 月 31 日。

淡马锡主要战略投资方式是股票市场公开收购或股权直接投资。进行股权投资目标企业选择时，淡马锡非常关注公司内涵价值，不仅投资于业绩持续增长的企业，也投资于初步成长中的企业。淡马锡控股在 2015 年 4 月投资的 SVB India Finance 就是一家服务于高增长创业项目的印度融资机构。

（五）实施投资经理人的聘选机制

淡马锡不直接任命所投资的公司的管理者，旗下公司的经理人选择与政府完全脱离，鼓励所属企业到境外聘请专业董事与职业经理人是淡马锡的重要政策。

淡马锡认为，一流的人才才能作出一流的决策，创造一流的业绩，因而旗下企业十分重视人才队伍建设，基于"经济发展最重要的动能来自人力资源"，把提升"人力资本"作为企业发展重点。淡马锡管理层拥有一批面向全球招聘的、熟悉不同行业投资环境的专家以及从世界级金融机构如汇丰、花旗、美国运通聘来的金融专才。例如，为了开拓在中国的金融投资业务，不惜重金从高盛公司挖来资深银行家，为了进军中国广东发展银行，聘任原香港财政司长梁锦松负责董事会，等等。对于这些优秀的职业经理人，淡马锡建立了"使管理层的兴趣和为股东创造价值相一致"的薪资福利计划。此外，淡马锡和淡联企业也高度重视自身投资人员的培训，致力于把企业建设成学习型机构。目前，淡马锡控股的雇员中有70%以上都来自新加坡国内，高层管理人员也有60%来自本国。

四、风险管理

淡马锡将风险分为三类：战略风险（Strategic Risks）、金融风险（Financial Risks）和运营风险（Operational Risks）。战略风险包括投资的综合风险概况、政治风险、融资及流动性风险、结构性外汇风险和信誉风险；金融风险包括宏观经济风险、投资区域风险、行业领域风险、市场风险和计税风险；运营风险包括人员风险、系统与流程风险、法律监管风险、交易对手风险及业务中断风险等（见表8-5）。

表8-5　　　　　　　　　　　　淡马锡风险管理体系

战略风险	金融风险	运营风险
信誉	宏观经济	人员
综合风险概况	投资区域	法律监管
融资及流动性	行业领域	系统与流程
政治	市场	交易对手
结构性外汇	计税	业务中断

资料来源：淡马锡2014年年报。

针对战略风险，主要考虑东道国的信誉、政治因素，同时平衡外汇结构来制定和实施投资战略。

针对金融风险，一方面考虑宏观经济因素，另一方面采用多元化的投资方式——从多区域、多行业的角度组合化投资。2012~2013年淡马锡将北美洲和欧洲的投资比重由11%增加至12%，拉丁美洲也增加了一个百分点至2%。从产业层面看，淡马锡在金融领域、电信科技、交通与工业、能源资源等行业都有所涉猎，能源与资源、电信媒体与科技行业投资增长较快，此外还综合考虑市场因素和东道国的税收政策。淡马锡主要采用风险值方法（Value at Risk，VaR）预测投资组合潜在损失，掌握风险资产在不同区域、不同行业的风险情况，及时采取措施进行调整应对。风险控制部门每个月都对集团投资风险总体评估一次，对其所属基金管理公司每日评估，以时时有效地监测风险。

针对运营风险，淡马锡控股通过核准审批权限、公司政策与标准操作程序来推动终端到终端的流程管控，由内部审计和法律部门配合完成。内部审计部门每18个月对公司各个部门轮回审计一次，法律部门则对集团各部门的合规情况随时监督检查。

第二节　新加坡政府投资公司

新加坡政府投资公司（Government of Singapore Investment Corporation，GIC）成立于1981年5月，由新加坡政府全资拥有。20世纪70年代以来，新加坡外汇储备不断增加，新加坡政府在对经济前景进行评估后，预计国际收支将保持持续盈余，基于提高外汇储备投资收益角度考量，决定成立一个政府投资公司，将部分外汇储备从新加坡金融管理局（MAS）中分离出来，交给该公司进行积极投资与管理，GIC由此成立。新加坡总理李光耀亲自担任创始主席。截至2017年12月31日，GIC资产规模达到3590亿美元，排名全球第八位。目前，GIC有员工1400多人，投资团队来自全球30多个国家，在全球设置了10个办事处（新加坡、纽约、北京、上海、伦敦、旧金山、首尔、东京、孟买、圣保罗）。

一、管理目标及投资原则

与传统外汇储备注重安全性和流动性管理目标不同，GIC 的目标是实现外汇储备保值增值，能创造用于新加坡现在和未来建设所需的现金流，为新加坡提供持续和长远的回报，GIC 投资收益能够为政府在教育、医疗保健、基础设施建设、投资研发等方面提供资金支持。① 基于此理念，GIC 投资目标是追求长期投资回报，实现高于全球通货膨胀的良好长期收益。②

GIC 的投资原则是廉洁、群策群力、精益求精、长远投资观及谨慎决策。为确定资产的价值所在，GIC 采用"自上而下"与"自下而上"的分析方法。"自上而下"是指关注一个国家的宏观经济、政治、货币和公司治理文化，以及行业结构和趋势等行业基础；"自下而上"是指对投资资产进行具体分析，取决于投资的资产特点。例如，公共股票关注公司的商业模式和竞争优势、资产负债表、盈利能力和管理；房地产资产则关注选址、建筑质量、租户构成、租赁期限和收入前景等。

二、管理模式和组织构架

GIC 依据新加坡《公司法》，资产所有权归政府，GIC 作为受托人接受政府（委托人）委托对基金进行独立管理，收取管理费用。新加坡政府只负责设定投资收益目标，对经营业绩进行评估，不参与具体经营。因此 GIC 采取的是独立于中央银行和财政部的、独立的商业化运营模式。③

董事会是 GIC 的最高决策机构，负责制定重大投资战略，确定政策性

---

① GIC 网站 http：//www.gic.com.sg/about/overview。

② 其衡量投资回报的指标为 20 年滚动年化实际回报率（考虑全球通货膨胀和国际货币购买力，以期在 20 年的投资期限内创造出可持续的、优越的实际回报）。

③ GIC 投资完全以利益为导向，采取市场化行为进行投资和管理。当然，因为委托人是新加坡政府，GIC 要接受新加坡国会的直接监管，并要向新加坡总统提交财务报告，其预算也须经过总统认可。总统有权随时要 GIC 提供有关公司的所有信息，而公司盈利则受新加坡《公司法》的规范。

投资组合、决定长期资产配置策略、评价 GIC 投资组合的整体表现及监督公司的运营情况。董事会下设董事委员会、国际咨询委员会和集团执行委员会。董事委员会负责监督五个关键领域——投资政策、投资审核、风险管理、审计及人力资源与组织发展。投资审核委员会和审计委员会于2012 年 1 月 1 日设立，2013 年 4 月投资审核委员会更名为投资委员会。国际咨询委员会于 2011 年 10 月 1 日设立，其职责是负责对投资进行咨询，提供有关市场发展的意见，特别是对世界各地的投资机会的中长期展望，成员都具有广泛国际经验的外部咨询顾问。

集团执行委员会是 GIC 的核心管理机构，下属 GIC 资产管理公司、GIC 房地产公司和 GIC 特殊投资公司三家全资子公司。GIC 资产管理公司（The Government of Singapore Investment Corporation Pte Ltd）主要投资公开市场，包括股票、债券及货币市场等；GIC 房地产投资有限公司（GIC Real Estate Pte Ltd）主要投资新加坡以外的房地产以及房地产相关资产，是全球最大的地产公司之一；GIC 特殊投资有限公司（GIC Special Investments Pte Ltd）主要投资创业风险投资、企业重组、过渡性融资以及垃圾债券等。各部门职责和组织构架分别见图 8 - 5 和表 8 - 6。

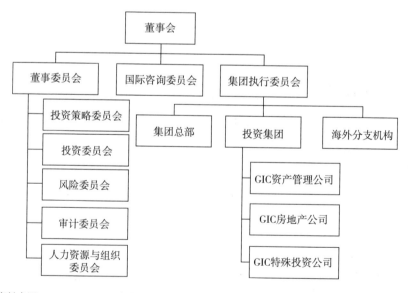

资料来源：GIC 2016～2017 年年报。

图 8 - 5　GIC 的组织构架

表 8 - 6　　　　　　　　　　GIC 各部门管理职责

机构	下属机构	主要职责
GIC 董事会		负责 GIC 的政策性投资组合，决定其长期资产配置策略，负责 GIC 投资的整体绩效
国际咨询委员会		提供有关市场发展的意见，特别是对世界各地的投资机会的中长期展望
董事委员会	投资策略委员会	协助 GIC 董事会评估管理层对资产配置的建议，定期审查与投资组合相关的事宜，包括再平衡、投资组合流动性、资本预算使用情况、基金的战略实施、风险方法、情景和压力测试，每月监督投资组合的表现和风险
	投资委员会	监督直接投资的战略规划、进度和步伐，审查与被投资公司的关系，帮助确定和发展交易机会，该委员会不批准投资
	风险委员会	制定风险管理政策，监督风险管理政策实施的有效性，审查 GIC 风险状况以及运营投资产生的重大风险问题
董事委员会	审计委员会	审查和评估内部控制的充分性和有效性，包括财务、运营和合规以及风险管理政策和程序；监督和评估内部审计职能的有效性；审查财务报告流程的完整性，严重的道德违规，法规和法律要求的遵守，以及欺诈和财务损失的问题
	人力资源和组织委员会	监督 GIC 的组织事务，包括薪酬政策、人才发展、继任计划和组织发展
集团执行委员会	GIC 资产管理公司	资产管理部门——负责执行 GIC 在公开市场的投资操作，诸如股票、固定收益证券及货币市场工具等 企业服务部门——提供遂行投资所需的诸如企业规划、金融服务、内部稽核、风险管控、信息技术、行政管理及人力资源等整合性的服务
	GIC 房地产公司	直接或间接投资世界各地的不动产，已逐渐成为 GIC 稳定长期投资报酬的重要贡献者
	GIC 特殊投资公司	专门投资未上市公司的分支，为了获取优异的长期投资报酬，GIC 必须让投资触角遍布各个领域，包含创业投资、合资、过渡性融资、买断、垃圾债券及企业重整等

资料来源：根据 GIC 2016 ~ 2017 年年报归纳整理。

三、投资特点

GIC 自 2008 年《圣地亚哥原则》制定以后才开始每年公布年报，且年报中不公布资产规模，仅披露限于投资资产配置、投资地域分布和投资表现，因此透明度较低。

（一）商业化运作，职能部门职责清楚，各司其职

GIC 投资过程包括三步：第一步，根据新加坡政府投资目标、期限、风险容忍度以及预期的风险回报来决定长期资金配置。这部分主要由董事会决策，并定期审核、回顾与评估。第二步，管理层决定如何实行董事会决策，包括积极投资与消极投资比例、投资决策类型、风险资产的分配及经理人的选择等。第三步，由实际投资部门或经理人决定资产组合构建，包括货币选择、国家、产业与部门分配、证券选择和收益管理等。

（二）资产类别包括公开市场股票、固定收益和现金、另类资产

GIC 资产种类包括公开市场股票（包括发达市场股票、新兴市场股票）、固定收益（包括名义债券、通货膨胀联结债券）、另类资产（包括房地产、私募股权、风险投资、基础设施、绝对回报策略和天然资源）以及现金和其他。

自 2013 年 4 月起 GIC 实施了新的投资框架，将 GIC 的投资组合分为政策投资组合和积极投资组合。政策投资组合代表了 GIC 长期资产配置策略，主要投资于六个核心资产——发达市场股票、新兴市场股票、名义债券和现金、通货膨胀联结债券、房地产和私募股权。政策组合目标是"考虑不同资产类别在各种经济环境下的表现，在此基础上通过多样化和组合管理获得可持续的良好回报"。其资产配置方案由 GIC 董事会批准通过，一旦确定不经常调整。积极投资组合是对政策投资组合的补充。资产分配给投资团队后，投资团队在 GIC 董事会设定的风险限度内寻求投资机会，力争获得超过政策组合的超额收益，力求在政策投资组合的基础上增加价值。

近十年来 GIC 资产配置占比情况见表 8 - 7 和图 8 - 6。

表 8－7　　　　　　　　　　　2014～2017 年 GIC 资产配置占比　　　　　　　　单位:%

		2014 年	2015 年	2016 年	2017 年
公开市场股票	发达市场股票	29	29	26	27
	新兴市场股票	19	18	19	17
	总占比	48	47	45	44
固定收益和现金	名义债券和现金	31	32	34	35
	通货膨胀联结债券	5	5	5	5
	总占比	36	37	39	40
另类资产	房地产	7	7	7	7
	私募股权	9	9	9	9
	总占比	16	16	16	16
合计		100	100	100	100

注：每一年的截止时间为 3 月 31 日。

资料来源：根据 GIC 各年报数据整理。

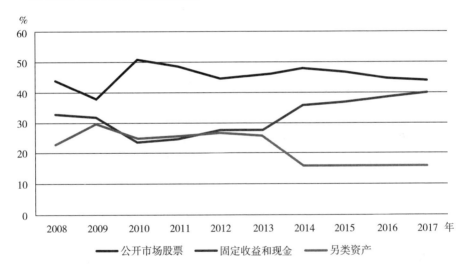

资料来源：根据 GIC 年报数据制作。

图 8－6　GIC 资产配置占比变化

可以看到，次贷危机后由于全球股市受挫，基于降低风险，GIC 减少了公开市场股票的投资，适当增加了另类资产的投资（2007 年 7 月至2008 年 9 月，GIC 在公开市场股票的投资减少了 10%以上），这种预防性策略的调整避免了投资组合出现更大的损失；伴随国际金融危机后各国宽松的货币政策的实施，固定收益债券收益率有所下降，GIC 减少了固定收益投资（从 2008 年的 26% 下降到 2010 年的 20%），适当增加了现金持有量（从 2008 年的 7% 调整到 2009 年的 8%）。

自 2009 年以来，GIC 预期股市价格会逐渐恢复，减少现金持有量（从 2009 年的 8% 下降到 2011 年的 3%），将现金用于投资发达经济体公开市场股票（占比从 2009 年的 28% 上升到 2010 年的 41%），从而把握了市场有利时机，赢得了股市逐步反弹带来的价值收益。

从长期来看，GIC 的资产主要配置在发达经济体和新兴市场股票投资上，其公开市场股权投资比例始终在 45% 左右。自 2014 年以来，GIC 在公开市场股票和固定收益的投资高达 84%，另类资产保持 16% 不变，这在图 8-6 中可明显反映，说明其投资策略还是采取传统的资产配置组合策略。

（三）投资地理区域以发达市场经济体为主，近年来增加了新兴市场投资

从地理区域分布上看，GIC 投资组合主要分布在美洲、欧洲及东南亚地区（见图 8-7），投资国家主要集中在美国、英国、日本和欧元区国家（见表 8-8）。

表 8-8 　　　　　　　　　GIC 投资地理区域分布　　　　　　　单位：%

年份 国家和区域	2008	2009	2010	2011	2012	2013	2014	2015	2016	2017
美洲	**40**	**45**	**43**	**42**	**42**	**44**	**42**	**43**	**42**	**43**
美国	34	38	36	33	33	36	34	34	34	34
拉丁美洲	—	—	—	4	4	4	4	3	3	3
其他	6	7	7	5	5	4	4	6	5	6
欧洲	**35**	**29**	**30**	**28**	**26**	**25**	**29**	**25**	**25**	**24**
英国	8	6	8	9	9	8	8	7	7	6
欧元区	11	12	11	12	11	11	14	12	12	12
其他	16	11	11	7	6	6	7	6	6	6

续表

国家和区域 \ 年份	2008	2009	2010	2011	2012	2013	2014	2015	2016	2017
亚洲	**23**	**24**	**24**	**27**	**29**	**28**	**27**	**30**	**31**	**31**
日本	11	11	11	11	12	10	10	10	11	12
南亚	8	10	10	12	13	13	14	15	—	—
其他	4	3	3	4	4	5	3	5	20	19
澳洲	**2**	**2**	**3**	**3**	**3**	**3**	**2**	**2**	**2**	**2**
合计	100	100	100	100	100	100	100	100	100	100

注：各年度数据截止时间为各年度的 3 月 31 日。

资料来源：根据 GIC 各年报数据整理。

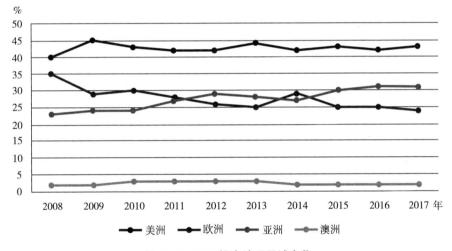

图 8 - 7 GIC 投资地理区域变化

次贷危机后，GIC 对投资环境进行了评估，认为新兴经济体的全球经济增长将高于发达经济体，新兴市场股票也将受益于持续的结构性改善，因此加大了对新兴经济体的投资，特别是在亚洲地区的投资。亚洲地区投资占比从 2008 年的 23% 增加到 2017 年的 31%。与此同时，基于"欧债危机"的影响，欧洲地区的投资占比从 2008 年的 35% 下降到 2017 年的 24%。

自 20 世纪 90 年代初 GIC 就开始对中国的各种资产进行投资，包括债券、股票、私募股权、房地产等，目前其在北京和上海都成立了办事处。

（四）投资行业广泛，注重科技、金融、房地产和能源投资

GIC 投资行业广泛，涉及科技、媒体和电信（Technology，Media，Telecom，TMT）、金融、房地产和基础设施、能源、医药保健等行业。近年来，GIC 的投资重点是交通、房地产和能源行业，2016 年在交通、房地产和能源行业的投资额分别为 124 亿美元、61.2 亿美元和 51.6 亿美元，占全年总交易额的 65%。

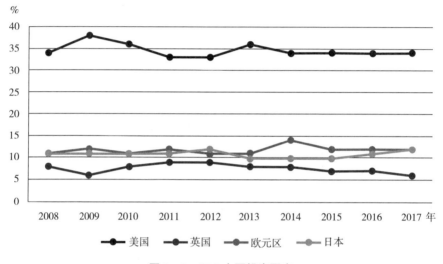

图 8-8 GIC 主要投资国家

房地产业是 GIC 的重要投资行业。近 10 年来 GIC 的房地产投资主要集中在大型中央商务区（Central Business District，CBD）①、学生住宅区②、零售业、土地、家庭社区。表 8-9 是 2016 年、2017 年 GIC 的大宗投资交易情况，可以看到，其近年频频出击收购房地产。

GIC 于 1995 年前后进入中国，迄今已 20 多年，已经在金融、能源、食品、医药保健及科技互联网等行业投资了数十家中国公司（见表 8-10）。

----

① 如意大利 RomaEst 购物中心、新西兰 Westfield 五大购物中心。
② 主要集中在德国、英国、美国。近年来其大举投资学生住宿，GIC 公开表示：作为长期价值投资者，学生宿舍将成为一个行业，在当今竞争激烈的低收入环境下，该产业将继续保持稳定的租金增长和有弹性的收益回报。

表 8 - 9 　　　　　　　　　GIC 大宗投资项目　　　　　　　　单位：亿美元

年份	项目	交易额
2016	收购澳大利亚港口和铁路运营商 Asciano	95.6
	收购巴西天然气公司 Nova transportadora	51.6
	收购美国信息服务企业 Neustar	28.4
	收购欧洲物流房地产公司 P3 Logistic Park	27.9
	美国电力分销与输送业者 Oncor 股权	25.1
2017	收购 Rothesay Life（英国年金风险转移解决方案的领先提供商之一）	154.05
	收购东京湾喜来登大酒店	46.36
	收购金融科技业务 Allfunds	23.4
	收购华盛顿特清楚办公资产	10.5
	收购三个美国学生住房组合	7.2
	投资电子贸易公司 Virtu Financial	6.25

表 8 - 10 　　　　　　　　　GIC 在中国投资领域及行业

投资领域及行业	投资公司
TMT	盛大游戏、金山软件、小米、欢聚时代（YY）、易到用车、KKBOX、联创科技、长天科技、炬力集成、速达软件、世纪互联、瑞声科技
金融/租赁	中金公司、海通证券、中国太保、中信股份、中投保、远东宏信
房地产/建筑	万科、龙湖地产、台茂开发、中国铁建、中国交建
医药保健	绿叶制药、爱康国宾、瑞年国际、远东宏兴
农业/食品	华夏畜牧、雨润食品、茅台
服装/零售	李宁、银泰百货
能源	华能新能源、中广核
其他	首都机场、中滔环保、宏全国际

（五）注重长期回报，投资业绩评估指标是 20 年滚动实际回报率

GIC 追求长期回报，评估投资业绩的主要指标是 20 年滚动实际回报率。[①]

——————

① 用实际指标进行衡量是因为 GIC 的投资回报率必须要超过全球通货膨胀率，维护其管理储备的国际购买力。

从 2011 年起 GIC 开始公布 5 年期和 10 年期名义收益率，作为中间标示（Intermediate Markers）用于反映资产组合的中期表现。

为全面反映投资效率，GIC 还建立了两个复合投资资产组合作为比较的参考：一是 60% 的全球股票和 40% 的全球债券（60：40 的全球投资组合）；二是 70% 的全球股票和 30% 的全球债券（70：30 的全球资产组合）。两个复合投资资产组合的回报率是根据摩根士丹利资本国际全球股票总回报率指数（MSCI All Countries Gross Total Return Index）及巴克莱环球债券总体指数（Barclays Global Bonds Aggregate Index）来计算的。2013年 GIC 将参考的复合投资资产组合简化为 65% 的全球股票和 35% 的全球债券（65：35 的全球投资组合）。表 8 – 11、表 8 – 12 为 2011 年以来 5 年期、10 年期、20 年期投资组合名义收益率与参考复合投资资产组合收益率的对比。

表 8 – 11　　　　GIC 投资组合名义收益率与参考投资组合对比　　　　单位:%

	2011 年 3 月 31 日			2012 年 3 月 31 日		
	GIC	60：40	70：30	GIC	60：40	70：30
5 年期	6.3	5.3	4.9	3.4	3.2	2.5
10 年期	7.4	6.5	6.3	7.6	6.8	6.6
20 年期	7.2	7.6	7.6	6.8	7.4	7.5

资料来源：根据 GIC 年报整理。

表 8 – 12　　　　GIC 投资组合名义收益率与参考投资组合对比　　　　单位:%

	2013 年 3 月 31 日		2014 年 3 月 31 日		2015 年 3 月 31 日		2016 年 3 月 31 日		2017 年 3 月 31 日	
	GIC	65：35	GIC	65：35	GIC	65：35	GIC	65：35	GIC	65：35
5 年期	2.6	3.4	12.4	13.9	6.5	7.2	3.7	4.6	5.1	6.6
10 年期	8.8	8.6	7.0	6.7	6.3	6.1	5.0	4.8	4.3	6.4
20 年期	6.5	7.2	6.5	7.2	6.1	6.9	5.7	6.0	5.7	6.1

资料来源：根据 GIC 年报整理。

表 8 – 13 显示了 2012 年 GIC 资产组合的波动率情况。可以看到，在 5年期和 10 年期间，GIC 在综合资产组合更低风险下取得了更高的回报率。20 年 GIC 风险与回报率较综合资产组合低是因为在前 10 年 GIC 资产主要投资在现金和债券，后 10 年开始多元化，涉足另类投资及私募基金。

表 8 – 13 　　　　　　　　　　GIC 资产组合波动率　　　　　　　　　单位:%

年均波动率	GIC 资产组合	60 : 40	70 : 30
5 年	12. 90	14. 40	16. 10
10 年	10. 40	11. 50	13. 00
20 年	9. 00	10. 20	11. 50

资料来源：GIC 2012 年年报。

图 8 – 9 是扣除了通货膨胀因素的实际年化收益率。可以看到，次贷危机使 20 年滚动年化实际收益率从 2008 年的 4.5% 降至 2009 年的 2.6%，随着全球经济逐步恢复，实际收益率开始缓慢回升，2015 年达到了 4.9%，近两年基本维持在 4% 左右，这说明 GIC 不仅抵消了全球通货膨胀率对其产值的影响，还取得了约 4% 的实际增值。

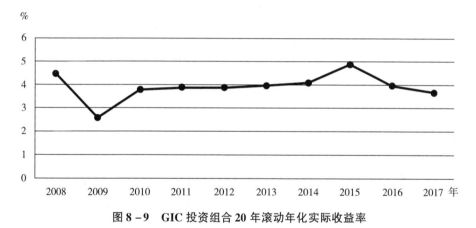

图 8 – 9　GIC 投资组合 20 年滚动年化实际收益率

四、风险管理

（一）实施多管齐下的风险管理方法

GIC 将风险划分为投资风险、法律法规和合规风险、税务风险、交易对手信用风险、声誉风险和人员风险，并构建了全面的风险管理体系。

投资风险主要是指市场风险，GIC 坚持在总体组合水平上设定风险限额和偏离限额。在风险测度方面，采用了波动率、风险集中度、风险因素敏感性、流动性状况等指标，并辅以全面的压力测试和情景分析。

　　法律法规风险涉及法律法规解释和适用、权利的执行或潜在诉讼的管理的不确定性以及违反法律或法规的损失；合规风险是指在公司的内部控制和治理流程中，因未能与法律、法规、政策、最佳范例或服务水平协定保持一致而导致的风险。内部法律团队与外部律师一起处理法律风险。GIC 要求投资和运营团队遵循包括证券交易和投资法律（如内幕交易、非法市场行为、外汇头寸/外国投资限制和其他报告要求）、竞争法、金融犯罪合规、许可和监管审批等方面的法律法规，同时要求所有员工遵守 GIC 的合规手册（包括《道德守则》）所规定的政策，遵守所有适用的法律法规，并在任何时候都保持诚信。

　　税务风险管理强调遵守政府制定的税法、规则、条例和义务。GIC 确保与税务相关的决策具有专业的技能、谨慎和勤勉的态度，以开放、建设性和专业的态度与税务机关进行接触。

　　在管理交易对手信用风险方面，GIC 只与财务健全且信誉良好的交易对手进行交易，同时建立了严格的交易对手选择和批准程序，日常工作中也注重审查、监督交易对手状况，定期向高级管理层人员报告。其他控制交易对手信用风险的措施还包括使用网络协议和要求交易对手提供担保。

　　管理声誉风险也是 GIC 整体风险管理框架的一部分。GIC 的治理和投资流程确保其在追求回报的过程中保持谨慎，不承担不当的声誉风险。

　　在人员风险的防范方面，GIC 要求员工遵守相关的法律法规以及 GIC 内部政策和程序，建立了完善的薪酬政策，致力于对员工进行操作和专业培训。

（二）构建了全面的风险管理体系，对风险管理实施三道防线

　　GIC 在投资决策时强调"风险否决"原则，只有在对新的投资风险充分认识、确认可以承受，并且具有衡量、控制这一风险能力的时候，才作出投资的最终决策。GIC 建立了分布于各个层级、相互交叉的风险控制网络，以保证所有潜在的风险都可以通过正式的风险识别、评估程序进行分析。这体现在风险管理的三道防线上：

　　第一道防线——各业务部门人员。GIC 要求所有的业务部门和每个成员都要明确自己的责任，负责各自承担的风险。工作人员将控制风险作为

其日常运作的一部分，同时创造了一个有效激励机制的薪酬制度，奖励那些在谨慎对待风险基础上取得显著成绩的人。各部门相互约束和协作，整个机构形成了全面风险管理的文化。

第二道防线——独立的风险管理和控制部门。风险收益评估部（the Risk and Performance Measurement Department，RPMD）直接向首席风险官（the Chief Risk Officer，CRO）报告，负责审核、平衡和监督风险，对 GIC 的投资风险、交易对手和信用风险、操作风险及投资组合风险进行评估、测量，确保风险处在控制范围内，对独立设定风险的限值并进行日常监测、监控和报告。法律和合规部负责对集团与董事会风险委员会的重大法律、监管和合规事项进行独立评估、处理、监测和报告。财务部负责会计和财务程序的内部控制，还负责监督和降低投资中的税务风险。

第三道防线——公司最高层。董事委员会设有由高管人员领导的风险委员会，其职责就是制定风险管理政策，监督风险管理政策实施的有效性。

第三节　新加坡政府两基金管理的启示

新加坡政府对主权财富基金管理的启示和借鉴，可以归纳为以下五点：

第一，政府可依据不同的市场定位，设立彼此独立运作的主权财富基金。淡马锡和新加坡政府投资公司均属于新加坡的主权财富基金，新加坡政府对它们进行了不同的市场定位，不同的定位和分工，避免了机构之间由于职能混淆不清而导致重复投资乃至恶性竞争，保障两个机构共同发展。淡马锡投资目标是通过商业性战略投资来培育世界级公司，以扶持和提高国有企业的国际竞争力，帮助新加坡重要产业发展，市场定位为商业性战略投资。GIC 的投资目标是实现外汇储备的保值增值，追求长期投资回报，实现高于全球通货膨胀的良好长期收益，市场定位是储备投资型基金。两个基金各司其职，独立运作，互不干扰，其投资区域、所属行业、投资方式、业绩考核各不相同。

第二，针对不同市场定位的基金采取不同的管理模式。淡马锡公司由新加坡政府财政部负责监督与管理。新加坡政府投资公司不隶属政府任何行政机构管辖，它和新加坡政府之间是委托—代理关系，GIC作为受托人对基金进行独立管理，向政府收取管理费用。GIC的这一模式可以避免行政干预，降低政府管理成本；另一方面极大地弱化了基金官方背景，对降低投资壁垒非常有利。

第三，两个基金信息透明度可以不同。淡马锡信息透明度达到最高10分。这也许是因为主要在国内市场和亚洲市场投资，且投资目标是本国企业。高信息透明度可以塑造企业管理透明化的正面形象，也有利于公众监督和企业投资有效性的管理。GIC则注重投资行为的保密性，透明度只有6分。GIC涉及境外组合投资，高信息透明度意味着市场投资者获得的投资信息较多，国际套利行为可能抢占了主权财富基金的投资收益，这会增加SWFs的经营成本，降低行动能力和迂回空间。但信息透明度较低容易引起投资接受国的质疑和警惕，增加投资阻碍，基于此，GIC注重聘请诸多国际顾问，且积极与东道国当地机构和企业合作，采取联合投资方式。

第四，不同基金在投资区域、行业、投资方式、业绩考核方面各不相同。淡马锡主要投资于国内市场和亚洲地区，GIC全部投资于境外市场；淡马锡战略投资意图明显，多投资于实体经济领域与经济转型相关的产业，特别是与国家战略发展有密切联系的行业，且倾向于长期集中持股；GIC投资方式采取组合投资，自2014年以来在公开市场股票和固定收益的投资比重始终高达84%，且在单个企业中的持股比例都较低；淡马锡业绩考核主要是复合年化股东总回报率；GIC投资业绩注重长期回报，评估投资业绩的主要指标是20年滚动实际回报率。

第五，两个基金都注重提升自身投资团队的建设。无论是淡马锡还是新加坡政府投资公司，都注重提升自身投资团队的建设。在成立之初，因为投资管理的专业人才缺乏，或者巨额资产管理的经验不足，主权财富基金主要采取外包给国际投行、资产管理公司等第三方管理人来管理的形式。随着投资经验的不断积累，淡马锡控股通过与专业金融培训公司合作、自行开发培训项目及以老带新等方式，促进内部雇员的快速成长，目前淡马锡控股的雇员中有 70% 以上都来自新加坡国内，高层管理人员也有 60% 来自本国。GIC 也致力于对员工进行培训，使员工充分发挥他们的潜力。

本章小结

　　本章对新加坡政府下属的两个主权财富基金——淡马锡控股公司和新加坡政府投资公司在制度设计、市场定位、资产配置、风险管理等方面的做法进行了分析，概括了它们在投资与风险管理方面的特点，同时归纳了新加坡政府对两个基金的管理经验。我国中投公司以及目前下属全资子公司——中央汇金的情况和新加坡类似，但目前在市场定位、管理模式和职责方面却存在一些问题，新加坡的做法和经验值得我们借鉴。

第九章

完善我国主权财富基金投资与
风险管理的策略与举措

完善我国主权财富基金投资与风险管理，要在对风险测度与资产配置动态优化进行理论和实证研究的基础上，借鉴其他国家的做法，对主权财富基金的投资与风险管理策略进行优化，并针对当前存在的问题，提出具体的现实举措。其中，明确我国主权财富基金投资机构（Institution）、优化对主权财富基金的管理模式（Mode）、区分不同机构之间的市场定位（Orientation）、改进投资与风险管理的绩效评价指标（Performance）、完善风险管理体系（Risk），是优化我国主权财富基金投资与风险管理的前提和基础。

第一节 我国主权财富基金投资与风险管理体系的优化
——IMPOR 体系的构建

主权财富基金投资与风险管理体系，指与主权财富基金投资与风险管理活动有内在联系的制度设计与机制安排。具体而言，包括对我国主权财富基金的机构安排、管理模式、市场定位、内部组织构架、投资业绩考核、风险管理等的一系列机制和制度进行安排，是从宏观角度对我国主权财富基金总体管理框架的设计和优化。

一、明确投资主体（Institutional Arrangements）

从本质上讲，主权财富基金就是投资基金，其目标是追求"股东财富最大化"。但主权财富基金的股东是国家，因此"股东财富最大化"演化为"国家财富最大化"。国家财富不是私人资本，广义而言国家财富既包括有形的财富，如能源、资源和资金等，又包括无形的财富，如产业发展、生产技术升级等，这就赋予主权财富基金多重目标，换句话说，对主权财富的投资目标还包含着更为深远的战略意图。

我国成立主权财富基金实质上是外汇储备积极管理的一种创新。我国成立主权财富基金的目的有三个：第一，提高外汇储备投资收益；第二，扶持国有金融机构发展；第三，为国家经济可持续发展提供必要的金融支持和资源保障。因此，我国主权财富基金应具备储备投资和战略发展两个职责。如果说储备投资型基金的投资目标是保持储备的长期国际购买力，那么战略发展型基金的目标就是着眼于发展性需求，通过合理的行业配置促进相关产业和经济长期竞争力的提升。

从现有机构来看，扶持国有金融机构发展是中央汇金的主要职责，提高投资收益和为国家可持续发展提供必要的金融支持和资源保障是中投公司的主要职责，两个机构应该是独立运行机构，职责上是并列、平行的关系。中投公司内部又根据投资方式和投资重点不同，设置两个全资子公司——中投国际有限责任公司和中投海外直接投资有限责任公司。中投海外直接投资有限责任公司投资方式为海外直接投资，中国国际有限责任公司投资方式为组合投资，它们之间的关系详见图9-1。

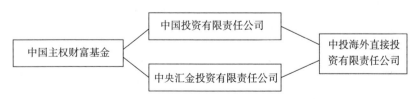

图9-1　我国主权财富基金投资主体

二、优化管理模式（Management Mode）

我国应建立财政部参与并负责主权财富基金管理的"二元平行"管理模式。国际上大多数国家对外汇储备管理选择的是"二元平行"管理模式，即人民银行和财政部同时参与外汇储备管理。"二元平行"管理模式可以隔离外汇储备的形成与货币政策独立性的关系，切断外汇储备增长与货币发行之间的连带关系，为人民银行自主性的货币政策操作提供更大的空间。但是，我国依旧由人民银行（其业务下属国家外汇管理局）独立承担外汇储备管理职责。这一模式约束了人民银行的政策自主性，使汇率政策和货币政策之间的冲突加剧，在国内冲销手段有限的情况下，这一模式也是导致国内流动性过剩的主要原因之一。

首先，财政部参与外汇管理一定程度上可将部分官方外汇储备转化为外汇投资，降低外汇储备与基础货币供给之间的直接联动，阻隔汇率变动对货币政策产生的直接影响，提高货币政策的独立性。其次，财政部参与外汇储备管理是履行出资人权利与职责的体现。事实上，虽然我国目前并没有明确财政部是外汇储备管理主体，但财政部已经实际履行了出资人职责。中投公司的注册资金就是由财政部通过发行特别债券形式筹集人民币资金，向人民银行购买外汇获得的。财政部履行了出资义务，就应该拥有出资人的权力。最后，从监管角度来讲，金融机构的内部监管是整个市场健康运行的基础和前提，内部监管主要由出资人来完成，出资人监督管理不仅有信息方面的优势，还有监管手段方面的灵活性，当金融机构绩效不理想时可以更换经理人，重组被监管机构管理层。因此，从提高监管效率、保障国有资产保值、增值及维护股东利益的角度来看，财政部作为出资者参与外汇储备运营管理也是必要的。

财政部负责主权财富基金的管理不会对其他职能造成影响。财政部可通过委托—代理方式将外汇储备资产外包给委托人（主权财富基金）管理。事实证明，从操作层面来看，财政部介入外汇储备管理，对缓解国内流动性过剩、加强财政政策与人民银行货币政策的协调等都起到了促进作用。

在人民银行和财政部共同参与外汇储备管理的"二元平行"模式下，国务院是外汇储备管理的负责机构，国务院成立专门的外汇资产管理委员会负责外汇储备总体管理政策的制定、实施管理监督。人民银行和财政部接受国务院外汇资产管理委员会的授权，履行外汇储备的管理与运作。人民银行与财政部都履行外汇储备管理与经营职责，只不过管理目标的侧重点不同——人民银行（下属的国家外汇管理局储备管理司）负责"交易性储备"和"干预性储备"的管理，管理目标侧重投资的安全性和流动性；财政部负责"收益性储备"这部分外汇资产（主权财富基金）的经营管理，管理目标侧重安全性和收益性[①]。两个机构定期向国务院外汇资产管理委员会提交管理报告，接受国务院外汇资产管理会的监督检查，履行国务院制定的外汇管理政策。

根据上述管理思路，我国外汇储备总体管理体系及机构之间的关系如图9-2所示。在此管理授权体系框架下，中投公司直接归属于财政部管理，向财政部负责汇报外汇储备的管理绩效，中投公司和财政部是委托—代理关系。

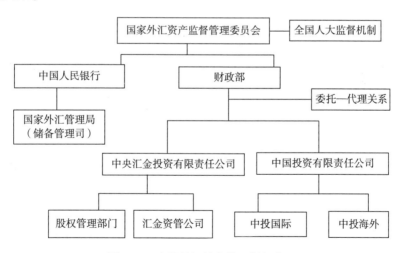

图9-2　中国外汇储备管理授权体系

---

① 喻海燕.中国外汇储备管理有效性研究［M］.北京：中国金融出版社，2010.

三、区分市场定位（Market Orientation）

（一）厘清与国家外汇管理局的关系

国家外汇管理局和中投公司都经营管理国家外汇储备，但管理目标、投资区域、投资工具各不相同。

外汇管理局主要负责人民银行管辖下的交易性储备和干预性储备管理，这两部分储备占外汇储备的绝大部分比例。[①] 外汇管理局的管理目标是保证储备资产的"安全性"和"流动性"，以满足国家进出口贸易、外债还本付息以及维护人民币汇率稳定的基本外汇需求，在此基础上实现投资收益。管理的重点在外汇投资的"安全性"和"流动性"，因而投资方式相对保守，投资领域主要集中于低风险高流动性的资产，以现金、短期国债以及其他一些机构债券、公司债券、银行活期存款为主。中投公司实质上是资产管理公司，管理目标是追求外汇投资的"收益性"，投资方式积极主动，在全球金融市场搜集高收益资产，这决定了其市场定位主要集中在高风险的股权投资及另类资产投资，主要以股权、机构债、对冲基金、房地产、金融衍生品及能源战略投资等为主。鉴于外汇储备管理"安全性、流动性、收益性"目标，中投公司可考虑将外管局管理的外汇储备纳入总体目标函数，在对冲外汇风险的基础上进行最优投资组合安排。

（二）厘清与中央汇金的关系

中央汇金目前是中投公司的全资子公司，归属中投公司管理。这一安排实质是不合理的，应尽早将中央汇金从中投公司中独立出来，使其成为独立核算的机构。

在这方面，我们可借鉴新加坡政府的做法。淡马锡和新加坡政府投资公司均属于新加坡的主权财富基金，新加坡政府对它们进行了不同的市场定位——淡马锡主要对新加坡国有企业进行投资，通过商业性战略投资来

---

① 外汇储备的首要功能就是满足交易性需求和维护人民币汇率稳定的干预性需求，在此基础上多余的外汇才用来投资，满足收益性需求。

培育世界级公司，以扶持和提高国有企业的国际竞争力，帮助新加坡重要产业发展；新加坡政府赋予淡马锡的宗旨是："通过有效的监督和商业性战略投资来培育世界级公司，从而为新加坡的经济发展作出贡献。"新加坡政府投资公司的管理目标是实现外汇储备的保值增值，使外汇资产能创造用于新加坡现在和未来建设所需的现金流，为新加坡提供持续和长远的回报。

中央汇金的职能类似于淡马锡公司。从中投公司独立出来以后，中央汇金成为财务独立核算的企业，与中投公司一样均属于财政部管辖。中央汇金的职能不变——通过商业性战略投资来培育世界级公司，以扶持和提高我国国有企业的国际竞争力，帮助中国重要产业发展。中央汇金的持股对象不一定限定在金融企业，可拓展到对一些有发展潜力的、有竞争力的企业，或关系到国家重要资源类企业。如涉及通信（电信企业）、交通（地铁、轻轨）、运输（港务、民航）、资源（电力、能源公司）等企业，中央汇金均可通过控股或参股，帮助这些企业提高核心竞争力。

中投公司则类似新加坡政府投资公司，负责境外投资，按照"市场化""专业化"的现代企业管理模式来运作。所谓市场化，是指真正实行政企分开、自主经营；所谓专业化，是指专业化的资产管理能力和高水平的风险监控能力。经营过程没有政府干预，人事组织没有行政任命。中央汇金从中投公司独立出来以后，中投公司内部只有两个部分——中投国际负责境外除直接投资以外的所有投资、中投海外负责海外直接投资，二者的职能差异见表9－1。

表9－1　　　　　　　　　　　中投公司与中央汇金的职能差异

	中投公司	中央汇金
性质	资产管理公司	工商业公司
管理模式	财政部委托—代理管理	财政部委托—代理管理
投资区域	境外	境内实体经济领域
资产配置	组合投资	注重投资与经济转型相关的产业，特别是与国家战略发展有密切联系的行业，如高科技、能源、电信、金融等行业，持股比例大于20%，且倾向于长期集中持股
信息透明度	适度	高

四、改进绩效评价指标（Performance Appraisal）

投资绩效是检验投资与风险管理效果的关键。构建科学的绩效评估指标，对客观评价主权财富基金投资和风险管理有效性，激励投资效益有积极作用。为了更加客观地衡量主权财富基金的投资业绩，不同主权财富基金根据自身资产配置情况制定了不同的投资绩效评价标准。

新加坡 GIC 长期投资使用高于 G3 国（美国、欧盟、日本）平均通货膨胀率的实际收益率作为业绩衡量的标准。因为投资回报率必须至少要能超过全球通货膨胀率，才能保持外汇资产的国际购买力。同时，从 2011 年起，GIC 开始使用 5 年期和 10 年期的名义收益率作为中间标示（Intermediate Markers），用于衡量 GIC 资产组合的中期表现。为了比较中期表现，GIC 建立了"复合投资资产组合"作为比较参考，复合投资资产组合是 65% 的全球股票和 35% 的全球债券（65∶35 的全球投资组合）。科威特投资局 KIA 对不同投资资产设置了不同的比较基准：在美国市场的权益投资以标准普尔指数为基准，在加拿大市场则以 S&P/TSX Capped Composite 指数为投资基准；国债投资因为强调资产的保值性与流动性，要求投资回报达到 1 个月 LIB；私募股权投资要求年收益率应超过 S&P1200 全球指数滚动十年回报的 500 基点；对冲基金投资目标为 HFRT1 对冲基金综合指数的 100 基点；对房地产领域的投资要求达到瑞银（UBS）全球房地产指数的 125 基点以上[1]。2017 年挪威 GPFG 资产配置是权益类资产 65.92%、固定收益类资产 31.57%、房地产类资产 2.51%。财政部为 GPFG 建立了以比较基准组合为业绩考核的标准。权益类投资的比较基准参考 FTSE（富时全球股价指数）[2]，但在地理位置的分配上 GPFG 基准与富时有偏离，在欧洲发达市场的权重更大，而在美国和加拿大的权重相对较小，其构成是：50% FTSE 全世界欧洲指数，35% FTSE 全世界美洲指数 / FTSE 全世界非洲指数，15% FTSE 全世界亚太指数。固定收益类投资的

---

① 资料来源：特威特投资局网站，http：//www.kia.gov.kw.

② 该指数囊括全球约 98% 可投资的股票（47 个国家的 7700 只股票）。

比较基准组合包括70%政府债券指数＋30%公司债券指数①。GPFG设置了实际投资回报率和相对投资回报率作为业绩评估指标，相对投资回报率是实际投资回报率与基准指数的差值。由于不同投资组合暴露在风险中的程度不一样，不便进行横向比较，GPFG设置了经过风险调整后的投资业绩，即用夏普比率、信息比率、詹森阿尔法指数作为年化收益率评估指标。

综上可以看出，对主权财富基金投资业绩的评估既有总体指标，又有针对不同资产设置的比较基准，且没有统一的标准。总体而言，基于主权财富基金长期投资的特点，大多数国家采用实际回报率（名义回报率扣除一定的通货膨胀率）衡量总体收益，采用实际回报率更能体现资产组合的实际价值和收益。

我国主权财富基金没有对外公布不同资产的比较基准，当前的业绩评估指标是年度净收益率或累计年化净收益率。2011年1月，中投公司将投资项目的考核周期延长至10年，在制度上延长投资考核周期，显示了中投公司对流动性的要求较低，更多追求境外投资资产的长期、优质而稳定的回报，基于此，建议改进当前的业绩评估指标，采用实际年度收益率作为业绩衡量的标准，同时采用3年期实际名义收益率作为中间标示衡量中期表现。之所以选择3年，是因为2015年之后中投国际引入了参考组合的资产配置模式，配置框架又调整为"参考组合—三年政策组合—年度政策组合"。其中，参考组合作为长期相对业绩的基准；三年政策组合作为实际中性组合；年度政策组合作为执行计划。

同时，我国还可以借鉴挪威GPFG的做法，对不同资产设置比较基准，并使用经过风险调整后的投资业绩评估指标（如夏普比率、信息比率、詹森阿尔法指数）作为年化收益率的评估指标。

---

① 政府债券指数依据Bloomberg Barclays Indices（彭博巴克莱指数），从发达市场和新兴市场中选取22个国家；公司债券指数由在7个发达市场发行的所有债券和Bloomberg Barclays Global Aggregate Index中的子指数覆盖的债券组成。在设计比较基准或组合时，备选的国家要求必须有功能完备、流动性良好的证券市场，令人满意的公司，股票交易和证券法律完备，备选者可以不包含在FTSE和Bloomberg Barclays中，只要符合要求就可以加入基准组合。

五、完善风险管理体系（Risk Management）

风险管理是一个系统工程，不仅体现在如何进行风险测度与风险监管上，还体现在风险管理制度、流程及操作环节等各方面。中投公司已推行了"三三三"制的风险管理体系，从三个层次的制度体系、三级流程的管理体系和三道防线的组织架构对风险实施管理。这种管理模式看起来似乎很全面，但实质上更偏向制度层面上的把控，对具体操作环节做得不够。此外，在纵向层面，中投公司通过"丰业"系统和组合分析与配置系统形成了"双系统"模式，"丰业"系统主要是对风险业绩进行分析的系统，组合分析与配置系统更注重投资组合层面的风险管理，两个系统分别侧重于制度管理和投资管理，在联系上配合不够紧密，对执行层面也缺乏具有可操作性的指导意义。基于此，本节在现有风险管理体系基础上，改进和设计了突出操作层面的风险管理体系，具体框架设计见图 9 - 3。

侧重操作层面的风险管理体系依旧覆盖三个层面，即从制度层面、管理层面和执行层面进行风险监控，但更侧重风险管理的可操作性。在最高层面，风险管理委员会出台《投资及风险管理指引》，强调合规性操作，对投资及风险管理提供操作方法及指导。在中级层面，各部门之间建立风险预防与监管的制度框架。可利用现有的风险管理体系，对基本制度、公司与部门之间、部门与部门之间的协调进行制度性规范，保证投资部门、运营管理部门内部及部门之间的风险信息共享、风险技术支持和风险监管沟通。而在执行层面，可基于现有系统，借鉴挪威 GPFG 的"总—分"结构的三级风险管理系统，整合开发出针对"国家—部门—公司"不同风险的风险测度工具和方法，给具体操作人员提供技术支撑和建议，在投资过程中根据风险变化及时提供风险预警及信息。

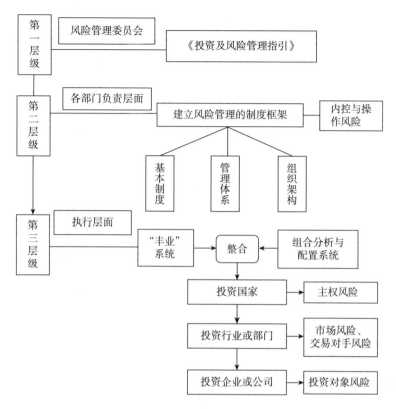

图 9-3　侧重操作层面的风险管理体系

第二节　优化我国主权财富基金投资的现实举措

一、把握当前我国战略发展目标，了解国家战略投资需求

主权财富基金和一般投资基金不同，它来源于我国宝贵的外汇储备，属于国家资产，因此在使用和投资过程中不仅要考虑投资收益，还要兼顾一国产业发展要求和战略发展需求进行资产配置，使其为国家经济发展作出贡献。

我国"十三五"规划明确提出要"完善国有金融资本管理制度。加强外汇储备经营管理，优化外汇储备运用"；党的第十九次全国代表大会报告也指出"要以'一带一路'建设为重点，坚持引进来和走出去并重，遵循共商共建共享原则，加强创新能力开放合作"。因此，在优化我国主权财富基金投资过程中，我们首先要考虑把握当前我国战略发展目标，了解国家战略投资需求。

第一，制造业面临技术升级和创新。自改革开放以来，我国经济保持了30年的高速增长，产业结构也发生了变化，我国已进入工业化时期，目前制造业是主要的发展行业，也是主要的出口产业。然而与世界先进水平相比，我国制造业仍然大而不强，在国际产业分工中总体还处于中低端水平，自主研发设计能力薄弱，一些关键核心技术还掌握在国外厂商手中，受制于人[1]，国内制造业面临技术升级和创新。2015年3月，李克强总理在全国两会上作《政府工作报告》时首次提出了"中国制造2025"的宏大计划，这涉及我国制造业包括新一代信息技术产业、高档数控机床和机器人、航空航天装备、海洋工程装备及高技术船舶、先进轨道交通装备、节能与新能源汽车、电力装备、农机装备、新材料、生物医药及高性能医疗器械十个重点领域的技术升级及更新换代。

第二，战略性新兴产业必须尽快发展。我国"十三五"规划明确提出了要大力发展战略性新兴产业的规划，提出了扩大产业规模、提高产业创新能力和竞争力、优化产业结构的目标，到2020年战略性新兴产业增加值占国内生产总值比重达到15%。战略性新兴产业涉及新一代信息技术（物联网、云计算、大数据、人工智能等）、节能环保、生物、高端装备制造、新能源、新材料和新能源汽车、数字创意及相关服务业。在当前国际经济贸易形势下，这一目标的实现愈加迫切。近年来，伴随我国经济实力的不断强大，来自以美国为首的西方国家各方面的发展阻力加大。特别是自2018年以来美国发起的贸易摩擦，使我国面临国际贸易和投资形势愈加恶劣[2]。从美方征税的领域看，美国对中国制裁的是中国在《中国

---

① 有数据显示，2015年中国关键技术的对外技术依存度达到50%以上。

② 2018年3月23日美国政府单方面宣布，拟对至少500亿美元（约合人民币3165亿元）的中国进口商品征收25%的惩罚性关税。这些产品包括航空器材、现代铁路装备、新能源汽车、信息与通信设备和高科技产品等1300个类别。此外，特朗普还表示，会依据"301调查"结果对大约600亿美元的中国商品征税，还将限制中国企业对美投资并购。

制造 2025》中计划主要发展的产业，特别是高科技产业。客观来说，中国在现代工业精密与极端制造方面——如发动机和芯片制造上还没有竞争力，在航空航天设备、高技术船舶、海洋工程装备、高档数控机床的发展方面也不够成熟，对新材料、生物医药和高性能医疗器械行业的发展也还在努力，中国要成为世界强国，要不惜代价发展自己的高科技产业，而且要尽快提高高科技产业发展速度。

第三，能源需求。我国在很多能源及资源上是存在短缺或即将处于短缺的状态的，比较典型的是石油、铁、铜、铝、钾盐等。能源短缺是我国经济可持续发展面临的主要问题。一方面，产业发展需要能源支撑，美国能源部能源情报署（EIA）预测，到 2030 年，化石燃料仍然占世界一次能源构成的 83%，以煤炭、石油、天然气为主的化石能源将继续成为 21 世纪中叶之前能源生产和消费的主体；另一方面，我国能源资源开发难度大，从 1992 年开始我国部分能源就依赖进口，2015 年我国能源消费缺口占能源生产能力的 18.7%，事实上我国已经成为比较严重的能源进口依赖国。

第四，金融合作及投资。金融是经济的核心，无论是我国对外直接投资还是间接投资，跨境金融服务都是对外投资经营活动必需的支持和保障。我国目前提出了"一带一路"倡议，主要目的是实现中国与沿线国家的贸易与投资往来，"一带一路"所涉及的基础设施投资、能源合作及投资、产能装备投资等，不仅需要大量资金[1]，而且建设周期长，需要金融机构展开合作，构建集商业银行、政策性银行、保险资金、基金投资，以及民间资金为一体的多级投资平台。早在 2015 年 G20 财长和中央银行行长会上，当时的中国财政部部长楼继伟就提出，在全球基础设施投资中要引入主权财富基金等机构投资者。

---

① 亚洲开发银行驻华首席代表本·滨瀚认为，在全球范围内，基础建设的需求是非常庞大的。从现在到 2030 年，共需要 26 万亿美元的投资，也就是说每年需要 1.7 万亿美元的投资，是目前基础设施投资量的两倍以上。

二、优化资产投资区域，注重资产在发达经济体间分散投资，加大新兴市场投资

主权财富基金最优组合与发达经济体金融市场密切相关，因此发达经济体市场依旧是我国资产配置的主要市场。次贷危机后，发达经济体内在扩张动力增强，无论是在避险需求还是从流动性及市场规模考虑，发达经济体的股票市场吸引力依旧较强，我们不能忽视发达市场的重要性。但是资产过于集中在发达市场某些经济体，又会导致风险高度集中。特别是特朗普上台以来，对华贸易政策以及各项贸易、投资的限制性措施的实施，使中国对美投资和贸易壁垒增加，投资地缘政治风险也不断加大。我国主权财富基金今后应相对降低在北美与拉美的投资，增加在欧洲、亚太地区发达经济体的投资。

近年来，主权财富基金越来越关注新兴市场投资。这一方面是缘于全球经济一体化的深化使欧美发达经济体股市表现出高度相关性，导致小范围的地区分散投资无法进一步降低风险；另一方面，新兴市场正在不断发展，其中不乏极具创新性和增长潜力的企业，投资机会不容忽视。此外，新兴市场经济体科技的发展、中产阶级的壮大、持续的金融市场结构性改革等，也都给机构投资者带来更多的投资机会。因此，适当增加在新兴市场经济体的投资有利于分享其增长红利，提高整体投资组合的投资收益。

三、优化资产配置结构，增加公开市场股票投资，降低固定收益投资，优化另类资产投资结构

(一) 增加公开市场股票投资，降低固定收益投资

根据第七章的实证结论，当预期投资回报率设置为 4.70% 时，最优资产组合为：公开市场股票 66.03%（其中美国股票、非美发达经济体股票、新兴市场股票分别为 38.72%、13.77%、13.54%），另类资产为 29.74%（其中，绝对收益资产投资为 25.72%，长期资产投资为 4.02%），固定收益资产投资为 3.04%，现金资产为 1.19%。2016 年中投

公司累计年化收益率为 4.72%，实际资产配置组合是：公开市场股票 45.87%（其中，美国加非美发达经济体股票占比为 40.81%，新兴市场经济体的股票市场占比为 5.05%）、固定收益占比为 15.01%、另类资产占比为 37.24%、现金产品占比为 1.88%（见本书第三章）。对比可以看到，当前我国主权财富基金公开市场股票比重相对偏低，固定收益资产比重相对偏高。要提高最低投资回报，应增加对公开市场股票配置，降低固定收益（债券）的投资。考虑到当前我国公开市场股票投资中发达经济体为主（2016 年美国加非美发达经济体股票在股权投资中占比高达 88.98%），建议今后适当增加新兴市场经济体的股权投资；配置固定收益类资产虽然较为安全但其收益性较低，在当前国际债券市场收益率始终处于低位徘徊，而投资预期回报率又必须达到 4.70% 的背景下，建议适当减少固定收益类资产的配置。基于地理和文化背景相近的特点，可积极发掘 "一带一路" 沿线新兴市场经济体的股权和债券投资，如适当增加中东欧和东南亚的投资①。

（二）优化另类资产投资结构，增加绝对收益的投资，减少长期资产投资

我国主权财富基金自 2011 年以来增加了另类资产的投资，2016 年投资占比为 37.24%，高于最优投资组合的实证比例（29.74%）。从本书第二章当前国际主权财富基金资产配置占比变化来看，虽然近年来各国主权财富基金增加了另类资产的投资，但比例均不高于 30%（2016 年全球主权财富基金另类资产占比为 28.7%），说明我国另类资产投资占比偏高。这也许是次贷危机以来我国基于对冲公开市场股票和债券投资风险的缘故。鉴于另类资产的特点，保持稍高比例的另类资产配置是可以的，但可以在结构安排上进一步优化，比如可适当增加绝对收益（主要是对冲基金）的配置，根据市场价格走势灵活调整资源/大宗商品、房地产及基础设置等长期资产的配置。

---

　　① 根据中国人民大学《2018 "一带一路" 能源资源投资政治风险评估报告》，从区域来看，较高风险投资地区仍是南亚和西亚北非。投资风险升高明显的区域是南亚和西亚北非国家。中东欧和东南亚的投资风险仍然较低，独联体国家投资风险较高。

当前基础设施投资已成为主权基金国际投资的主流，2015年60%的主权基金涉足基础设施投资领域，高于私募基金、对冲基金和其他长期机构投资者的比重。我国在另类资产投资中，可增加基础设置领域的投资占比，特别是在铁路、高速公路、电网和发电设施、油气管道、港口和机场建设方面的投资。据国务院发展研究中心估算，2016~2020年仅"一带一路"沿线国家基础设施合意投资需求至少在10.6万亿美元以上，如此大的资金投资规模，仅有亚洲基础设施投资银行、金砖国家新开发银行、亚洲开发银行等多边金融机构来融资是不够的，主权财富基金也可参与进来。2014年12月29日，由国家外汇管理局、中投公司、国家开发银行和中国进出口银行共同出资的、规模达400亿美元的丝路基金有限责任公司在北京注册成立，中投公司首期投资了15亿美元，占丝路基金首期资本金总额的15%，就是其中的一个举措。

能源是世界各国重点争夺的战略性资产，是一国工业化和城镇化过程中不可或缺的重要战略资源。"一带一路"沿线国家在全球能源市场占据至关重要的地位，是全世界最大的能源生产中心[①]。这些国家有的局限于开采技术或经济发展制约，没有进行有效或充分的开发，为主权财富基金能源投资提供了很好的机会。

四、优化资产配置行业，增加生物医药、新材料、高端装备、互联网、科技服务等战略性新兴产业投资

战略性新兴产业涉及新一代信息技术（物联网、云计算、大数据、人工智能等）、节能环保、生物、高端装备制造、新能源、新材料和新能源汽车、数字创意及相关服务业。

鉴于这些行业容易引起东道国的警惕和投资阻碍，很多国家的主权财富基金要么不公开具体投资项目，要么在公布的投资信息中注重股权投资比重。表9-2是挪威GPFG的股权投资行业，为了减少投资阻碍，GPFG

---

① 2015年"一带一路"沿线国家为世界提供了57%的石油生产、53%的天然气生产、70%的煤炭生产和47%的电力生产。

对单一上市公司的最高持股比例为 10% 。

表 9 – 2　　　　　　　GPFG 历年公开股票市场的投资行业　　　　　　单位:%

年份	金融	工业	生活消费品	生活服务	医疗	科技	石油和天然气	原材料	通信	公共事业
2017	24.20	14.40	13.40	9.70	10.10	10.80	5.50	5.80	2.90	2.80
2016	23.30	14.10	13.70	10.30	10.20	9.50	6.40	5.60	3.20	3.10
2015	23.40	13.60	14.50	11.00	10.70	9.00	5.40	5.10	3.40	3.30
2014	23.70	13.90	13.70	10.40	9.60	8.40	6.90	5.80	3.30	3.70
2013	23.80	14.40	14.00	10.20	8.70	7.50	8.40	6.40	3.90	3.50
2012	22.90	13	13.50	9.30	8.60	7.30	9.80	7.50	3.90	3.70
2011	19.76	13.13	12.72	8.98	9.52	7.87	11.56	7.82	4.40	4.25
2010	21.40	13.70	11.70	8.50	7.70	8.10	10.80	9.10	4.50	4.70

资料来源：根据 GPFG 2010 年至 2016 年的年报及 2017 年第三季度季报公布信息整理。

新加坡 GIC 信息透明度低，没有对外公布其具体投资行业，但从其在中国投资的领域和行业可以看到（见表 9 – 3），其投资重点行业具有战略意图。

表 9 – 3　　　　　　　　GIC 在中国投资领域及行业

投资领域及行业	投资公司
TMT	盛大游戏、金山软件、小米、欢聚时代（YY）、易到用车、KKBOX、联创科技、长天科技、炬力集成、速达软件、世纪互联、瑞声科技
金融/租赁	中金公司、海通证券、中国太保、中信股份、中投保、远东宏信
房地产/建筑	万科、龙湖地产、台茂开发、中国铁建、中国交建
医药健康	绿叶制药、爱康国宾、瑞年国际、远东宏兴
农业/食品	华夏畜牧、雨润食品、茅台
服装/零售	李宁、银泰百货
能源	华能新能源、中广核
其他	首都机场、中滔环保、宏全国际

五、拓展投资方式，积极采取联合投资

近年来，主权基金联合投资方式的做法较为普遍。如 1994 年，淡马

锡投资北京的一个住宅地产发项目，就是由新加坡家族财团控制的丰隆控股有限责任公司（Hong Leong Holdings）和其中方合作伙伴北京东郊农业工业商业联合有限公司（Beijing East Suburb Agriculture Industry Commerce United Corporation）一起合作投资经营的。淡马锡拥有资金但缺乏经营地产项目技术的经验，新加坡丰隆控股拥有资产开发领域的专业背景，其家族经营的新加坡丰隆集团、香港丰隆国际有限公司、马来西亚丰隆集团对中国香港和大陆的资产开发领域十分熟悉，通过郭氏家族在新加坡、马来西亚和中国香港的三个分支通力合作，淡马锡在该项目上获得了收益。

我国主权财富基金可学习淡马锡的做法，积极采取联合投资方式。在海外，特别是东南亚这种海外华人华侨社会历史悠久、数量众多且政治经济影响突出的地区，进行类似投资时，可以借鉴这样的经验，即善于利用本国信誉和资质良好的私人公司和其海外联系在对外投资中提供技术支持。本国资质良好又有海外背景的私人公司，既可以解决主权财富基金所面临的技术难题，又可以通过家族间的联系规避一些政治上的围堵。

六、培养核心投资团队，提升自身投资实力

要成为"国际一流主权财富基金"，拥有优秀的投资人才队伍是根本，毕竟投资绩效高低取决于投资者理论水平、实践技能和累积的经验。

中投公司在成立之初由于人员和经验上的缺乏，初期投资以委托给国际知名的资产管理公司来安排为主，目前境外投资组合自营和委托投资占比基本保持在1/3自营，2/3委托投资。从各主权财富基金的投资经验来看，越来越多的主权基金在委托外部经理人管理的同时，也着力培养自身专业投资人才。未来，公司还要加大内部专业人才的培养，逐渐将核心业务转向内部管理。在这方面，中投公司可以采用多种方式培养自身的投资团队：一是在全球范围高薪招聘富有投资经验的人才；二是在所合作的投资机构中选择合作的外部管理者；三是与高校或专业金融培训公司合作，自行开发培训项目，对投资人员展开培训；四是和财经类高校展开合作，积极引进掌握了厚实的专业理论基础的金融、投资类高校毕业生；五是以老带新，促进内部雇员快速成长。

七、出台《主权财富基金投资与风险管理指南》，规范投资操作

投资指南是保障投资规范运作的前提，很多主权财富基金都制定了明确的投资与风险管理指南（或指引），对投资原则、资产配置、投资组合、投资损益评价、业绩考核、信息披露等投资操作进行引导、规范。

《主权财富基金投资与风险管理指南》应根据预期收益目标和投资限定性条件设定政策组合或比较基准组合。比较基准组合是基金投资行为的"锚"，应确定实际投资组合据以参照的资产种类、资产结构和投资期限，明确预期收益和风险值。通过明确各资产大类和投资市场战略资产配置比例，投资回报目标与风险承受能力相一致，从而优化和规范我国主权财富基金的资产配置行为。此外，《主权财富基金投资与风险管理指南》还应规定实际运作中允许偏离参照基准配置的比例范围，保障投资经理人在遇到中短期市场波动或出于其他技术原因需要调整配置时，既能符合长期风险收益目标又灵活机动。

第三节　加强我国主权财富基金风险管理的现实举措

一、强化风险意识，积累风险识别经验

风险意识是风险管理的关键。我国主权财富基金应从意识层面注意加强风险识别，特别是加强对极端风险的预判，积累风险识别经验。

在当今国际投资环境不确定性加剧的情况下，区域性货币危机、银行危机、债务危机频繁报告，投资不确定性加大，且一种危机会带来连锁反应，引发系统性金融危机，从而导致投资过程中各种资产风险相互交织，彼此影响，且集中体现。投资部门应该密切关注宏观经济环境、微观市场环境和地缘政治风险变化给资产价格带来的影响，特别是密切关注汇率、利率、通货膨胀、股指波动对投资资产价格的影响，关注各项风险敞口变化，积极采取预防性措施，尽量减少投资损失。

二、加强市场风险管理的现实举措

市场风险是我国主权财富基金投资面临的最主要风险。由于主权财富基金既具有证券投资收益的一般特征（如时变性、突发性、集簇性，在投资收益分布上呈现"尖峰厚尾"特点），又具有特殊性（基金归主权国所有，在金融市场具有强传染效应），使市场风险具有更大的集聚性和联动性，一旦风险产生对主权国及全球金融市场的影响也巨大。面对复杂的国际资本市场，如何测度市场风险，防范和应对市场风险的发生是加强我国主权财富基金风险管理亟待解决的问题。

（一）提高市场风险量化技术

市场风险的量化实际上是中投公司风险管理体系完善在操作层面上的重要部分。建议中投公司研究部（中投研究院）掌握和熟悉现代风险测度方法，并积极和高校研究部门、中投投资部门展开合作，开发出具有可操作性的简化模型，使投资部门可灵活快速地判断在投资过程中面临的风险。

在总体组合水平上可设定风险限额。董事会制定积极投资组合的偏离限额，确保投资组合所承担的风险在董事会和管理层授权的范围内。

对于市场风险测度，可采用基于压力测试法的市场风险度量模型。该模型采用的 TGARCH－t 模型估计资产收益率的分布函数，再采用蒙特卡洛模拟未来资产收益率，并引入经济资本这个指标测度市场风险。风险策略制定者及风险监管部门可以根据对未来一定期间风险的判断选择情景，适当配置一定比例的经济资本，预防未来由于市场风险暴露而导致的损失。投资部门日常经营管理中可采用本文第五章设计的简化模型进行风险监控，及时预判极端风险。

（二）投资领域分散化，降低投资组合市场风险

中投公司的投资领域正在从金融服务领域转向能源资源、房地产、基础设施、固定收益等领域，但与国际上优秀的主权财富基金相比，其投资

领域还是相对狭窄。在今后的投资活动中，应更加注重投资的长期性和战略性，扩展和延伸投资领域；在资产组合方面，要注意不同投资项目之间的相关性，特别是投资于同一国家的项目往往面临较高的联动性。可参考挪威与新加坡的情况，可以进一步扩展杠杆收购基金、风险投资基金等另类投资。此外，还可适当选择配置世界性股指基金。指数化产品具有容纳大额资金的特点，且本身就是一种分散化投资，中投公司可选择配置部分资金投入世界性股指基金，优化投资结构，避免因经验不足或境外股票市场投资的市场风险导致的投资失误。同时，关注商品指数基金，多样化指数投资。

（三）做好投资前的风险识别与风险防范，投资后的风险监测与动态管理

投资前需要选择投资市场、投资行业、投资企业，多维度广泛搜集信息，做到充分了解。首先，横向的空间维度上，从国家、行业、企业三个层次进行了解。在地域分布上，目前中投公司在欧美市场的配置比例过大，应当适量向新兴市场地区进行资产配置。近期，新兴市场的资产价格已经处于低位，在未来会进一步下跌还是已接近底部，则需要中投公司投研团队对于新兴市场的经济形势进行研判寻找投资机会。中投公司在对新兴市场进行股权投资时，并不是进行笼统配置，而是在最具增长潜力的特定行业中精挑细选投资标的企业。在投资标的企业的选择过程中，还需要综合考察其财务指标、财务报表等财务信息和公司治理、行业地位、市场情况、资产重组等非财务信息。其次，纵向的时间维度上，对于投资标的企业及其所在行业、市场的整个历史情况进行相应的研究分析，判断市场是属于上升期还是衰退期，行业处于成长中还是已经成熟，企业处于生命周期的哪个阶段。对于成长初期的企业，主要关注其商业模式、业务拓展机会、未来盈利能力等，既存在投资机会也存在较大风险；对于成熟期的企业，更多关注其扩张能力、持续盈利能力等，适合进行长期价值投资。对于中投公司来说，要特别避开那些已经处于衰退期的行业企业，因为这些行业企业可能在未来的某一刻被市场淘汰，不适合进行长期投资。

在每一笔投资后的风险管理中，投资团队需要对被投资企业的经营情

况、行业环境变化、管理层变动、盈利表现和退出时机等相关情况进行监测。根据金融经济形势以及被投资企业的经营情况，有选择地增加、减少或者退出投资。特别是在经济形势发生方向性变化、被投资企业出现盈利下滑、行业环境出现不利变动的时候，必须对预期投资收益进行重新评估，采取减少或退出投资等预设方案。此外，应当在《主权财富基金投资与风险管理指南》中设置一系列风险评价指标，根据经济周期及行业环境等方面的变化情况，观测指标变动情况，在指标超出预设值时，灵活快速地采取相应行动。充分的灵活性能够保证中投公司在各种极端压力情况下仍保持一定弹性，从而保护资产安全。总体来说，应该采取一种灵活应对的方式对被投资企业的股权投资进行动态风险管理。

（四）引入新型的投资风险对冲工具，丰富风险防范措施

不断引入新型的投资风险对冲工具，丰富风险防范措施。例如，在进行对外股权投资的同时，可通过买卖期权、认股权证和衍生产品等对冲股价波动带来的风险；在对冲外汇风险时，可以采取币种多样化投资；在对冲利率风险时，可考虑投资通货膨胀联系债券；等等。

三、加强信用风险管理的现实举措

信用风险涉及主权信用风险、交易对手风险和投资对象风险。

（一）完善主权信用评级模型

中投公司已建立了主权信用内部评价模型，下一步应借鉴国内外主权信用评级机构的方法，结合自身投资组合和风险敞口特征不断完善该模型。比如，针对当前一些国家或地区对主权财富基金设置的金融保护壁垒和投资障碍的加剧、针对地缘政治风险的动态变化，完善主权信用评级的动态维护。我国大公国际资信评估有限公司（以下简称大公），自2010年以来每年年初都会发布《全球主权信用风险展望》，对该年度全球主权信用风险走势作出判断，中投公司也可以借鉴其评估模型和方式，对现有主权信用内部评价模型进行完善。此外，还可以结合历史违约率设定高风险

国家信用评分阈值，依据信用主体评级、信用违约互换市场的信用利差、财务分析和信用风险建模等对信用风险进行检测与评估。根据市场动态，不定期发布专题报告，对主权信用风险进行压力测试。研究国别敞口预警线的运用，形成基于损失、敞口和集中度的全面设置方法论。

（二）完善交易对手检测和动态管理机制，动态维护可交易对手清单

一是建立交易对手信息管理库，对交易对手的资质、交易记录、信用记录、违约记录等信息进行统计、及时更新，动态管理交易对手清单。

二是开发交易对手信用风险度量内部模型。可借鉴巴塞尔委员会银行交易对手信用风险测度方法，结合主权财富基金投资资产的特点，开发出合适的信用内部评估模型。2013 年巴塞尔委员会首次要求采用非内部模型法（Non-Internal Model Method，NIMM）替代现期暴露法和标准法评估交易对手信用风险。

三是通过设置交易限额或交易压缩等方式，控制交易对手信用风险。控制对手风险敞口的上限，并设置阈值；交易压缩是指在合约到期前，将大量的衍生品合约替代为少量等价有效的合约。

四是与财务健全且信誉良好的交易对手进行交易，同时建立了严格的选择交易对手和批准程序。日常工作中也注重审查、监督交易对手的状况，定期向高级管理层报告交易对手的情况。

五是使用网络协议和要求交易对手提供担保。

（三）跟踪投资对象信用风险变化，强化风险预警和投后管理，及时进行项目的调整和退出

投资前需要对投资市场、投资行业和投资企业等进行多维度的充分了解，在最具增长潜力的特定行业中精挑细选投资标的投资对象。同时，需综合考察投资对象财务指标、财务报表等财务信息，以及公司治理、行业地位、市场情况、资产重组等非财务信息。

投资后，应重视后投资管理与风险监测。需要对投资对象所处的行业环境变化、管理层变动、盈利表现等相关情况进行动态监测，依据金融经济形势以及被投资企业的经营情况有选择地增加、减少或者退出投资。特别是在经济形势发生方向性变化、被投资企业出现盈利下滑、行业环境出现不利变动的时候，必须对预期投资收益进行重新评估，采取减少或退出投资等预设方案。如需退出，应注意合理选择退出时机。

四、加强内控与操作风险管理的现实举措

对于投资风险的管理，大多通过模型化、电脑化的风险测量技术，对其进行追踪分析和测量，而且可以通过调整投资组合来控制风险的限额。而对于操作风险则多从制度上加以防范，通过明确的管理程序使其受到控制。

（一）完善内部控制的法律、法规

内部控制是建立在相关的法律法规基础上的。中投公司已经出台了《投资经理责任制管理办法》《投资项目尽职调查管理办法》《投资风险预警及应对办法》，但在具体操作和监管方面还存在法律法规的缺失。建议出台《主权财富基金投资法》《主权财富基金监督管理规定》，从规范投资和风险监管角度加强内部控制。

（二）加强内部财务管理

完善内部财产清查指导，定期清查财产，保证账实相符，国家审计部门及时对财务进行审计。

（三）完善内控机制

一是加强投资与风险管理操作的规范性。推行操作规范化、程序标准化、岗位职责明晰化。督促各部门严格按照投资指南的规格要求进行投资和风险管理。规范外部管理人员的选聘机制；中央汇金应规范持股、参股行为，严禁违规转让股权，违规投资国家禁止投资的部门。

二是严格实施业务隔离的控制。中投国际和中投海外之间、中投国际不同管理部门之间，同一部门不同大类资产之间，资产投资应进行独立隔离运作。

三是日常投资过程中要定期提交交易情况的明细报告，分别向风险控制部门和上级报告。风险控制部门对于日常操作过程中发现的或认为具有潜在可能的问题，应及时编制风险报告向上一级报告。

五、完善风险评估体系和机制

完善的风险评估体系和机制对于投资类公司的健康发展有着重要的意义。GIC 正是实施了从下到上三道防线的风险管理体系，并设置了对不同风险实施多管齐下的风险管理机制，才实现风险的有效控制。淡马锡投资公司也正是建立了完善的风险评估机制，定期审视投资组合，及时平衡投资风险与回报，并在风险发生时立即采取规避措施，才能不断发展壮大。

我国主权财富基金可在现有风险管理体系基础上，改进风险管理体系，突出操作层面的风险管理。同时基于现有系统，整合开发出针对"国家—部门—公司"不同层面的风险监控方法，给具体操作人员提供技术支撑和建议，在投资过程中根据风险变化及时提供风险预警及信息。此外，应设立专门的风险管理委员会，定期对各项投资进行风险评估，并形成风险评估报告，设置对风险的补偿条款，及时察觉风险并采取行之有效的应对方法。

由于风险管理部门对投资部门具有风险监督责任，两个部门之间如果分离得不够，很可能使风险管理的要求得不到严格执行，增加投资过程中的风险，甚至带来投资损失。多数主权财富基金还注重风险管理部门与投资部门的严格分离，在机构设置上保证二者之间的相互独立性。我国风险管理体系改革也应该注意这一点。

本章小结

本章在前文理论分析和实践借鉴的基础上，首先从投资机构（Institution）、管理模式（Mode）、市场定位（Orientation）、绩效评价（Performance）、风险管理（Risk）等角度提出了优化我国主权财富基金管理体系——IMPOR 体系的构想。其次对优化和完善我国主权财富基金投资和风险管理的现实举措提出了具体的建议。优化我国主权财富基金投资，首先应该把握当前我国战略发展目标，了解国家战略投资需求，其次要优化投资区域、资产配置结构和行业。在此基础上，拓展投资方式，注重核心投资团队的建设，规范投资操作。加强我国主权财富基金风险管理，应强化风险意识，积累风险识别经验；结合不同风险有针对性地完善管理举措，并完善风险评估体系和机制。

参考文献

[1] 巴曙松,李科,沈兰成. 主权财富基金:金融危机冲击下的新发展与监管运作新框架 [J]. 河北经贸大学学报, 2009 (6): 5 – 17.

[2] 巴曙松,朱元倩. 压力测试在银行风险管理中的应用 [J]. 经济学家, 2010 (2): 70 – 79.

[3] 陈守东. 金融资产波动模型与风险度量 [M]. 北京:经济科学出版社, 2007.

[4] 杜金鹏,蔡明超. 背景风险与主权财富基金风险资产配置研究 [J]. 西南民族大学学报 (自然科学版), 2013 (2): 243 – 248.

[5] 高洁. 韩国主权财富基金投资模式研究 [J]. 经济研究导刊, 2011 (12): 66 – 68.

[6] 苟红军,陈迅,花拥军. 基于 GARCH – EVT – COPULA 模型的外汇投资组合风险度量研究 [J]. 管理工程学报, 2015 (1): 183 – 193.

[7] 韩骏. 新形势下中国外汇储备对外投资策略思考 [J]. 金融与经济, 2009 (2): 20 – 21.

[8] 韩立岩,尤苗. 主权财富基金的战略价值——基于国民效用与风险对冲的视角 [J]. 经济研究, 2012 (6): 88 – 100.

[9] 何帆,陈平. 外汇储备的积极管理——新加坡、挪威的经验与启示 [J]. 国际金融研究, 2006 (6): 4 – 13.

[10] 侯成琪,王频. 基于连接函数的整合风险度量研究 [J]. 统计研究, 2008 (11): 72 – 80.

[11] 胡亚明. 基于动态 VaR 模型和 Copula 函数的省级政府平台公司投资风险测度 [J]. 财经理论与实践, 2014 (3): 55 – 59.

［12］孔立平. 次贷危机后中国外汇储备资产的风险及优化配置 ［J］. 国际金融研究, 2009 (8): 77 - 84.

［13］李稻葵. 全球能源资源问题与中国对策 ［J］. 国际经济评论, 2007 (1): 32 - 34.

［14］李建民. 俄罗斯主权财富基金管理评析 ［J］. 国际经济评论, 2008 (2): 53 - 56.

［15］李石凯. 全球经济失衡与新兴市场经济体主权财富基金的崛起 ［J］. 国际金融研究, 2008 (9): 30 - 38.

［16］李扬, 余维彬, 曾刚. 经济全球化背景下的中国外汇储备管理体制改革 ［J］. 国际金融研究, 2007 (4): 4 - 12.

［17］刘尚希, 赵全厚, 孟艳, 等. "十二五" 时期我国地方政府性债务压力测试研究 ［J］. 经济研究参考, 2012 (8): 3 - 58.

［18］陆静, 汪宇. 商业银行市场风险压力测试的实证研究 ［J］. 经济管理, 2011 (9): 140 - 152.

［19］苗迎春. 论主权财富基金透明度问题 ［J］. 国际问题研究, 2010 (4): 57 - 63.

［20］邵欣炜, 张屹山. 基于 VaR 的证券投资组合风险评估及管理体系 ［J］. 数量经济技术经济研究, 2003 (12): 66 - 70.

［21］宋玉华, 李锋. 主权财富基金的新型 "国家资本主义" 性质探析 ［J］. 世界经济研究, 2009 (4): 51 - 56.

［22］孙国茂, 安强身. 普惠金融组织与普惠金融发展研究 ［M］. 北京: 中国金融出版社, 2017.

［23］谭洁. 中国主权财富基金风险管理研究 ［D］. 长沙: 中南大学, 2010.

［24］王璐, 王沁, 何平, 等. 基于 TGARCH - t 的混合 Copula 投资组合风险测度研究 ［J］. 数学的实践与认识, 2014 (4): 1 - 9.

［25］王亚宾. 基于 Copula 函数及 CVaR 方法的风险测度研究 ［D］. 长沙: 中南大学, 2009.

［26］王遥. 金融危机下主权财富基金的投资动向研究 ［J］. 中央财经大学学报, 2010 (2): 27 - 32.

[27] 王伊君. 中国主权财富基金海外投资风险研究 [D]. 杭州：浙江大学，2012.

[28] 韦艳华，张世英. Copula 理论及其在金融分析上的应用 [M]. 北京：清华大学出版社，2008.

[29] 魏晓琴，赵腾飞，牛蓓蕾. 我国主权财富基金的投资绩效评价研究 [J]. 金融发展研究，2015 (1)：11 – 16.

[30] 吴振翔，陈敏，叶五一，等. 基于 Copula GARCH 的投资组合风险分析 [J]. 系统工程理论与实践，2006 (3)：45 – 52.

[31] 谢平，陈超. 论主权财富基金的理论逻辑 [J]. 经济研究，2009 (2)：4 – 17.

[32] 谢平，陈超. 论主权财富基金的理论逻辑 [J]. 经济研究，2009 (2)：4 – 17.

[33] 杨继平，袁璐，张春会. 基于结构转换非参数 GARCH 模型的 VaR 估计 [J]. 管理科学学报，2014 (2)：69 – 80.

[34] 杨力. 中东地区主权财富基金研究报告 [M]. 上海：上海人民出版社，2016.

[35] 叶楠. 挪威主权财富基金运作模式的争议与思考 [J]. 世界经济与政治论坛，2012 (1)：14 – 23.

[36] 喻海燕，郝呈祥. 中国主权财富基金资产配置：基于对冲汇率风险视角 [J]. 投资研究，2017 (5)：15 – 28.

[37] 喻海燕，马晟. 中国主权财富基金投资策略：基于均值—方差—CVaR 模型 [J]. 投资研究，2014 (4)：27 – 40.

[38] 喻海燕，田英. 中国主权财富基金投资组合：基于全球资产配置视角 [J]. 国际金融研究，2012 (11)：47 – 54.

[39] 喻海燕. 中国外汇储备有效管理研究 [M]. 北京：中国金融出版社，2010.

[40] 喻海燕，朱孟楠. 世界金融危机背景下我国外汇储备管理研究：基于管理收益的思考 [J]. 经济学家，2009 (10)：79 – 86.

[41] 喻海燕，朱晨晖. 我国主权财富基金对外投资风险评估——基于三角模糊层次分析法 (TFAHP) 的研究 [J]. 厦门大学学报 (哲学社

会科学版），2015（1）：110 – 118.

[42] 张海亮，吴莉明，钱惠. 全球主权财富基金资产配置行为和规律：基于国家、行业和企业的多层分析 [J]. 经济问题探索，2014（1）：147 – 154.

[43] 张明. 全球金融危机背景下中国主权财富基金投资行为的转变 [J]. 国际经济评论，2010（5）：99 – 109.

[44] 张明. 主权财富基金与中投公司 [J]. 社会经济体制比较，2008（2）：93 – 100.

[45] 周凯，袁媛. 商业银行动态流动性风险压力测试应用研究 [J]. 审计与经济研究，2014（3）：104 – 112.

[46] 朱孟楠，陈晞，王雯. 全球金融危机下主权财富基金：投资新动向及其对中国的启示 [J]. 国际金融研究，2009（4）：4 – 10.

[47] 朱孟楠，胡潇云. 我国主权财富基金投资——风险识别与风险评估体系设计 [J]. 经济学家，2011（11）：13 – 21.

[48] 朱孟楠，刘林，倪玉娟. 人民币汇率与我国房地产价格——基于 Markov 区制转换 VaR 模型的实证研究 [J]. 金融研究，2011（5）：58 – 71.

[49] AIZENMAN J., GLICK R. Sovereign wealth funds: Stumbling blocks or stepping stones to financial globalization? [J]. FRBSF Economic Letter, 2007（2）：38.

[50] AIZENMAN J., R. GLICK. Sovereign Wealth Funds: Stylized Facts about Their Determinants and Governance [J]. International Finance, 2009, 12（3）：351 – 386.

[51] ALEXANDER, CAROL, ELIZABETH SCHEEDY. Developing a Stress Testing Framework Based on Market Risk Models [J]. Journal of Banking & Finance, 2008（32）：2220 – 2236.

[52] ANDERLONI L., VANDONE D. Sovereign Wealth Fund Investments in the Banking Industry [J]. 2012（12）.

[53] ANDREAS GINTSCHEL, BERND SCHERER. Optimal Asset Allocation for Sovereign Wealth Funds [J]. Journal of Asset Management, 2008.

［54］ ANDREW ROZANOV. Who Holds Wealth of Nations ［J］. Central Banking Journal, 2005 (5): 196 – 227.

［55］ ARRAU, PATRICIO, CLAESSENS, et al.. Commodity Stabilization Funds, Policy, Research working papers, No. WPS 835. Debt and International finance. Washington, DC: World Bank. 1992. http: //documents. worldbank. org/curated/en/162241468764700670/Commodity – stabilization – funds.

［56］ AVENDANO R., J. SANTISO. Are Sovereign Wealth Funds' Investments Politically Biased? A Comparison with Mutual Funds, International Finance Review, 2011, 12 (5): 313 – 353.

［57］ AVENDANO R.. Sovereign Wealth Fund Investment: From Firm – Level Preferences to Natural Endowments, Paris School of Economics Working Paper, 2010.

［58］ AVENDANO, ROLANDO, JAVIER SANTISO. Are Sovereign Wealth Funds' Investments Politically Biased? Comparison with Mutual Funds, OECD Development Centre, Working Paper, 283, December 2009. Bahat G. Sovereign Wealth Funds: An Assessment, Global Policy, 2010, 1 (2): 162 – 171.

［59］ BAKER C., BOATRIGHT J. R.. Sovereign wealth funds. Finance Ethics: Critical Issues in Theory and Practice ［J］. 2010: 253 – 271.

［60］ BAUMOL W. J. The transactions demand for cash: An inventory theoretic approach ［J］. Quarterly Journal of Economics, 1952 (66): 545 – 556.

［61］ BECK R., FIDORA M. The Impact of Sovereign Wealth Funds on Global Financial Markets ［J］. Inter economics, 2008, 43 (6): 349 – 358.

［62］ BERNSTEIN, SHAI, JOSH LERNER, ANTOINETTE SCHOAR. The Investment Strategies of Sovereign Wealth Funds ［R］. NBER Working Papers, No. 14861, 2009.

［63］ BERTONI F., LUGO S. Testing the Strategic Asset Allocation of Stabilization Sovereign Wealth Funds ［J］. International Finance, 2013, 16 (1): 95 – 119.

［64］BIS. The New Basel Capital Accord ［R］. Working Paper, Basel Committee on Banking Supervision, 2003.

［65］BLACK FISCHER, ROBERT LITTERMAN. Global Portfolio Optimization ［J］. Financial Analysts Journal, Sep/Oct 1992; 48, 5; ABI/INFORM Global pg. 28.

［66］BOLLERSLEV T. Generalized Autoregressive Conditional Heteroscedasticity ［J］. Journal of Econometrics, 1986 (31): 307 – 327.

［67］BORTOLOTTI B., FOTAK V., MEGGINSON W., et al.. Quiet leviathans: Sovereign wealth fund investment, passivity, and the value of the firm. Unpublished working paper ［Z］. University of Oklahoma and Sovereign Investment Lab. 2010.

［68］BORTOLOTTI B., V. FOTAK, W. MEGGINSON. The Sovereign Wealth Fund Discount: Evidence From Public Equity Investments, Review of Financial Studies, 2015, 28: 2993 – 3035.

［69］BOUBAKRI N., J. COSSET, N. SAMIR. Sovereign Wealth Fund Acquisitions: A Comparative Analysis with Mutual Funds ［J］. International Finance Review, 2011, 12 (5): 355 – 389.

［70］BUTT S., SHIVDASANI A., STENDEVAD C., et al.. Sovereign wealth funds: A growing global force in corporate finance ［J］. Journal of Applied Corporate Finance, 2008 (1): 73 – 83.

［71］CHHAOCHHARIA V., LAEVEN L. Sovereign Wealth Funds: Their Investment Strategies and Performance, CEPR Working Paper, 2010.

［72］CHHAOCHHARIA V., LAEVEN L. The Investment Allocation of Sovereign Wealth Funds, University of Miami Working Paper, 2009.

［73］CHHAOCHHARIA V., LAEVEN L. Sovereign wealth funds: Their investment strategies and performance ［J］. Centre for Economic Policy Research, 2008.

［74］CHRISTOPHER BALDING. A Portfolio Analysis of Sovereign Wealth Funds ［J］. University of California, Irvine, 2008 (6): 3 – 15.

［75］CLARK G., A. MONK. The Legitimacy and Governanceog Norway's

Sovereign Wealth Fund: The Ethics of Global Investment, Environment and Planning, 2010, 42 (7): 1723 – 1738.

［76］ CORNELIA HAMMER, PETER KUNZEL, IVA PETROVA. Sovereign Wealth Funds: Current Institutional and Operational Practices ［R］. IMF Working Paper, 2008.

［77］ DANIELSSON J, HARTMANN P, C G DE VRIES. The cost of conservatism: Extreme returns, value – at – risk, and the Basle Multiplication Factor ［J］. Risk, 1998 (11): 101 – 103.

［78］ DAS, DILIP K. Sovereign Wealth Funds: The Institutional Dimension, International Review of Economicis, 2009, 56 (1).

［79］ DEUTSCHE BANK ［Z］. https: //www. db. com/company/index. htm. 2008.

［80］ DEWENTER K. L. , HAN X. , MALATESTA P. H. . Firm Values and Sovereign Wealth Fund Investments ［J］. Journal of Financial Economics, 2010 (2): 256 – 278.

［81］ DIEBOLD F X. Horizon Problems and Extreme Events in Financial Risk Management ［R］. University of Pennsylvania, 1998.

［82］ DODD E L. The Greatest and Least Variate Under General Laws of Error ［J］. Trans, Amer, Math, Soc, 1923 (25): 525 – 539.

［83］ EDWIN M. TRUMAN. The Rise of Sovereign Wealth Funds: Impact on US Foreign Policy and Economic Interests ［R］. Peterson Institute for International Economics, 2008.

［84］ EMBRECHTS P, RESNICK S, SAMORODNITSKY G. EVT as a Risk Management Tool ［C］. The Third International Austin Colloquium in Cairns, 1996.

［85］ EMBRECHTS P, RESNICK S, SAMORODNITSKY G. Living on the edge ［J］ . Risk, 1998 (1): 96 – 100.

［86］ ENGLE R. Autoregressive Conditional Heteroscedasticity with Estimates of the Variance of United Kingdom Inflation ［J］. Journal of Finance, 1982, 50 (3): 821 – 851.

[87] FERNANDES N. Sovereign wealth funds: Investment choices and implications around the world[J]. Available at SSRN 1341692, 2009.

[88] FERNANDES N. The Impact of Sovereign Wealth Funds On Corporate Value And Performance[J]. Journal of Applied Corporate Finance, 2014, 26 (1): 76 – 84.

[89] FERNANDES, N. Sovereign Wealth Funds: Investment Choices and Implications around the World, Finance Working Paper, 2011.

[90] FERNANDES, NUNO G.. Sovereign Wealth Funds: Investment Choices and Implications Around the World, Bergen Meetings Paper, EFA, 2009.

[91] FISHER R A, TIPPETT L H C. Limiting forms of the frequency distributions of the largest of smallest member of a sample[J]. Proceeding of Cambridge Philosophical Society, 1928 (24): 180 – 190.

[92] FOTAK V., BORTOLOTTI B., MEGGINSON W. The Financial Impact of Sovereign Wealth Fund Investments in Listed Companies, The University of Oklahoma Working Paper, 2008.

[93] FOTAK V., BORTOLOTTI B., MEGGINSON W., MIRACKY W. The Financial Impact of Sovereign Wealth Fund Investments in ListedCompanies, Working Paper, University of Oklahoma and Università di Torino. 2008.

[94] FRECHET M. Maximum on the Law of the Probibility[J]. Ann, Soc, Polonaise Math, Cracow, 1927 (6): 93 – 116.

[95] GERARD LYONS. State Capitalism: The Rise of Sovereign Wealth Funds[J]. Journal of Management Research, 2007 (3).

[96] GIEVE J. Sovereign Wealth Funds and Global Imbalances[J]. Revue d'économie financière (English ed.), 2009, 9 (1): 163 – 177.

[97] GINTSCHEL, ANDREAS, BERNHARDT SCHERER. Optimal Asset Allocation for Sovereign Wealth Funds, Joural of Asset Management, 2008, 9 (3): 215 – 238.

[98] GUGLER P., CHAISSE J. Sovereign Wealth Funds in the European Union General Trust Despite Concerns, CCR Working Paper, 2009.

［99］ HAMMER C. , KUNZEL P. , PETROVA I. Sovereign Wealth Funds: Cureent Institutional and operational Practices ［R］. IMF, 2008.

［100］ HUMPAGE, OWEN, MICHAEL SHENK. Sovereign Wealth Funds［J］. Economic Trends, July 2, 2007.

［101］ IMF. Sovereign Wealth Funds – A Work Agenda, pp. 10 – 11. 2008. http: //www. imf. org/external/eng/2008/022908. pdf.

［102］ IN F. H. , PARK R. J. , JI, P. , et al. . Do Sovereign Wealth Funds Stabilize Stock Markets? ［J］. 2013. SSRN 2276625.

［103］ International Working Group of Sovereign Wealth Funds, Sovereign Wealth Funds Generally Accepted Principles and Practices (GAPP): Santiago Principles, Washington: http: //www. iwgswf. org/pubs/eng/santiagoprinciples. pdf ［R］. 2008 (10) .

［104］ J. P. MORGAN. Risk Metrics – Technology Document ［M］. 4th ed. New York, 1996.

［105］ JAMES D. , HAMILTON, RAUL SUSMEL. Autoregressive Conditional Heteroscedasticity and Changes in Regime［J］. Journal of Econometrics, 1994 (64) .

［106］ JENKINSON A. F. The Frequency Distribution of the Annual Maximum (or minimum) Values of Meteorological Elements［J］. Quarterly Journal of the Royal Meteorological Society, 1955 (87): 158 – 171.

［107］ JOHAN S. , A. KNILL, MAUCK N. . Determinants of Sovereign Wealth Fund Investment In Private Equity Vs Public Equity ［J］. Journal of International Business Studies, 2013, 44 (2): 155 – 172.

［108］ JOHNSON, SIMON. The Rise of Sovereign Wealth Funds ［J］. Finance & Development, 2007, 44 (3).

［109］ JORDAN, JAMES V. , ROBERT J. MACKAY. Assessing Value at Risk for Equity Portfolios: Implementing Alternative Techniques, in Derivatives Handbook, R. J. Schwartz and C. W. Smith, Jr. , eds ［M］. New York: John Wiley & Sons, 1995.

［110］ JORION P. Value at Risk: The new benchmark for controlling market risk [M]. New York: McGraw – Hill Companies, Inc, 1997.

[111] KELLER A. D. Sovereign wealth funds: Trustworthy investors or vehicles of strategic ambition? [J]. Georgetown Journal of Law & Public Policy, 2008, 7 (1) .

[112] KIM, CHANG JIN, CHARLES R. NELSON. State – Space Models with Regime Switching [M]. Cambridge, Massachusetts: MIT Press, 1999: 209 – 219.

[113] KNILL A. , S. BONGSOO, N. MAUCK. Bilateral Political Relations and Sovereign Wealth Fund Investment [J]. Journal of Corporate Finance, 2012, 18 (1): 108 – 123.

[114] KNILL A. , S. BONGSOO, N. MAUCK. Is Sovereign Wealth Fund Investment Destabilizing? [N]. IMD International Working Paper, 2010.

[115] KNILL A. , S. BONGSOO, N. MAUCK. Sovereign Wealth Fund Investment and the Return – to – Risk Performance of Target Firms [J]. Journal of Financial Intermediation, 2012, 21 (2): 315 – 340.

[116] KNUT N. KJAER. https: //www. xzbu. com/3/view – 715846. htm.

[117] KOEDIJ KG, SCHAFGANS MA, DE VRIES CG. The Tail Index of Exchange Rate Returns [J]. Journal of International Economics, 1990, 29 (1、2): 93 – 108.

[118] KOTTER J, LEL U. Friends Or Foes?: The Stock Price Impact of Sovereign Wealth Fund Investments and the Price of Keeping Secrets [M]. Board of Governors of the Federal Reserve System, 2008.

[119] KOTTER J. , LEL U. Friends or foes? Target Selection Decisions of Sovereign Wealth Funds and their Consequences [J]. Journal of Financial Economics, 2011 (2): 360 – 381.

[120] KRISTIAN FLYVHOLM. Trends and challenges in the management of foreign exchange reserves [R]. IMF Global Financial Stability Report: Financial Market Turbulence: Causes, Consequences, and Policies, 2007. http: //www. imf. org/External/Pubs/FT/GFSR/2007/02index. htm.

[121] KUNZEL P. , L. YINQIU I. PETROVA, J. PIHLMAN. Investment

Objectives of Sovereign Wealth Funds: A Shifting Paradigm, IMF Working Paper, 2011.

[122] LAN – CHIH HO, PETER BURRIDGE, JOHN CADLE, MICHAEL THEOBALD. Value – at – Risk: Applying the Extreme Value Approach to Asian Markets in the Recent Financial Turmoil [J]. Pacific – Basin Finance Journal, 2000, 8 (2): 249 – 275.

[123] LONGIN F M. The asymptotic distribution of extreme stock market returns [J]. Journal of Business, 1996, 69 (3): 383 – 408.

[124] LOWERY C. Sovereign Wealth Funds and the International Financial System, Remarks at the Federal Reserve Bank of San Francisco's Conference on the Asian Financial Crisis Revisited, US Treasury, 2007, June.

[125] LOWERY, Clay. Sovereign Wealth Funds and the International Financial System. Remarks at the Federal Reserve Bank of San Francisco's Conference on the Asian Financial Crisis Revisited, US Treasury, June 21, 2007.

[126] MAKHLOUF H. Sovereign Wealth Funds [J]. International Journal of Government Financial Management, 2010 (1): 35.

[127] MARKOWITZ, H. Portfolio Selection [J]. Journal of Finance, 1952 (7): 77 – 91.

[128] MASLAKOVIC M. Sovereign Wealth Funds 2008 [R]. International Financial Services London, 2008.

[129] MCKINSEY & COMPANY [Z]. http://www. mckinsey. com/. 2007.

[130] MCNEIL A, FREY R. Estimation of Financial Time Series: an Extreme Value Approach [R]. Working Paper ETHZ, 1998.

[131] MEGGINSON W., M. YOU, L. HAN. Determinants of Sovereign Wealth Fund Cross – border Investments [J]. Financial Review, 2013, 48 (4): 539 – 572.

[132] MICHAUD, RICHARD O. The Markowitz Optimization Enigma: Is 'Optimized' Optimal?, Financial Analysts Journal [J]. 1989. Available at SSRN: https://ssrn. com/abstract = 2387669 or http://dx. doi. org/10.

2139/ssrn. 2387669.

[133] MOLLOY, NED. The Rise of Sovereign Risk Management [J]. Energy Risk, 2011 (10): 16 – 20.

[134] NGOC B. The Impact of Sovereign Wealth Fund Investments on the Performance of Listed Companies, http: //halshs. archives – ouvertes. fr/docs/ 00/65/84/89/PDF/CR_2011 – 02_E2. pdf.

[138] NGOC, DINH BAO. Sovereign Wealth Fund Investments and Firm Value [J]. International Journal of Economics and Finance, 2015, 10; 7 (10): 100 – 111.

[135] OECD. Sovereign Wealth Funds and Recipient Country Policies [C]. Investment Committee Report, 4 April, 2008.

[136] PETER KUNZEL, YINQIU LU, IVA K. PETROVA, JUKKA PIHLMAN. Investment Objectives of Sovereign Wealth Funds – A Shifting Paradigm [J]. IMF Working Paper, 2011.

[137] PICKANDS J. Statistical Inference Using Extreme Order Statistics [J]. Annals of Statistics, 1975 (3): 119 – 131.

[138] RAYMOND H. The Effect of Sovereign Wealth Funds' involvement on stock markets [J]. Bank of France, 2008.

[139] REISS RD, THOMAS M. Statical Analysis of Extreme Values from Insurance, Finance, Hydrology and other fields [M]. Basel: Birdhouse Verlag, 2001.

[140] RICHARD P. Sovereign Wealth Funds: A Threat to Financial Stability? [J]. Real IR, September 18, 2007.

[141] ROGER G. , IBBOTSON, PAUL D. KAPLAN. Does Asset Allocation Policy Explain 40, 90, or 100 Percent of Performance?, Financial Analysts Journal, Volume 56, Issue 1, January 2000, 26 – 33. https: //doi. org/ 10. 2469/faj. v56. n1. 2327.

[142] SCHACHTER, BERRY. The Value of Stress Testing in Market Risk Management [J]. Derivatives Risk Management Service, 1998 (3): 5F – 1 – 5F – 11.

［143］ SCHERER B. Portfolio Choices for Oil Based Sovereign Wealth Funds ［J］. Investment Management, 2008: 31 – 43.

［144］ SCHERER, BERNHARD. A Note on Portfolio Choice for Sovereign Wealth Funds, Financial Markets and Portfolio Management, 2009, 23 (3): 315 – 327.

［145］ SOJLI E. , THAM W. W. The impact of foreign government investments: Sovereign wealth fund investments in the United States ［J］. International Finance Review, 2011 (12): 207 – 243.

［146］ Sovereign Wealth Funds Institute. What is a SWF? ［Z］. http: // www. swfinstitute. org/sovereign – wealth – fund/. 2015.

［147］ STEPHEN JEN. Currencies: The Definition of a sovereign Wealth Fund, Morgan Stanley Research Global, London, October 25, 2007.

［148］ STEPHEN JEN. Long – Term Model Portfolio for SWFs ［R］. NewYork: Morgan Stanley, 2007.

［149］ STEPHEN JEN. Tracking the Tectonic Shift in Foreign Reserves and SWFs ［R］. Morgan Stanley Research Global, March 16, 2007.

［150］ STEPHEN L. JEN. Sovereign Wealth Fund Investment Strategies: Complementing Central and Investment Strategies, Economics of Sovereign Wealth Funds: Issues for Policymakers, International Monetary Fund, December 2010.

［151］ SUMMERS L. Funds that Shake Capitalist Logic, The Financial Times, 2007, July.

［152］ SUN, T. , H. HESSE. What Do Sovereign Wealth Funds Imply for Financial Stability? ［J］. International Finance Review, 2011, 12 (5): 245 – 262.

［153］ THOMAS L. SAATY. The Analytic Hierarchy Process: Planning, Priority Setting, Resource Allocation, ISBN 0 – 07 – 054371 – 2, McGraw – Hill, 1980.

［154］ TRUMAN E. A Blueprint for Sovereign Wealth Fund Best Practices, Peterson Institute for International Economics Policy Brief, 2008.

［155］TRUMAN E. A Scoreboard for Sovereign Wealth Funds, Presented at The conference on China's Exchange Rate Policy, 2007.

［156］TRUMAN E. M. Sovereign Wealth Funds: The Need for Greater Transparency and Accountability ［J］. Peterson Institute for International Economics Policy Brief, 2007（8）.

［157］U. S. Department of the Treasury, Report to Congress on International Economic and Exchange Rate Policies, Appendix 3. 2007（6）.

［158］URBAN D. The role of sovereign wealth funds in global management of excess foreign exchange reserves ［J］. Comparative Economic Research, 2011（2）: 143 – 158.

［159］VAN LAARHOVEN PJM, PEDRYCZ W. A Fuzzy Extension of Saaty's Priority Theory ［J］. Fuzzy Setsand Systems, 1983, 11: 229 – 241.

［160］VASILE D., NITESCU. D. Sovereign Wealth Funds, Catalyzers for Global Financial Markets, Theoretical and Applied Economics, 2014, 18（2）: 7 – 18.

［161］WILLIAM F. SHARPE. Capital Asset Prices: A Theory of Market Equilibrium under Conditions of Risk ［J］. Journal of Finance, 1964（19）: 425 – 442.

后　记

　　本书是在我主持的国家社科基金"我国主权财富基金投资与风险管理研究"（项目批准号13BJY175）的最终成果基础上完成的，也是我参与厦门大学经济学院金融系朱孟楠教授主持的国家自然基金课题"动态优化视角下的中国外汇储备全面风险管理"（立项号71473208）的阶段性研究成果。书稿写作从最初研究思路的酝酿、研究脉络的梳理，到结构框架的搭建、研究内容的撰写、研究视角的不断丰富和拓展，再到最后定稿的完成，历经6年时间，其中既有耕耘的艰辛，又有收获的喜悦。

　　感谢国家社科基金为本研究的开展、调研及书稿出版提供的资助。

　　感谢厦门大学给我提供了良好的科研和教学平台。书稿完成之际，也是我博士毕业留校工作满十年之际。作为一名年轻教师，我切身感受到厦门大学为年轻教师提供了从事科研的最好环境。留校第二年我就获得了厦门大学基本科研业务费专项资金的支助，获批的"中国主权财富基金运作与管理研究"研究课题为本书稿的撰写奠定了基础。

　　感谢厦门大学经济学院和金融系对书稿完成提供的支持和帮助。该书稿的写作有一年的时间是在美国康奈尔大学的Uris图书馆完成的。感谢厦门大学经济学院和金融系资助我到康奈尔大学做访问学者，这一年宝贵时间为我把握主权财富基金国际最新研究现状、获取研究资源和数据提供了帮助。伊萨卡（Lthaca）的冬季是漫长的，但Uris图书馆各类图书资料和电子数据库在皑皑白雪的冬季为我带来了如沐春风的喜悦。

　　感谢我的恩师朱孟楠教授。我在博士学习阶段就参与了朱老师研究团队关于外汇储备的研究，正是得益于外汇储备研究的拓展及一次次和朱老师的探讨，激发了我对主权财富基金投资和风险管理研究的浓厚兴趣，一些观点及思想的火花也由此产生。书稿写作过程中得到了朱老师的大力支持和帮助。朱老师踏实认真的研究态度、谦逊平和的处事风格、执着敬业的师德师风都值得我学习。

感谢我的研究生，他们是田英、朱晨晖、陆草、汪珊珊、郝呈祥、吴坤金、欧俊峰、郭盼亭、璩秋雨、沈媛瑶、曾浩、秦璐、赵晨、郑依婷。他们先后参与了书稿的数据收集、案例分析、实证研究及校对工作。

这是我在中国金融出版社出版的第二部专著，书稿能够出版，离不开中国金融出版社的支持和帮助，感谢各位编辑为本书出版付出的辛勤工作。

感谢我的父母和家人。多年来，父母的激励和支持、家人的理解是我科研道路上最大的精神支柱。

学海无涯，所谓"千里之行，始于足下"，是为记。

厦门大学经济学院金融系　喻海燕
2019 年 8 月 5 日